Audio files in MP3 format and electronic text in PDF format are available for free at

JACOBELIGOODSONS.COM

The files are in .zip folders for ease of transfer
Utilize the audio with the paper text and electronic text

CZECH

JIŘÍ ČERNÍK
MIREK SÁBLÍK

BASIC COURSE

FOREIGN SERVICE INSTITUTE

INTRODUCTION

The text of the **Czech Basic Course** is the work of the FSI School of Language Studies Czech teaching staff, under the direction of Jiří Černík.

The choice of themes, distribution of specific grammatical features, selection of various articles and other supporting materials were done chiefly by Jiří Černík, who also coordinated other aspects of the project, including recording of the accompanying audiotapes.

Mirek Sáblík developed individual lesson activities and typed the first draft of the text. Isabelle Johnson retyped the final version of the text, of which Mirek Sáblík had designed the final format and layout. He also prepared the recording scripts used for voicing.

Ronald A.C. Goodison and Earl Stevick provided guidance and support at an earlier stage.

The following people participated in the voicing of individual lessons: Jiří Černík, Ota Černoch, Sharon Flank, Milada Hornová, Jana Krysková, Eva Límanová, Mark Macklow, Pavel Pecháček, Mirek Sáblík, Ladislav Slivka, Jiří Sýkora, and Nina Trnková.

The tapes were produced with the technical assistance of the FSI Language Laboratory, under the direction of José Ramírez.

A number of articles from Czech publications, such as *Rudé právo* and *Večerní Praha,* were used to supplement various activities.

Hedy St. Denis edited early versions of the English text and arranged for final publication. Michael Allen edited the final English text and Radek Pletka helped proofread the Czech text. The course developers are also thankful to all the Czech students who helped proofread individual lessons over the period of five years as well.

Gelinda Giacomin and Ann Meagher designed the cover and other graphic aspects of the book, while Mirek Sáblík designed the inside title page.

David H. Swartz

Dean, School of Language Studies
Foreign Service Institute
U.S. Department of State

i

Basic Differences between Czech and English

Czech is a highly inflected language. Five of the nine word categories in Czech have their own sets of endings, reflecting case, number, gender or person. An example of English endings is the use of -s,-es to express the plural of nouns or the third person singular in verbs.

The function of the cases in Czech is to determine the relationship between nouns or pronouns, in other words, what or who does what to whom. A case is quite frequently preceded by a preposition, as in English, and further manifested by an ending placed on a noun or pronoun. Let's look at a few examples of inflection in Czech. Let's say you have returned to the old West and run into a bunch of Czech pioneers. You may very well hear sentences like these:

Boseman je starý traper.	Boseman is an old trapper.
*Srub **toho** star**ého** trapera není daleko.*	The cabin of that old trapper is not far away.
*Nějaký Sioux dal **tomu** star**ému** traper**ovi** zlatý nuget.*	A Sioux gave that old trapper a golden nugget.
*Každý zná **toho** star**ého** trapera.*	Everybody knows that old trapper.
*Sacramento Chronicle často píše o **tom** star**ém** traper**ovi**.*	The Sacramento Chronicle writes frequently about that old trapper.
*Šerif Wyatt Earp mluvil včera s **tím** star**ým** traper**em**.*	Sheriff Wyatt Earp talked to that old trapper yesterday.

You have probably noticed that the English construction **that old trapper** has not changed a bit. The Czech equivalent **ten starý traper** shows, however, quite a number of variants.

As a result of this phenomenon the relationship of the words in a Czech sentence is not controlled by the word order. Compare:

*Šerif zná **toho** star**ého** trapera.*	The sheriff knows that old trapper.
*Šerif**a** zná ten starý traper.*	That old trapper knows the sheriff.

Who knows whom is clearly determined by the endings and not by the word order.

Another crucial feature in Czech is the gender of inanimate nouns (cabin, chronicle, lasso). The Czech equivalent of **cabin** is masculine, for **chronicle** it is feminine, and for **lasso** it is neuter.

ii

The adjectives will respond to the change in gender as well:

Ten starý srub je nalevo.	That old cabin is on the left.
Ta stará kronika je nalevo.	That old chronicle is on the left.
To staré laso je nalevo.	That old lasso is on the left.

Unlike English, Czech does not have any articles (a, an, the). Their function is sometimes represented by the demonstrative pronoun **ten**, **ta**, **to** (that) or numeral **jeden**, **jedna**, **jedno** (one).

Verbal aspect is a phenomenon which will be discussed in detail quite early in the course and it may cause you some difficulty before you get accustomed to it. Be prepared to see verbs in two different forms and, at first glance, having the same meaning. There is an important difference between **he died** and **he was dying**, and you will need to pay close attention to it in Czech. Furthermore, watch out for the so-called double or triple negative. In Czech you'll have to learn to use **I did not go never nowhere.**

Unlike English, the Czech tense system is simple (present, future and past). The past tense construction will, however, reflect the gender and number of the subject.

Compare:

Ten starý traper žil v Kalifornii.	That old trapper lived in California.
Calamity Jane žila v Kalifornii.	Calamity Jane lived in California.
Fremont a Sutter žili v Kalifornii.	Fremont and Sutter lived in California.

You will also find number of differences in the Czech sound system. A number of them are the same as in English, usually consonants, while vowels are quite different. Listen for long and short vowels. Czech pronunciation is precise, and spoken Czech is quite poetic. It is no accident that the literature and music of Czechoslovakia are of exceptional quality.

iii

TO THE STUDENT

As you move through this text, you will find that it is built around principles which emphasize the development of basic communicative skills. The speech samples reflect the language as it is spoken in practical, everyday social situations (not to be mixed, however, with colloquial Czech). The objective of the individual lessons is to introduce and to expand your ability to use the principal features of the Czech language and to satisfy your social and professional needs in the host country. One of the unique features of the this text is the methodological approach that provides an ample opportunity to accommodate visual as well as aural types of students and fully satisfies the needs of those who are more structure- or practical application-oriented.

The text is organized into four basic segments, each of which ends with a review lesson. The content and activities of each segment differ to match the progression of the student. The grammar is presented with the help of a two-track system. In order to produce an intelligent and useful dialogue, a variety of grammatical features is introduced. However, only certain patterns are studied and drilled, while the others are memorized and treated like vocabulary. In the following lessons, then, the memorized material becomes the subject of close study and practice. In such a staggered fashion, all the basic grammatical features are covered.

The first thirteen lessons also contain newspaper articles to provide the students with appropriate terms dealing with political, economic and other social issues at an elementary level. These, however, age very quickly and therefore should be viewed as a source of vocabulary rather than a source of information.

As indicated above, the aim and purpose of the **Czech Basic Course** is to develop your language skill to such a level that you can reliably handle all social and most professional situations. This translates to a level of 2 - 2+ on the Interagency Language Roundtable scale and "advanced proficiency" on the ACTFL scale.

The **Czech Basic Course** is designed for the first 30 weeks of an intensive 44-week course at FSI and as such it is not very suitable for self-study. Many activities require participation of a teacher (work with realia, key line elicitation, role-play, and conversational exercises). However, a student who is familiar with some basic aspects of the language and equipped with the set of tapes should find the book quite useful.

TABLE OF CONTENTS

XI

Suggested Sequence of Activities: Lessons 1 - 6.

1. Unrestricted Czech.

2. Work with realia (slides, photos, maps, calling cards, etc.).

3. Task consideration. Key line elicitation (KLE).

4. Sample dialogue.

5. Work with dialogue. (1)

6. Practice.

7. Conversational drill.

8. Work with dialogue. (2)

9. Practice.

10. Work with the narrative.

11. Conversational drill.

12. Speaking activities.

13. Reading.

14. Work with supplement (if applicable).

15. Test.

Suggested Sequence of Activities: Lessons 8 - 12.

1. Unrestricted Czech.
2. KLE and practice. (1)
3. Sample dialogue. (1)
4. Work with dialogue. (1, 2)
5. Structure awareness. (I)
6. Appropriate conversational drill.
7. KLE and practice. (2)
8. Sample dialogue. (2)
9. Work with dialogue. (1, 2)
10. Structure awareness. (II)
11. Appropriate conversational drill.
12. Overheard conversation.
13. Speaking activities.
14. Reading.
15. Work with supplement (if applicable).
16. Test.

Lessons 8 - 26 may have narratives and more than 2 structure
awareness exercises which have to be incorporated into the program at
the teacher's discretion.

Suggested Sequence of Activities: Lessons 14 - 19.

1. Unrestricted Czech.
2. KLE and practice. (1)
3. Sample dialogue. (1)
4. Work with dialogue. (1, 2)
5. Structure awareness. (I, II, III)
6. Appropriate conversational drill.
7. Language skills development. (a, b)
8. KLE and practice. (2)
9. Sample dialogue. (2)
10. Work with dialogue. (1, 2)
11. Structure awareness. (IV, V, VI)
12. Language skills development. (c)
13. Overheard conversation.
14. Appropriate conversational drill.
15. Speaking activities.
16. Work with supplement (if applicable).
17. Test.

Suggested Sequence of Activities: Lessons 21 - 26.

The sequence of activities in lessons 21 - 26 is essentially the same as in lessons 14 - 20. Some activities are, however, different in nature, e.g., for the work with the overheard conversation the unrestricted Czech segment is used and the work with the dialogues is expanded.

A number of the non-book-related activities should be introduced at this stage such as short briefings, discussions of major news events, broader work with Czech publications, etc.

GRAMMAR INDEX

XIX

Lekce 1 Praha

COMMUNICATION GOALS:

1. To be able to understand and to respond to the question: *Co je to ?* (What is it?)

2. To be able to provide and to understand information as to where the various items (in the case of this lesson, various buildings and landmarks in Prague) are located when using the basic adverbs of place like: on the left, on the right, etc.

3. To be able to find out what various buildings are called and also to respond properly to the question : What is the name of ...?

4. To be able to find out how various Czech words including proper names, are spelled.

GRAMMAR GOALS:

1. Adjective and noun groups - gender.

2. Tag questions.

3. Nominative case.

ADDITIONAL MATERIAL:

1. Tape with unrestricted Czech.

2. Tape with recorded text for the slide presentation.

3. Slides.

4. Selected photographs of Prague.

5. Pronunciation drills.

6. Telephone directory.

25

Activity 1: **LISTENING TO UNRESTRICTED CZECH**

What is behind this activity?

At the beginning of each lesson in this series you will have an opportunity to listen to a brief sample of what Czech really sounds like when no foreigners are present.

You will then be asked to respond to the sample in certain ways. The important thing to remember is this: although the language itself may be far over your head, the things you are asked to do with it need not be beyond you. To take an extreme example, a full translation would be impossible right now for you, but judging whether the speakers are men or women, old or young, calm or excited would be easy. While you are performing these relatively simple tasks you have a chance to absorb many of the subtle details of how Czech ought to sound, and how the sentences hang together. This experience will provide your brain with a rich set of background data, many of them below the threshold of consciousness, about how Czech works.

What do we do?

a.   Listen to the tape straight through.
b.   Answer the questions.
c.   Check your answers with your instructor. (If any of the answers are surprising to you, discuss them briefly with him or her.)
d.   Listen to the tape straight through a second time.

When is the objective of this activity accomplished?

You have finished this activity when you have followed the instructions in d.

Questions on unrestricted Czech

1.   What in general were these two speakers doing?
     (Arguing? Discussing plans? Giving and receiving information? Talking about someone whom they were watching ? Something else?)
2.   What was the general subject? (Price of food? A trip? An accident? Something else?)
3.   What is the general emotional tone? (Calm? Anxious? Humorous? Other?)
4.   Was one speaker asking most of the questions, or were both speakers participating equally?)

Activity 2: **SLIDE PRESENTATION**

What is behind this activity?

The purpose of this activity is to help you better associate the language with actual things. As an English speaker you will automatically associate the items around you with the English word or words, e.g., when seeing a large amount of water flowing around you in the countryside, the term RIVER will automatically occur to you. Now we want to overcome this and let you come up with a different word, this time in Czech.

What do we do?

First listen to the tape and watch the slides. It is a little bit like the unrestricted Czech dialogue, but easier and with pictures.

Next the teacher will provide you with key words so you can understand the basic constructions. Then listen and watch again.

When is the objective of this activity accomplished?

You have mastered this activity when you can come up readily with the Czech term for an item after seeing it.

TAPE-RECORDED TEXT FOR THE SLIDE SHOW

---

1. A: *To je Pražský hrad, že ano?*
    B: *Ano, to je Pražský hrad.*

2. A: *A co je tohle?*
    B: *To je Pražská katedrála.*

3. A: *A toto je řeka Vltava, že ano?*
    B: *Ano, to je řeka Vltava.*

4. A: *To je Mostecká věž nebo Prašná brána?*
    B: *To je Mostecká věž.*

5. A: *To je Staroměstské náměstí, že ano?*
    B: *Ano, to je Staroměstské náměstí.*

6. A: *A co je tohle?*
    B: *To je Stará synagoga.*

7. A: *To je Národní muzeum, že?*
    B: *Ne, to není Národní muzeum. To je Národní divadlo.*

8. A: *To je Václavské náměstí nebo Karlovo náměstí?*
    B: *To je Václavské náměstí.*

9. A *To je Americké velvyslanectví, že ano?*
    B: *Ano, to je Americké velvyslanectví.*

10. A: *A co je tohle?*
    B: *To je pražské letiště.*

Activity 3 - 5:

What is behind these activities?

The purpose of activities 3, 4 and 5 is to introduce new material (vocabulary and grammar) through an actual communication process rather than as an isolated, studied feature.

You will practice communication in activities ranging from very simple, e.g., non-verbal responses, through more complex ones, e.g., YES or NO answers, then using some parts of the question in your answer (IS THIS MR. BROWN? - YES, THIS IS MR. BROWN), and finally by forming responses linguistically independent of the questions (WHAT IS THIS? - I DON'T KNOW).

When is the objective of this activity accomplished ?

When you can understand most of the teacher's questions and respond to them appropriately and with reasonable ease, you can consider the goals of these activities achieved and you can move on to the next ones.

Activity 3:

Using a set of pictures of Prague, your teacher will ask where a specific item is, e.g., *Kde je Pražský hrad?* Find it and point it out.

Activity 4:

Your teacher will point at the pictures and seek confirmation that she/he has identified various locations correctly.

Je to Pražský hrad?

Je to pražská katedrála?

Je to řeka Vltava?

Je to Mostecká věž?

Je to Staroměstské náměstí?

Je to Stará synagoga?

Je to Národní divadlo?

Je to Václavské náměstí?

Je to Americké velvyslanectví?

Je to letiště?

Activity 5:

5.a   Your teacher will ask the same questions as in activity 3 about the slides. Answer negatively or positively using the name of the object asked about, e.g.:

Positive response: Teacher: *Je to Pražský hrad?*
                           Student: *Ano, to je Pražský hrad.*

Negative response: Teacher: *Je to Pražský hrad?*
                           Student: *Ne, to není Pražský hrad.*

Now ask your teacher questions, but this time with question-tags.

Positive response: Student: *To je Pražský hrad, že ano?*
                           Teacher: *Ano, to je Pražský hrad.*

Negative resonse: Student: *To není Pražský hrad.*
                           Teacher: *Ne, to není Pražský hrad.*

Alternative responses: Student: *To je Pražský hrad, že ano?*
                            Teacher: *Ano, to je Pražský hrad.*

(or, should your teacher point at a wrong picture)

                           Ne, to není Pražský hrad.

                           Student: *To není Pražský hrad, že ne?*
                           Teacher: *Ne, to není Pražský hrad.*

(or, if the item in the picture actually is *Pražský hrad*)

                           Ano, to je Pražský hrad.

5.b   Your teacher will point at various items in the picture and ask in Czech what they are:

                           Teacher: *Co je to?*
                           Student: *To je ...*

Activity 6: **TASK CONSIDERATION**

What is behind this activity?

The purpose of this activity is to help you bring to bear all the resources you have on the task which your teacher will give you.

Your teacher will briefly outline in English a situation in which you may find yourselves some day. You will be asked to suggest, still in English, some of the things you may need to do in that situation. These suggestions will be written on the board. Next suggest words and sentences (in Czech where possible, otherwise in English) which might be useful in handling the situation. Your teacher will write these words and sentences on the board in Czech, making any needed corrections.

Practice the new sentences with the teacher, who will respond each time with something appropriate in Czech.

When is the objective of this activity accomplished?

This activity ends when you can produce the Czech words and sentences comfortably.

Activity 7: **SAMPLE DIALOGUE AND NARRATIVE**

What is behind this activity?

The sample dialogue is set in the same situation as activity 6, but it has been put together entirely by native speakers of Czech. Compare your version with theirs.

What do we do?

Listen to the sample dialogue with books closed and try to understand as much as you can. Then listen a second time with books open. Now repeat the sentences of the dialogue after your teacher, trying to improve pronunciation and fluency.

The narrative is for reading, translation, and to give you an opportunity to ask and answer questions in Czech. The narrative is an opportunity to meet the same ideas, and many of the same words, in a contrasting style of discourse. The teacher will read it for you. Ask questions to make sure you understand it. Try reading it aloud yourself.

When is the objective of this activity accomplished?

Continue to work on the dialogue and narrative until the words and sentences which it contains are readily available to you.

7.a   SAMPLE DIALOGUE

Mr. Novák takes Mr. Brown for a short tour of downtown Prague in his car to see the various points of interest.

Brown:	**Jak se jmenuje toto náměstí, pane Novák?**
Novák:	**To je Václavské náměstí. Tam nahoře je Národní muzeum a zde dole je křižovatka Můstek.**
Brown:	**Já vám nerozumím. Co je tam nahoře?**
Novák:	**To je Národní muzeum.**
Brown:	**Aha.**

* * * * * * * * * * * * * * * * *

Novák:	**Zde nalevo, pane Brown, je Národní divadlo.**
Brown:	**Ta velká budova?**
Novák:	**Ano, ta velká budova zde na rohu.**
Brown:	**A kde je Pražský hrad?**
Novák:	**Pražský hrad je tam napravo vzadu.**
Brown:	**Co je to zde přímo vpředu?**
Novák:	**To je Petřín.**
Brown:	**Co, prosím?**
Novák:	**Petřín. Petřín je velký pražský park.**
Brown:	**Jak se píše Petřín?**
Novák:	**Petřín se píše: pé - é - té - eř - í - en.**
Brown:	**Aha. Děkuji vám.**

První lekce

Brown: WHAT'S THE NAME OF THIS SQUARE, MR. NOVÁK?

Novák: THAT'S WENCESLAS SQUARE.. UP THERE IS THE NATIONAL MUSEUM AND DOWN HERE IS THE *Můstek* INTERSECTION.

Brown: I DON'T UNDERSTAND YOU. WHAT'S UP THERE?

Novák: THAT'S THE NATIONAL MUSEUM.

Brown: I SEE.

* * * * * * * * * * * * * * * * * *

Novák: HERE ON THE LEFT, MR. BROWN, IS THE NATIONAL THEATER.

Brown: THAT BIG BUILDING?

Novák: YES, THIS BIG BUILDING HERE ON THE CORNER.

Brown: AND WHERE IS PRAGUE CASTLE?

Novák: PRAGUE CASTLE IS BACK THERE ON THE RIGHT.

Brown: AND WHAT IS THIS HERE STRAIGHT AHEAD?

Novák: THAT'S *Petřin*.

Brown: I BEG YOUR PARDON?

Novák: *Petřin. Petřin* IS A LARGE PARK IN PRAGUE.

Brown: HOW IS *Petřin* SPELLED?

Novák: *Petřin* IS SPELLED: P - É -T - Ř - Í - N.

Brown: OH, THANK YOU.

7.b **NARRATIVE**

Toto je Václavské náměstí. Nahoře je Národní muzeum a dole je křižovatka Můstek. Ta velká budova zde nalevo, to je Národní divadlo a přímo vepředu je řeka Vltava. Vzadu napravo je Pražský hrad. Přímo vepředu je také velký park. Tento park se jmenuje Petřín. Blízko je také Americké velvyslanectví.

8   33

NOTES

Co, prosím?	-	I beg your pardon?
Děkuji vám.	-	Thank you.
Jak se jmenuje ...?	-	What is ... called?
Jak se píše ...?	-	How is ... spelled?
Já vám nerozumím.	-	I don't understand you.
Pan Novák.	-	Mr. Novák.
Pane Novák!	-	Form used when addressing Mr. Novák.
Na rohu.	-	On the corner.

Activity 8: PRACTICE

What is behind this activity?

The purpose of the practice is to help you develop correct responses containing certain grammatical features of the sentences in the lesson.

What do we do?

Your teacher will guide you in these activities so that you can observe what responses are correct and be able to reproduce them.

When is the objective of this activity accomplished?

You should go through the practice as many times as necessary in order to ensure that the grammatical changes are done correctly and without hesitation most of the time.

8.a   PRONUNCIATION PRACTICE

This practice gives you the opportunity to hear or try pronouncing any word that has occurred up until now.

Your teacher will provide a list of words to be practiced, with or without English equivalents. Now do this:

1. Select a word and either say it in Czech or give its equivalent in English.

2. Your teacher will say the word in Czech that you want to hear.

3. Repeat it after your teacher.

    From time to time your teacher will identify for the group points that still need work.

8.b   **PRONUNCIATION DRILLS**

See page 1 - ADDITIONAL MATERIAL

8.c   Your teacher will ask you one of these questions. Answer as indicated, choosing the appropriate words to fill the blank by referring to the following list.

> *Václavské náměstí*
> *Pražská katedrála*
> *Národní divadlo*
> *Americké velvyslanectví*
> *Mostecká věž*
> *Pražský hrad*
> *Národní muzeum*
> *Vltava*

1. *Jak se jmenuje to muzeum?*
    To je_____ muzeum

2. *Jak se jmenuje ten hrad?*
    To je_____ hrad.

3. *Jak se jmenuje to velvyslanectví?*
    To je_____ velvyslanectví.

4. *Jak se jmenuje to náměstí?*
    To je_____ náměstí.

5. *Jak se jmenuje ta katedrála?*
    To je_____ katedrála.

6. *Jak se jmenuje ta věž?*
    To je_____ věž.

7. *Jak se jmenuje to divadlo?*
    To je_____ divadlo.

8. *Jak se jmenuje ta řeka?*
    To je řeka_____.

8.d Watch your teacher. He/she will ask a question and indicate location by a gesture. Answer by combining the adverbs in the list to the right.

zde, tam, napravo, nalevo, nahoře, dole, vzadu, vepředu

1. *Kde je Národní divadlo?*

_____

2. *Kde je Národní muzeum?*

_____

3. *Kde je Pražský hrad?*

_____

4. *Kde je letiště?*

_____

5. *Kde je Pražská katedrála?*

_____

6. *Kde je řeka Vltava?*

_____

7. *Kde je křižovatka Můstek?*

_____

8. *Kde je Americké velvyslanectví?*

_____

9. *Kde je Václavské náměstí?*

_____

10. *Kde je Stará synagoga?*

_____

_____

První lekce

8.e   Your teacher will use these frames to ask you questions about pictures of Prague.

1.   *Kde je* _____ ?

2.   *Je* _____ *napravo nebo nalevo?*

3.   *Jak se jmenuje ta budova* _____ ?

4.   *Je* _____ *na rohu?*

5.   *Jak se jmenuje ta řeka?*

6.   *Co je to tam* _____ ?

7.   *Ta budova* _____ *je* _____ *, že ano?*

8.   *Je* _____ *nahoře nebo dole?*

9.   _____ *je vzadu nebo vpředu?*

10.   *Jak se jmenuje ta věž?*

Using the same procedure, ask each other the questions in rotation.

Activity 10: SPELLING DRILLS

Here is the Czech alphabet, along with the names of the letters.

A a	*(á)*	**J j**	*(jé)*	**S s**	*(es)*
B b	*(bé)*	**K k**	*(ká)*	**Š š**	*(eš)*
C c	*(cé)*	**L l**	*(el)*	**T t**	*(té)*
Č č	*(čé)*	**M m**	*(em)*	**Ť ť**	*(tě)*
D d	*(dé)*	**N n**	*(en)*	**U u**	*(ú)*
Ď ď	*(dě)*	**Ň ň**	*(eň)*	**V v**	*(vé)*
E e	*(é)*	**O o**	*(ó)*	**W w**	*(dvojité vé)*
F f	*(ef)*	**P p**	*(pé)*	**X x**	*(iks)*
G g	*(gé)*	**Q q**	*(kvé)*	**Y y**	*(ypsilon)*
H h	*(há)*	**R r**	*(er)*	**Z z**	*(zet)*
Ch ch	*(chá)*	**Ř ř**	*(eř)*	**Ž ž**	*(žet)*
I i	*(i)*				

10.a   Your teacher will spell out some Czech names for you to write down. You probably won't have much trouble with most letters - refer to the table if you are stuck.

10.b   When you are fairly good at this, take turns with the others in the class spelling English proper names, e.g., cities, states, American officials etc.

10.c   Each class member selects three words from the lesson material and asks the teacher in turn: *Jak se píše* _____ ? Write down the words, including those the others asked about. Your teacher will then ask at random how to spell the same words and others (including the names of Prague boroughs on the following map).

10.d   Then your teacher will spell for you the names of several Prague boroughs and ask you to find them on the map.

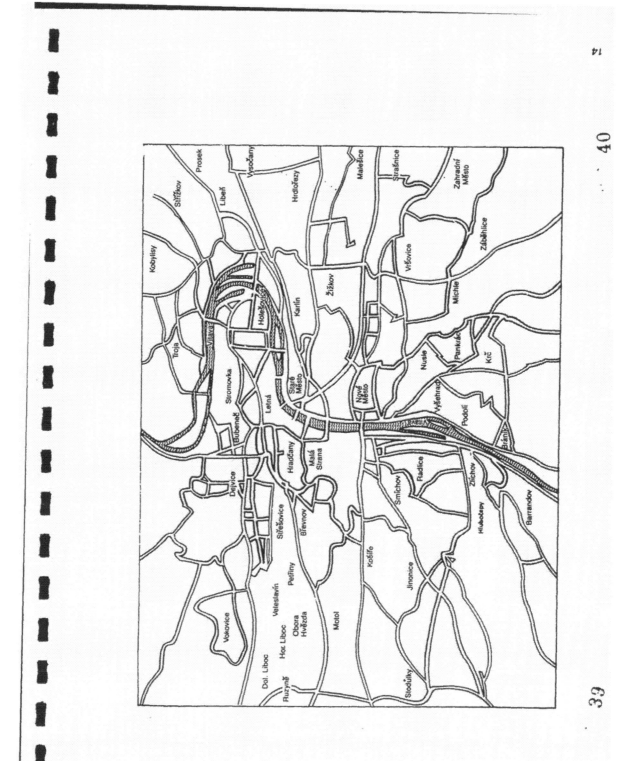

Activity 11: **SPEAKING ACTIVITY**

11.a   Your teacher will show some slides you haven't seen before. You will be asked to get as much information as you can about a slide by asking the teacher questions already practiced in this lesson.

Make notes so that you can describe those slides later on.

11.b   The students will bring in photographs or slides taken during their stay abroad. The students will explain briefly what's in the pictures.

Activity 12: **GRAMMAR NOTES**

1.   **Adjective and noun groups - gender**

velký park   -   a big park

velká budova   -   a big building

velké divadlo   -   a big theater

These examples show three forms of the adjective meaning "big": *velký, velká, velké*. What determines their occurrence? It is determined by the noun that follows. There is a large group of words of which *park* is a member, with which the form *velký* is used. The form *velká* is used in association with another large group of nouns of which *budova* is a member. Similarly, *velké* is the form of the third group, which includes *divadlo*.

How do you know to which group a noun belongs? Knowing the meaning of a word will not tell you its gender. Nouns referring to biologically masculine individuals belong to the *park* group, biologically feminine to the *budova* group - but beyond this group membership does not correlate with meaning. However, because of this partial correspondence, the term for the *park* group is traditionally "masculine", while for the *budova* group it is "feminine". The term for the *divadlo* group is "neuter".

These three groups constitute a classification called "gender".

Gender terminology is applied to adjectives also:

velký	-	big (masculine form of adjective)
velká	-	big (feminine form of adjective)
velké	-	big (neuter form of adjective)

Another set of adjectives is illustrated by the examples on the left below (set side by side with the previous examples):

národní park	*velký park*
národní budova	*velká budova*
národní divadlo	*velké divadlo*

The adjective **národní** (national) differs as to ending from the adjective **velký** (big). It is a representative of a second type of adjectives with different endings (-*í* instead of -*ý*, -*á*, -*é*).

---

2. Tag questions

In English, phrases like "isn't it?", "aren't we?", etc., are sometimes included at the end of a sentence to request verification. Such phrases are called "tag questions".

Similar phrases occur in Czech: **že ano?** asks for verification of a positive statement and **že ne**? for verification of a negative statement.

To je Národní třída, že ano?
That's National Avenue, isn't it?

To není Národní třída, že ne?
That's not National Avenue, is it?

---

3. Nominative case

Nouns and adjectives in Czech occur with a number of different endings which add an extra bit of meaning or information, e.g. "to", "from", subject of a sentence, object of the verb, etc. (There is an approximate parallel in the English form "book" and "books", where the endings -s adds the meaning of plural).

Endings together with the meanings associated with them form sets which are called "cases". Czech words are listed in the dictionary in a form called "nominative" case. This case usually indicates subject of the sentence.

READING

To be faced with a mass of print in Czech and to try to make something of it may be somewhat intimidating. But if you look more carefully you can often find a number of words you can recognize. Even at this stage you may find you can determine what the subject is - and perhaps more. Look over this newspaper item:

I.

★ ***Nikaragujská vláda*** *se obrátila na státy Kontadora (Mexiko, Kolumbii, Panamu a Venezuelu), aby přiměly Spojené státy, aby zastavily přesun svých jednotek a bojové techniky do Střední Ameriky, zrušily tam vojenská cvičení a zastavily nevyhlášenou válku proti Nikaragui.*

1. Write down the words you recognize. Underline what you think the endings of the words are.

2. From the clues you have about the subject, what do you think ***Střední Ameriky*** means?

   Can you identify the endings?

3. Now can you guess what ***Spojené státy*** means?

Here is a longer item. There are at least 12 words in it that you might recognize. Underline them, and mark off what you think are the endings.

II. **Řádění policie v Santiagu**

V Chile již poosmé Den národního protestu

Santiago de Chile 27. března (ČTK, zr) - V Chile se v úterý konal již poosmé Den národního protestu proti fašistickému režimu generála Pinocheta. Ve snaze zabránit masovým protestům, diktátorova policie zatkla v posledních dnech přes sto odborových aktivistů a obsadila dělnické čtvrti v hlavním městě. K zásahu proti demonstrantům bylo připraveno vedle policie na 24 000 vojáků. Silné jednotky hlídkovaly v ulicích měst. Pinochetova vláda vyhlásila od pondělí osmé hodiny večer zákaz vycházení a zakázala sdělovacím prostředkům informovat o situaci v zemi.

Some words may be disguised by their spelling. If you see a word that looks partly familiar, e.g., (***fašistickému režimu***?) ask your teacher to pronounce it for you.

43

Here is an even longer item. Again, underline words you recognize and mark off what appear to be endings.

III. **V americké režii**

Na tuto neděli si Washington objednal u salvadorského režimu tzv. prezidentské volby. O tom, že nešlo o žádný demokratický akt, ale o politickou frašku, svědčí fakt, že jen na její financování vydala vláda USA deset miliónů dolarů. Také americký list Dallas Morning News přiznal, že nedělní volby v Salvadoru měly dát americké vládě nejen možnost dále podporovat salvadorský režim, nýbrž také jednu z mála nadějí na pokračování její středoamerické politiky, která je nyní stále více kritizována i v samotných Spojených státech.

Prezidentské kandidáty postavila jen proamerická krajní pravice. Volební místnosti obsadilo vojsko. Účast voličů si režim zajišťoval tím, že ji prohlásil za povinnou. Žádný kandidát s demokratickým programem se "voleb" nezúčastnil už proto, že by se ani nedožil konce volební kampaně, neboť ti, kdo nedělní frašku na povel z Bílého domu uspořádali, organizují i eskadry smrti, vraždící pokrokové levicové a demokratické osobnosti, a vedou teroristickou kampaň proti skutečně demokratickým silám v zemi. V takových podmínkách měla nedělní salvadorská falešná hra na demokracii posloužit jen těm, kdo si ji objednali a chtějí nyní hovořit o "pokroku v demokracii a lidských právech" v Salvadoru, aby jejich ozbrojené vměšování do salvadorských vnitřních záležitostí dostalo punc "legality".

Ať se stane novým "prezidentem" kdokoli, mír této těžce zkoušené zemi nepřinese. Jak uvedl představitel salvadorských vlasteneckých sil Guillermo Ungo, skutečným řešením pro Salvador může být jen vytvoření široké koaliční vlády, v níž by byli zastoupeni představitelé různých politických sil země, a vypsání skutečně svobodných a demokratických voleb. To se však Bílému domu zřejmě nehodí do karet. Výsledek skutečně demokratických voleb v Salvadoru by totiž byl nepochybně zcela jiný než ten, který si objednali na tuto neděli.

What do you think the following phrases mean?

1. *americký list* Dallas Morning News

2. *organizují i eskadry smrti*

3. *středoamerické politiky*

VOCABULARY LIST

a	-	and
aha	-	I see, oh
americký	-	American
ano	-	yes
blízko	-	near
budova f.	-	building
co	-	what
divadlo n.	-	theater
dole	-	down, down there
je	-	is
Karlovo náměstí n.	-	Charles Square
katedrála f.	-	cathedral
kde	-	where
křižovatka f.	-	intersection
letiště n.	-	airport
Mostecká věž f.	-	Bridge Tower
muzeum n.	-	museum
na rohu	-	on the corner
nahoře	-	up, above, on top
nalevo	-	on the left
náměstí n.	-	square
napravo	-	on the right
národní	-	national
ne	-	no
nebo	-	or
není	-	is not
pán m.	-	Mr., Sir
pane	-	Mr., Sir (when addressing a man)
park m.	-	park
Petřín m.	-	name of a Prague park
Prašná brána f.	-	Powder Tower
Pražský hrad m.	-	Prague Castle
přímo	-	directly
řeka f.	-	river
Staroměstské náměstí n.	-	Old Town Square
starý	-	old
synagoga f.	-	synagogue
také	-	also
tam	-	there
tato	-	this (feminine)
tento	-	this (masculine)
to	-	it
toto	-	this (neuter)
toto je	-	this is
Václavské náměstí n.	-	Wenceslas Square
velký	-	big, large
velvyslanectví n.	-	embassy
vepředu, vpředu	-	in the front
Vltava f.	-	Moldau
vzadu	-	in the back
zde	-	here

19

Lekce 2 *Věci kolem nás -1*

COMMUNICATION GOALS:	To be able to get and give information about the nature (color, size etc.) and location of articles in an office or in a classroom.

GRAMMAR GOALS:

1. More on genders of Czech nouns.

2. Demonstratives - singular *ten, ta, to* and *tento, tato, toto.*

3. Possessive pronouns *můj* and *váš.*

ADDITIONAL MATERIAL:

1. Tape with unrestricted Czech.

2. Pronunciation drills.

3. 20 - 25 items which are typical for any office or classroom.

4. Two identical sets of pictures of offices.

Druhá lekce

Activity 1: LISTENING TO UNRESTRICTED CZECH

Follow the same principles as mentioned in Lesson 1. After you have listened to the tape several times, try first to answer the same questions listed in Lesson 1.

Then try the following:

1. List the words you think you recognized.

2. Pick out at least three words you heard but that you do not know.

Activity 2: GETTING INFORMATION

What is behind this activity?

The purpose of this activity is basically the same as in Lesson I; that is, to strengthen the association of the word in Czech with the concept behind it.

What do we do?

Find out the names of different items in the classroom by pointing at them and saying:

Co je to?

Teacher: *To je* _____

After about five items have been elicited, the teacher will check back with the class:

Teacher: *Co je to?*

Student: *To je* _____

Then the class will elicit another five items and the teacher will review these and the previous five. In this way, 20 - 25 items should be covered.

2.a   Your teacher will ask you to locate various items (table, blackboard, dictionary), e.g.:

Teacher: *Kde je psací stroj?*

Answer by pointing at the object in question.

2.b   Pointing at various items, your teacher will ask:

Teacher: *Je to tabule?*

Student: *Ano* (or) *ne.*

2.c   This time answer your teacher's question with a full sentence, e.g.:

Teacher: *Je to tabule?*

Student: *Ano, to je tabule.* (or)

            Ne, to není tabule.

2.d   Your teacher will point at various items in the class and ask you to tell him/her in Czech what they are, e.g.:

Teacher: *Co je to ?*

Student: *To je* _____

Activity 3:   WORDS THAT DESCRIBE : ADJECTIVES

What is behind this activity?

The purpose of this activity is to find out about the nature of items we have discussed so far: color, size, etc. (i.e., elicit adjectives).

What to do?

By cueing your teacher in English, elicit some Czech adjectives as they occur with various nouns:

Teacher: *Co je to?*

Student: *To je tabule*

Teacher: *Jaká tabule je to?*

Student: (describe by providing an adjective in English, e.g., black, old, new, large, small, etc.)

Teacher: *To je černá tabule.*

Continue until you have 10 - 15 adjectives and understand the alternation of endings.

3.a   Your teacher will ask you about the location of an item identified specifically by an adjective:

Teacher: *Kde je anglický slovník?*

Point at the object in question.

3.b   Pointing at various items, your teacher will ask:

Teacher: *Je to černá tabule?*

Student: *Ano* (or) *ne.*

3.c   This time answer your teacher's questions with a full sentence:

Teacher: *Je to černá tabule?*

Student: *Ano, to je černá tabule.* (or)
Ne, to není černá tabule.

Now answer these questions in this sequence:

Teacher: *Je to starý psací stroj?*

Student: *Ano, to je starý psací stroj.*

Teacher: *Je to český nebo anglický slovník?*

Student: *To je český slovník.*

3.d   Your teacher will point at various items and this time you respond with an appropriate adjective:

Teacher: *Jaký je ten stůl?*

Student: *To je velký stůl.*

Teacher: *Jaká je ta mapa?*

Student: *To je česká mapa.*

Teacher: *Jaké je to okno?*

Student: *To je velké okno.*

Adjectives can also follow the verb, as in the English sentence "The house is large". In this case the adjective must still agree with the noun in gender.

Answer questions in this sequence:

Teacher: *Jaký je ten stůl?*

Student: *Ten stůl je velký.*

Teacher: *Jaká je ta mapa?*

Student: *Ta mapa je česká.*

Teacher: *Jaké je to okno?*

Student: *To okno je velké.*

Activity 4:   REVIEW EXERCISE

Practice questions and answers according to the following patterns, using your immediate surroundings as much as possible:

4.a   Teacher: *Co je*   *nahoře?*
                                                dole?
                                                napravo?
                                                nalevo?
                                                vepředu?

       Student: *Nahoře je* _____

4.b   Teacher: *Jaký*
                   Jaká
                   Jaké _____ *je*   *nahoře?*
                                            dole?
                                            napravo?
                                            nalevo?
                                            vepředu?
                                            vzadu?

       Student: *Vepředu je* _____

4.c   Teacher: *Je* _____ _____   *nahoře nebo vzadu?*
                                            vzadu nebo vpředu?
                                            napravo nebo nalevo?

4.d   Teacher: *Je to anglický slovník?*
       Student: *Ne, to není anglický slovník, to je český slovník.*

5

Activity 5: **TASK CONSIDERATION**

What do we do?

This is your first day at work and your secretary is showing you your office. She is efficient and has tried to make sure it's well furnished and that you have what you need.

Put yourself in this situation. List some of the things you might want to say to her, before she goes back to her office and leaves you so you can get settled. Find out from your teacher how to say what you want in simple Czech. Try these sentences out and see what responses you get. Practice them until you can use them easily.

Activity 6: **SAMPLE DIALOGUE**

Mr. Brown, a political officer, arrives in Prague to take over a new job. His Czech secretary, Ms. Veselá, shows him his new office.

Veselá:	*Tak, pane Brown. Toto je vaše kancelář. Jak se vám líbí?*
Brown:	*Je velká, nábytek je moderní. Je to opravdu velmi pěkná kancelář.*
Veselá:	*Zde je váš psací stůl a psací stroj. Tady nalevo je vaše knihovna a zde napravo je rádio a magnetofon.*
Brown:	*Kde je telefon, prosím vás?*
Veselá:	*Telefon je zde nalevo u okna a telefonní seznam je tam dole, vedle knihovny.*
Brown:	*Aha, a kde je vaše kancelář, slečno Veselá?*
Veselá:	*Má kancelář je tady napravo.*

* * * * * * * * * * * * * * * *

Veselá:	SO THIS IS YOUR OFFICE, MR. BROWN. HOW DO YOU LIKE IT?
Brown:	IT'S BIG, THE FURNITURE IS MODERN. IT'S REALLY A VERY NICE OFFICE.
Veselá:	HERE IS YOUR DESK AND TYPEWRITER. HERE ON THE LEFT IS YOUR BOOKCASE AND HERE ON THE RIGHT ARE THE RADIO AND THE TAPE RECORDER.
Brown:	EXCUSE ME, WHERE IS THE TELEPHONE?
Veselá:	THE TELEPHONE IS HERE ON THE LEFT BY THE WINDOW AND THE TELEPHONE BOOK IS DOWN THERE NEXT TO THE BOOKCASE.
Brown:	OH, AND WHERE IS YOUR OFFICE, MS. VESELÁ?
Veselá:	MY OFFICE IS HERE ON THE RIGHT.

6.a   NARRATIVE

Nová kancelář pana Browna je velká, světlá místnost. Nábytek jako psací stůl a knihovna je nový a moderní. V kanceláři je také nové rádio a kazetový magnetofon. Telefon je u okna a telefonní seznam je vedle knihovny. Sekretářka pana Browna se jmenuje slečna Veselá.

6.b   What Did They Say?

6.b.1   Your teacher will ask you these questions. Try to answer them from memory. If you can't remember, check back to the dialogue or to the narrative for the answer.

1. *Jaký diplomat je pan Brown?*
2. *Jaká místnost je ta kancelář?*
3. *Je tam psací stůl?*
4. *Jaký nábytek je tam?*
5. *Kde je telefon?*
6. *Je tam rádio a magnetofon?*
7. *Je tam psací stroj?*

8. *Kde je telefonní seznam?*

9. *Jak se jmenuje sekretářka pana Browna?*

10. *Je to pěkná kancelář?*

NOTES

Jak se vám líbí ... ?	-	How do you like ... ?
Kancelář pana Browna.	-	Mr. Brown's office.
Prosím vás.	-	Please. (polite way of starting or ending a request)
Sekretářka pana Browna.	-	Mr. Brown's secretary.
Slečna Veselá.	-	Miss (Ms.) Veselá.
Slečno Veselá.	-	Form used when addressing Miss (Ms.) Veselá. (**Slečno** is used to address a young unmarried woman. **Paní** is used to address a married woman.
U okna.	-	At the window.
V kanceláři.	-	In the office.
Vedle knihovny.	-	Next to the bookcase.

Activity 7: **PRACTICE**

In this section extra space is added to various exercises so you can practice items which you have elicited from the teacher.

7.a   **PRONUNCIATION DRILLS**   (See Lesson I)

7.b   Fill in the appropriate form of the demonstrative pronoun **ten**.

1. _____ *hrad je napravo.*

2. _____ *katedrála je přímo vpředu.*

3. _____ *řeka se jmenuje Vltava.*

4. _____ náměstí je vzadu.

5. _____ okno je nahoře.

6. _____ letiště je nalevo.

7. ._____ velvyslanectví je na rohu.

8. _____ psací stůl je moderní.

9. _____ divadlo je dole na rohu.

10. _____ psací stroj je v kanceláři.

11. _____ kancelář je zde napravo.

12. _____ budova na rohu se jmenuje "Máj".

13. _____ telefon je u okna.

14. _____ telefonní seznam je vedle knihovny.

15. _____ rádio je tam dole.

16. _____ magnetofon tady není.

17. _____ sekretářka se jmenuje slečna Veselá.

18. _____ knihovna je velmi moderní.

19. _____ muzeum je tam nahoře.

20. _____ náměstí se jmenuje Karlovo.

7.c   Continue this exercise with additional items you have elicited from the teacher and which are not in the texts.

21. _____ je nahoře.

22. _____ je na rohu.

23. _____ je vedle knihovny.

24. _____ je velmi moderní.

25. _____ je nalevo.

7.d   Once you are quite sure of the gender of each noun, practice the same sentences with the following adjectives while retaining the demonstrative pronoun **ten, ta, to.**

---

národní, velký, pražský, americký, moderní, pěkný, starý, plus other adjectives provided by the teacher.

1. _____ *hrad je napravo.*
2. _____ *katedrála je přímo vpředu.*
3. _____ *řeka se jmenuje Vltava.*
4. _____ *náměstí je vzadu.*
5. _____ *okno je nahoře.*
6. _____ *letiště je nalevo.*
7. _____ *velvyslanectví je na rohu.*
8. _____ *psací stůl je moderní.*
9. _____ *divadlo je dole na rohu.*
10. _____ *psací stroj je v kanceláři.*
11. _____ *budova na rohu se jmenuje "Máj".*
12. _____ *kancelář je zde napravo.*
13. _____ *věž není zde.*
14. _____ *telefon je u okna.*
15. _____ *telefonní seznam je vedle knihovny.*
16. _____ *rádio je tam dole.*
17. _____ *magnetofon tady není.*
18. _____ *sekretářka se jmenuje slečna Veselá.*
19. _____ *knihovna je velmi moderní.*
20. _____ *muzeum je tam nahoře.*

Continue this exercise with additional items you have elicited from your teacher.

21. _____ *je na rohu.*

22. _____ *je vedle knihovny.*

23. _____ *je velmi moderní.*

24. _____ *je nahoře.*

25. _____ *je nalevo.*

7.e   Form questions using the appropriate form of the interrogative *jaký, jaká, jaké* and the nouns below, e.g.:

Jaký park je tam vzadu?

1. _____ *park* _____

2. _____ *katedrála* _____

3. _____ *rádio* _____

4. _____ *velvyslanectví* _____

5. _____ *místnost* _____

6. _____ *telefonní seznam* _____

7. _____ *psací stroj* _____

8. _____ *náměstí* _____

9. _____ *kancelář* _____

10. _____ *divadlo* _____

11. _____ .... _____

12. _____ .... _____

13. _____ .... _____

14. _____ .... _____

15. _____ .... _____

11

7.f Supply the correct form of the possessive pronoun **můj** and **váš** in the following sentences:

1. _____ *rádio je zde u okna.*

   _____

2. _____ *telefonní seznam není nový.*

   _____

3. _____ *knihovna je moderní.*

   _____

4. _____ *sekretářka se jmenuje slečna Veselá.*

   _____

5. _____ *magnetofon není kazetový*

   _____

6. _____ *nová kancelář je velká místnost.*

   _____

7. _____ *psací stroj je americký.*

   _____

8. _____ *nábytek je velmi starý.*

   _____

9. _____ *psací stůl je zde nalevo.*

   _____

10. _____ *telefon je tam vpředu.*

    _____

Continue this exercise, filling in any suitable nouns you have elicited from your teacher.

11. _____ *je tam nahoře vpravo.*
12. _____ *je zde dole.*
13. _____ *není americký.*
14. _____ *je tam dole nalevo.*
15. _____ *není zde.*

7.g   Now go back to the sample dialogue and practice sentence by sentence as follows, e.g.:

Sentence from Sample Dialogue: *Tak, pane Brown, toto je vaše kancelář.*

Cue provided by the teacher: *Psací stroj.*

Student: *Tak, pane Brown, toto je váš psací stroj.*

7.h   Go over all the classroom items you have discussed and answer the teacher's questions.

Activity 8:   Use of *jaký - jaká - jaké - čí*

8.a   *jaký - jaká - jaké*

Teacher: *Jaký je to slovník?*

Student: *To je _____ slovník.*

Ten slovník je _____ .

8.b   In combination with locations.

Teacher: *Jaká mapa je tam nahoře?*

Student: *Tam nahoře je česká mapa.*

Teacher: *Jaká mapa je tam nahoře a jaká mapa je tam dole?*

Student: *Tam nahoře je _____ mapa a tam dole je _____ mapa.*

Teacher: *Je česká mapa nahoře nebo dole?*

Student: *Česká mapa je nahoře.*

8.c   *čí?* (whose)

Teacher: *Čí je ten slovník?*

Student: *To je _____ slovník.*

In combination with locations.

Teacher:	*Či slovník je tam dole?*
Student:	*Tam dole je _____ slovník.*

8.d **kde je?**

Teacher:	*Kde je ta velká mapa?*
Student:	*Ta velká mapa je _____ .*

8.e

Teacher:	*Líbí se vám _____ ?*
Student:	*Ano, _____ .*
	Ne, _____ .

Activity 9:   SPEAKING ACTIVITY

9.a   Your teacher will give you a picture of an office. (Each student will get a different picture.) Then,

1.   The other student will ask questions about which items are in your picture, e.g.:

Je tam psací stroj?

2.   Now quiz the students who asked the questions about how much they remember of what you said, e.g.:

Co je tam?   or   *Je tam _____ ?*

3.   Finally, students will try to give back all the information they received, e.g.:

Tam je _____ .

9.b   Students will get pairs of pictures of the same office. The pictures may differ slightly from each other. The students will find out how.

9.c   The teacher will give the students several pictures. Then he/she will describe the furnishings of a particular office. The students will have to determine which one the teacher is talking about.

9.d   Describe your study at home or your office in the embassy where you worked last time. (Draw a brief sketch on the board.)

Activity 10: **GRAMMAR NOTES**

1.   Nouns - more on gender

In Note 1, Lesson 1 we said that each Czech noun has one of three genders (masculine, feminine, or neuter) and that the gender of the noun helps to determine which endings to put onto the noun and also onto adjectives that go with it. You will therefore need to keep track of the genders of the nouns you use.

But how is a learner to know the gender of a noun? There are two partial rules which can be very helpful for this purpose.

1.a   If the noun refers to a human being, its grammatical gender corresponds to the sex of the person for whom it stands:

pan	-	Mr. (masculine)
slečna	-	Miss (feminine)

1.b   Those which end in a consonant are usually masculine.

hrad	-	castle
park	-	park

Those which end in -*a* are usually feminine.

třída	-	avenue
řeka	-	river

Those which end in -*o* or -*í* are usually neuter.

divadlo	-	theater
náměstí	-	square
velvyslanectví	-	embassy

If you follow these rules, you will be able to guess the gender of a noun correctly most of the time. However, be prepared for exceptions.

2. Singular demonstratives: "that", "this"

These forms also indicate gender, and match the word they are associated with in this respect: **ten** before a masculine noun, **ta** before a feminine noun and **to** before a neuter noun:

	that	**this**
masculine	**Ten** *stůl je velký.*	**Tento** *telefon je váš.*
feminine	**Ta** *mapa je česká.*	**Tato** *místnost je kancelář.*
neuter	**To** *okno je velké.*	**Toto** *rádio je nové.*

3. The possessive *váš* and *můj*

We have already met with the possessive **váš** "your/yours". Like adjectives and demonstratives, it changes its endings to agree with the nouns that it goes with. Here are the nominative singular forms.

masculine	*To je* **váš** *telefon.*
feminine	*To je* **vaše** *kancelář.*
neuter	*To je* **vaše** *rádio.*

The possessive meaning "my/mine" is **můj**. It also changes its endings to agree with the noun it goes with. Here are the nominative singular forms.

masculine	*To je* **můj** *magnetofon.*
feminine	*To je* **má** *kancelář.*
neuter	*To je* **mé** *radio.*

Incidentally, **váš** is used when "you" is two or more people, but it is also used in addressing one person whom the speaker doesn't know well or for whom the speaker wishes to express respect. In this way it is comparable to French "votre" or German "Ihr."

READING

Work out as much meaning as you can from this item.

I. *ZAČAL WIMBLEDON*

> *Na travnatých dvorcích ve Wimbledonu začalo
> v pondělí 98. mezinárodní mistrovství Anglie v
> tenisu.*
>
> *Ve dvouhře mužů je prvním nasazeným hráčem
> McEnroe, dvojku má Lendl, trojku Connors, čtyřku Wilander
> a pětku Arias. Šmíd je nasazen jako třináctý. V soutěži žen
> je Mandlíková třetí a Suková čtrnáctou nasazenou hráčkou.*

Look through this short item and figure out as much of the meaning as you can (there are about 12 words that should be recognizable).

II. **Militaristickou politiku**

> Reaganovy vlády ostře kritizoval
> demokratický senátor za stát Ohio J. Glenn,
> který se uchází o kandidaturu na prezidentský
> úřad. Senátor v interview listu New York Times
> zdůraznil, že je nutné přijmout řadu opatření k
> omezení jaderného zbrojení a posílení kontroly
> nešíření jaderných zbraní.

1. Write down the words you recognize and underline what appear to be the endings.

2. List any adjectives that occur, indicating their endings.

3. What is your guess as to the meaning of the first sentence?

III. *Kulturní mozaika*

> ● *V koprodukci maďarské, západoněmecké a francouzské
> televize vznikl čtyřdílný životopisný seriál o A. Einsteinovi.
> Titulní postavu vytvořil anglický herec Ronald Pickup.*
>
> ● *V rozsáhlé mezinárodní spolupráci vzniká televizní seriál
> život Berliozův. Na realizaci se podílejí Francie, SSSR, Maďarsko,
> Švédsko, Kanada a Belgie.*

1. Write down the words you recognize, as before, and indicate the endings.

2. List adjectives that occur as well as the nouns they refer to. Underline the endings on both adjectives and nouns. Match the names of countries with their adjectival forms.

3. What do you think *herec* means in English?

IV. **Tisková konference amerického politika J. Jacksona v Havaně**

HAVANA 27. června (Zpravodajka ČTK, zr) - K zahájení morální ofenzívy, jež by vedla ke sblížení lidu Spojených států a Kuby a k dosažení míru ve Střední Americe, vyzval na středeční tiskové konferenci v Havaně uchazeč o nominaci za kandidáta Demokratické strany na funkci prezidenta USA Jesse Jackson.

What do you think is the meaning of the bold printed endings in these phrases?

1. *Konference amerického politika J. Jacksona*

   Kandidáta Demokratické strany

   funkci prezidenta

2. *v Havaně*

   ve Střední Americe

VOCABULARY LIST

anglicko-český	-	English-Czech
anglický	-	English
černý	-	black
česko-anglický	-	Czech-English
český	-	Czech
čí	-	whose
dejte!	-	put (imperative)
jako	-	as, such as
jaký - jaká - jaké?	-	what kind?
kancelář f.	-	office
kartotéka f.	-	file
kazetový	-	cassette (adj.)
kniha f.	-	book
knihovna f.	-	bookcase, library
koš m.	-	wastebasket
magnetofon m.	-	tape recorder
malý	-	small
mapa f.	-	map
místnost f.	-	room
moderní	-	modern
můj - má - mé	-	my, mine
nábytek m.	-	furniture
nový	-	new
okno n.	-	window
opravdu	-	really
papír m.	-	paper
pěkný	-	nice
psací stroj m.	-	typewriter
psací stůl m.	-	desk
rádio n.	-	radio
slečna f.	-	Miss
slovník m.	-	dictionary
stůl m.	-	table
světlý	-	light
tabule f.	-	blackboard
tady	-	here
tak	-	so, well
telefon m.	-	telephone
telefonní seznam m.	-	telephone book
tužka f.	-	pencil
u	-	at
váš	-	your, yours
vedle	-	beside
velmi	-	very

Lekce 3 *Věci kolem nás - 2*

COMMUNICATION GOALS:		To be able to request items, offer help, and express thanks.
GRAMMAR GOALS:	1.	The categories "hard" and "soft" nouns.
	2.	The categories "hard" and "soft" adjectives.
	3.	Accusative case (1).
	4.	Verbs: "I" and "you" forms - verb groups.
	5.	Reflexive verbs.
	6.	*nějaký - žádný.*
ADDITIONAL MATERIAL:	1.	Tape with unrestricted Czech.
	2.	20 - 25 items which are typical of any classroom or office.
	3.	Set of cards with all Czech consonants.

Třetí lekce

1. What are the people doing?

2. How many people are there?

3. Are they cooperating happily or is there some kind of conflict?

4. Who is giving the orders?

5. List the words you think you recognized.

6. Pick out at least three words you heard but that you do not know.

Activity 2: **MAKING REFERENCE TO ITEMS IN THE CLASSROOM IN WHICH A NEW CASE ENDING APPEARS**

What is behind this activity?

The purpose of this activity is to demonstrate a change in ending as the role of a noun in a sentence changes.

What do we do?

Your teacher will set out about ten items on the table. She/he will review with you briefly in Czech what they are. *(Co je to? - To je pero.)* Then your teacher will ask you to respond to requests such as:

> *Dejte mi tu tužku!*
> *Dejte mi ten slovník!*
> *Dejte mi papír!*

From your teacher's behavior you should be able to determine what the construction *dejte mi* means. If not, ask her/him in English for the meaning.

Next, your teacher will specify items using *dopředu, dozadu, doleva, doprava, nahoru, dolů, sem* and *tam*, e.g.:

> *Dejte tu tužku doprava!*
> *Dejte tu tužku doleva!*
> *Dejte ten papír dopředu!*

66

The specifying may also be with adjectives:

Dejte mi ten český slovník!
Dejte ten český slovník sem!

Activity 3: EACH STUDENT WILL BE GIVEN SEVERAL OF THE ITEMS ON THE TABLE. THEN YOUR TEACHER WILL ASK:

Teacher: *Máte slovník?*
Student: *Ano.* (or) *Ne.*

Activity 4: THIS TIME RESPOND WITH A FULL SENTENCE:

---

positive response	Teacher:	*Máte slovník?*
	Student:	*Ano, mám slovník.*
negative response	Teacher:	*Máte magnetofon?*
	Student:	*Ne, nemám magnetofon.*
response to alternatives	Teacher:	*Máte slovník nebo učebnici?*
	Student:	*Mám slovník.*

Now your teacher will engage you in a longer interchange, e.g.:

Teacher: *Máte učebnici?*
Student: *Ano, mám učebnici.*
  (or) *Ne, nemám učebnici.*
Teacher: *Máte slovník nebo učebnici?*
Student: *Mám slovník.*

When all items have been sufficiently covered in this way, adjectives can be added.

Teacher: *Máte nový nebo starý slovník?*
Student: *Mám nový slovník.*

Activity 5: NOW EXCHANGE YOUR ITEMS WITH ANOTHER STUDENT. YOUR TEACHER WILL ASK QUESTIONS LIKE:

Teacher: *Co máte?*
Student: *Mám tužku.*
Teacher: *Jakou máte tužku?*
Student: *Mám červenou tužku.*

3

Třetí lekce

Then both constructions together.

Teacher:	*Co máte?*
Student:	*Mám slovník.*
Teacher:	*Jaký slovník máte?*
Student:	*Mám anglicko-český slovník.*

Activity 6: TASK CONSIDERATION

What do we do?

You have had a chance to look over your new office, and you find that there are certain additions or changes that you would like to make.

List four or five different kinds of things to say that will help you get what you want.

For each item on your list, elicit from your teacher a short, simple Czech sentence which will serve the purpose.

Activity 7: SAMPLE DIALOGUE

Mr. Brown, the new political officer in Prague, is settling down to his new office. He finds that he needs a few more things, so he calls his secretary and asks her to help him get them.

Brown: **Slečno Veselá, myslím, že ještě něco potřebuji.**

Veselá: **Prosím, pane Brown, co si přejete?**

Brown: **Prosím vás, máte tady nějakou mapu nebo nějaký obraz? Chci dát něco na tuto stěnu.**

Veselá: **Já se podívám, ale myslím, že tady mám mapu USA a nějakou fotografii Prahy.**

Brown: **Děkuji vám mnohokrát.**

★ ★ ★ ★ ★ ★ ★ ★ ★ ★ ★ ★ ★ ★ ★ ★ ★

Veselá: *Tak tady je ta mapa a fotografie. Kam je chcete dát?*

Brown: *No, tak tu mapu dám sem nahoru a tu fotografii tam vedle knihovny.*

Veselá: *Potřebujete ještě něco, pane Brown?*

Brown: *Ano, ještě jednu maličkost. Přineste mi, prosím vás, obyčejný dopisní papír a nějakou obálku.*

Veselá: *Ano, hned to přinesu.*

* * * * * * * * * * * * * * * * *

Brown: MISS VESELÁ, I THINK I STILL NEED SOMETHING.

Veselá: YES, MR. BROWN, WHAT DO YOU WISH?

Brown: PLEASE, DO YOU HAVE A MAP OR A PICTURE OF SOME KIND? I WANT TO PUT SOMETHING ON THIS WALL.

Veselá: I'LL LOOK, BUT I THINK I HAVE A MAP OF THE U.S. HERE AND A PHOTOGRAPH OF PRAGUE.

Brown: THANK YOU VERY MUCH.

Veselá: SO, HERE ARE THE MAP AND THE PHOTOGRAPH. WHERE DO YOU WANT TO PUT THEM?

Brown: WELL, I'LL PUT THE MAP UP THERE AND THE PHOTOGRAPH NEXT TO THE BOOKCASE.

Veselá: DO YOU NEED SOMETHING ELSE, MR. BROWN?

Brown: YES, JUST ONE MORE SMALL THING. BRING ME, PLEASE, PLAIN LETTER PAPER AND AN ENVELOPE.

Veselá: YES, I'LL BRING IT RIGHT AWAY.

7.a   **NARRATIVE**

Nová kancelář - II

Pan Brown má novou kancelář. Nalevo u okna stojí psací stůl a židle a napravo vedle knihovny má pan Brown malé rádio a kazetový magnetofon.

V kanceláři ale není žádný obraz a proto chce pan Brown dát na stěnu nějakou mapu nebo fotografii. Naštěstí slečna Veselá, sekretářka pana Browna, má velkou mapu USA a nějakou barevnou fotografii Prahy.

Později chce pan Brown psát dopis. Tento dopis není úřední a proto potřebuje obyčejný dopisní papír a obyčejnou obálku.

7.b   **What Did They Say?**

7.b.1   Your teacher will ask you these questions. Try to answer them from memory. If you can't remember, check back to the dialogues or the narrative for the answer.

1. *Co potřebuje pan Brown?*

2. *Co má slečna Veselá?*

3. *Kam chce pan Brown dát mapu?*

4. *Kam chce pan Brown dát fotografii?*

5. *Potřebuje pan Brown ještě něco?*

6. *Má pan Brown novou kancelář?*

7. *Jaký magnetofon má pan Brown?*

8. *Co je vedle knihovny?*

9. *Je slečna Veselá sekretářka pana Browna?*

10. *Jaký papír potřebuje pan Brown?*

NOTES

Ano, ještě jednu maličkost.	-	Yes, just one more small thing.
Chce.	-	He, she wants.
Má.	-	He, she has.
Stojí.	-	He, she, it stands.
Chci dát něco na stěnu.	-	I want to put something on the wall.
Dejte mi ...	-	Give me ...
Děkuji vám mnohokrát.	-	Thank you very much.
Fotografie Prahy.	-	A photograph of Prague.
Kam to chcete dát?	-	Where do you want to put it?
Kam?	-	(To) where?
No, tak ...	-	Well, ...
Potřebujete ještě něco?	-	Do you need anything else?
Sem.	-	(To) here.

Hned to přinesu.	-	I'll bring it right away.
Já se podívám.	-	I'll look.
Tu mapu dám sem.	-	I'll put the map here.

These three verbal constructions express the future tense due to the fact that **podívat se**, **dát** and **přinést** are perfective verbs. The concept of perfective and imperfective will be discussed later.

Activity 8: **PRACTICE**

8.a   **PRONUNCIATION**   (See Lesson 1)

8.b   Listen to your teacher, who will form sentences using the items in each column. Then try it yourself. Following your teacher's instructions, continue the exercise for 10 - 20 minutes.

A verb	B demonstrative	C adjective	D noun
Potřebujete? Kam chcete dát? Vidíte? Znáte? Přinesu Mám Podíváme se na	ten (to) ta (to) to (to)	černý malý nový český anglický moderní pěkný psací telefonní kazetový národní velký starý pražský americký obyčejný staroměstský úřední	magnetofon slovník koš obraz nábytek telefon seznam papír adresář knihovna kniha mapa kartotéka tužka katedrála obálka tabule fotografie kancelář místnost maličkost divadlo okno rádio letiště velvyslanectví

Now try reproducing sentences yourself, using items from the different columns in these sequences:

A + D	e.g.:	*Potřebujete koš?*
A + B + D		*Znáte tu budovu?*
A + C + D		*Máte český slovník?*
A + B + C + D		*Vidíte tu velkou mapu?*

8.c Write in the appropriate form of the words in parentheses. Your teacher will ask the class to read their answers aloud.

1. Pan Brown potřebuje _____ (nějaký dopisní papír) a _____ (obyčejná obálka).

2. Máte v kanceláři _____ (starý) nebo _____ (nový) telefon?

3. Hned _____ (ten psací stroj) přinesu.

4. Potřebujete _____ (to staré rádio)?

5. Znáte _____ (pražské Národní divadlo)?

6. Vidíte _____ (ta nová budova)?

7. Máte tady _____ (pěkná moderní knihovna).

8. _____ (Tato křižovatka) neznám.

9. Máte tady také _____ (nové letiště)?

10. _____ (Ta barevná fotografie) chci dát sem dolů.

11. Myslíte, že _____ (ta slečna) znám?

12. Chcete _____ (ta stará židle)?

13. _____ (Ten malý adresář) dejte sem nahoru.

14. Znáte _____ (Pražský hrad) a _____ (Petřín)?

15. _____ (Ta velká mapa) zde nechci.

16. _____ (Jaká knihovna) potřebujete?

8.d   Listen to your teacher, who will form sentences using the items in each column. Then try it yourself.

A	B	C
Jaký *Jaká* *Jaké*	*tužka* *papír* *psací stroj* *koš* *rádio* *fotografie* *magnetofon* *slovník* *sekretářka* *židle* *kancelář* *nábytek* *adresář* *obálka* *letiště* *velvyslanectví* *kniha*	*potřebujete?* *máte?* *znáte?* *vidíte?* *chcete?*

8.e   Listen to your teacher who will answer the following questions in a positive and then in a negative way, using **žádný**. Then try it yourself.

A	B	C
Je zde *Potřebujete* *Chcete* *Máte* *Vidíte* *Znáte*	*nějaký* *nějaká* *nějaké*	*mapa* *kartotéka* *papír* *stůl* *slovník* *telefon* *tužka* *telefonní seznam* *park* *synagoga* *velvyslanectví* *fotografie* *židle* *psací stroj* *nábytek* *rádio* *obálka* *kniha* *letiště*

74

10

8.f   Choose one of the sentences which has a verb with forms you are not sure of. Read the sentence to your teacher. She/he will respond with a sentence having the "you" form of the same verb. Continue until you can supply all the forms yourself.

Mít   *Já* **mám** *slovník.*
              Vy _____ *slovník.*

Dát   *Já* **dám** *tu mapu sem.*
              Vy _____ *tu mapu sem.*

Podívat se   *Já* **se podívám** *na ten obraz.*
              Vy _____ *na ten obraz.*

Znát   *Já* **znám** *tu novou sekretářku.*
              Vy _____ *tu novou sekretářku.*

Přinést   *Já to hned* **přinesu.**
              Vy to hned _____ .

Potřebovat *Já to rádio* **potřebuji.**
              Vy to rádio _____ .

Psát   *Já* **píši** *dopis.*
              Vy _____ *dopis.*

Chtít   *Já* **chci** *ten telefonní seznam.*
              Vy _____ *ten telefonní seznam.*

Přát si   *Já si něco* **přeji.**
              Vy si něco _____ .

Myslet   *Já* **myslím,** *že ta kniha je zde.*
              Vy _____ , *že ta kniha je zde.*

Vidět   *Já* **vidím** *tu starou budovu.*
              Vy _____ *tu starou budovu.*

_____

8.g   Try to supply "I" forms in the following. Start with the ones you are sure of. If you can't recall the form, refer to 8.d above.

1.   *Vy to* **nepotřebujete,** *ale já to* _____ .

2.   *Vy to* **nevidíte,** *ale já to* _____ .

3.   *Vy to* **neznáte,** *ale já to* _____ .

4.   *Vy to* **nepíšete,** *ale já to* _____ .

5. *Vy to* **nepřinesete,** *ale já to* _____ .

6. *Vy to tam* **nedáte,** *ale já to tam* _____ .

7. *Vy to* **nemáte,** *ale já to* _____ .

8. *Vy se tam* **nepodíváte,** *ale já se tam* _____ .

9. *Vy to* **nechcete,** *ale já to* _____ .

10. *Vy si to* **nepřejete,** *ale já si to* _____ .

8.h   Practice the discrimination of hard, soft and neutral consonants using the appropriate set of cards.

GRAMMAR NOTES

---

1.   The categories "hard" and "soft" - nouns

As we mentioned in Lesson 2, Note 1, the gender of a noun helps to determine which endings to put on the noun and also onto some of the words that go with it. Within these three groups there are several different sets of endings. In determining which set goes with which noun, there are some further noun clues which can be helpful, namely which consonant or vowel comes at the end of the word in the nominative case.

1.a   For this purpose, consonants pattern in two main groups. Traditionally they are called "hard" and "soft".

Hard consonants	Soft consonants
h	*ž*
ch	*š*
k	*č*
r	*ř*
d	*ď*
t	*ť*
n	*ň*
	c
	j

Thus the nominative nouns **telefon** and **papír** (ending in hard consonants *-n* and *-r* respectively) are designated "hard nouns" and take "hard endings" which we will see later. Likewise **stroj** (ending in *-j*, a soft consonant) is a "soft noun", taking the "soft endings" (also to be seen later).

For some purposes it is helpful to consider the remaining consonants as a separate group - called neutral, i.e., *b, f, l, m, p, s, v, z.*   Nouns ending in these consonants usually take hard endings, but nouns ending in -*l* and -*s* may in some cases take soft endings.

Thus the majority of masculine nouns in Czech end in a hard or neutral consonant and take hard endings. Those which end in a soft consonant take soft endings.

1.b   Most feminine and neuter nouns end in a vowel in the nominative case. They too may take their own sets of hard and soft endings, depending on whether the final vowel is hard or soft.

Hard vowels	Soft vowels
a	*e*
o	*i*
u	
y	

Thus: *mapa, knihovna, slečna*   -   hard nouns *(-a)*

fotografie, židle, tabule   -   soft nouns   *(-e)*

A small group of feminine nouns end in a consonant in the nominative case, but take soft endings, e.g.: **kancelář.**

Almost all neuter nouns end in a vowel, e.g.: **okno** (hard), **letiště, velvyslanectví** (soft).

(A further treatment of the nominative case comes in Lesson 4)

2.   The categories "hard" and "soft" - adjectives

2.a   Adjectives have their own sets of hard and soft endings, depending on whether the last consonant of the stem is hard or soft.

When an adjective is followed by a noun, the ending of each must reflect the same gender (masculine, feminine, or neuter), number (singular or plural) and case. However, the specific ending comes from whatever set is associated with the particular noun or adjective, i.e., there is no agreement as to hard and soft endings between the adjective and the noun.

For example: **nový** is a hard adjective (final stem consonant **v**) and takes hard **adjectival** endings.

nábytek is a hard noun (final consonant **k**) and takes hard **noun** endings, as in:

*Máte **nový** nábytek?*

In a sentence with the soft noun **koš** (instead of nábytek), **nový** is still the form that occurs:

> *Máte* **nový koš?**

Here are examples with a soft adjective:

> *Máte* **moderní nábytek.**

> *Máte* **moderní kancelář.**

---

3. Accusative case (1)

3.a   *Máte tady* **nějaký obraz**?   Do you have a picture here?

       Vedle knihovny má pan Brown **malé rádio.**   Mr. Brown has a small radio next to the bookcase.

In each sentence there is a particular relationship linking the verb and the noun.

máte ...... **obraz**   you have .... a picture

má .... **rádio**   he has .... a radio

In relationship like this, the noun is said to be **the object of the verb.** With some nouns in Czech this relationship is indicated by means of adding a special ending:

> *Mám mapu USA.*   I have a map of the U.S.

> *Mám nějakou fotografii Prahy.*   I have a photograph of Prague.

Words that are in this object relationship to verbs are in the accusative case, and the endings associated with this are called accusative endings.

3.b   Here are the accusative endings that have occurred so far, (compared with the corresponding nominative forms):

Nouns:

	nominative	accusative
masculine	*slovník*	*Mám slovník.*
	koš	*Mám koš.*
feminine	*mapa*	*Mám mapu.*
	fotografie	*Slečna Veselá má fotografii.*
	kancelář	*Kde máte kancelář?*
neuter	*rádio*	*Máte rádio?*
	letiště	*Máte velké letiště?*
	náměstí	*Znáte to náměstí?*

3.c   Adjectives:

masculine	*starý*	*Máte starý slovník?*
	úřední	*Máte úřední dopis?*
feminine	*červená*	*Mám červenou tužku.*
neuter	*malé*	*Pan Brown má malé rádio.*

3.d   Demonstratives:

masculine	**ten** /to/	*Dejte mi **ten** český slovník.*
feminine	**ta** /to/	***Tuto** mapu dáme sem.*
neuter	**to** /to/	*Kam chcete dát **to** rádio?*

---

4.   **Verbs: "I" and "you" forms - verb groups**

4.a   Here are the "I" and "you" forms of some verbs that have occurred:

I.   ***Máte** nějakou mapu?*   Do you have a map?

   ***Mám** mapu U.S.A.*   I have a map of the U.S.

II.   ***Potřebujete** ještě něco?*   Do you need anything else?

   *Myslím, že ještě něco **potřebuji**.*   I think I still need something.

III.   *(myslíte)*   (you think)

   ***Myslím**, že ještě něco potřebuji.*   I think I still need something.

These are examples representing three groups of verbs, each of which has a slightly different form of ending indicating person ("I", "you", etc.). **Myslíte** hasn't actually occurred in the lesson yet - it is added here to round out the pattern.

79

15

Practically all Czech verbs fit into one of these groups:

	Group I	Group II	Group III
"you"	*máte*	*potřebujete*	*myslíte*
"I"	*mám*	*potřebuji*	*myslím*

4.b Czech verb forms indicate person. Personal pronouns are not usually used as well, except for emphasis.

mám	I have
Mám ten slovník.	I have the dictionary.
Já mám ten slovník.	I have the dictionary. (not someone else)

4.c The negative is formed by prefixing **ne-** directly onto the front of the verb.

ne*mám*	**ne***potřebuji*	**ne***myslím*

---

5. Reflexive verbs

5.a Some verbs have as a regular constituent the separate particles **se** or **si**, e.g.:

*Co **si** přejete?*	What do you wish?

In most cases this particle has no separate meaning. It's an integral part of the verb (though written separately). Verbs of this type are called reflexive verbs.

5.b In many cases, the particle precedes the verb:

*Jak **se** vám to líbí?*	How do you like it?
*Jak **se** jmenuje toto náměstí?*	What is the name of this square?
*Ta řeka **se** jmenuje Vltava.*	The river is called Moldau.

When the sentence begins with the verb, the particle comes immediately after it.

*Jmenuje **se** slečna Veselá.*	Her name is Ms. Veselá.

6. *nějaký - žádný*

6.a

1. *Máte tady nějakou mapu*   Do you have a map or
   *nebo **nějaký** obraz?*   a picture of some kind?

2. *Myslím, že tady mám*   I think I have a
   ***nějakou** fotografii Prahy.*   photograph of Prague.

3. *Přineste mi, prosím*   Please bring me an
   *vás, **nějakou** obálku.*   envelope.

As these examples illustrate, ***nějaký*** indicates the speaker is referring to the following noun in a general, non-specific way. In the first example she/he wants some kind (any kind) of map and picture - she/he doesn't specify.

The sentence - ***Máte tady nějakou mapu?*** - would indicate the speaker is referring to a particular context which is understood by the hearer ("a map of the world to look at the locations of the countries we were talking about"), etc.

In the other examples, the reference is similarly general, as reflected by "a (an)" in English. ***Nějaký*** often corresponds to "some" or "any".

6.b   When a negative statement is made ("I don't have any -", "there is no -") ***žádný*** occurs in the sentence, as for example as a negative answer to a question containing ***nějaký***:

*Je tady **nějaká** mapa?*

*Ne, není tady **žádná** mapa.*

*Máte **nějakou** mapu?*

*Ne, nemám **žádnou** mapu.*

6.c   Both words have adjective endings.

nějaký	*nějaká*	*nějaké*
žádný	*žádná*	*žádné*

Activity 9: **CONVERSATIONAL DRILL**

What is behind this activity?

The purpose of this activity is to bridge the gap between a practice and a real conversation. It has characteristics of both. The drill element is represented by a higher frequency of a specific grammatical feature. The conversational element is represented in that actual facts are provided by the student in a conversational content.

What do we do?

Having selected a grammatical feature, your teacher will include it in a question she/he will ask you. You will be expected to provide real (not imaginary) information in your answer. In this lesson, the following themes can be explored:

a.	What do you need?	(verb "to need", acc. sg. of inanimate nouns)
b.	What do you know?	(verb "to know", acc. sg. of inanimate nouns)
c.	What do you have?	(verb "to have", acc. sg. of inanimate nouns)

Example:

Teacher:	*Co potřebujete, pane X?*
Student:	*Potřebuji slovník.*
Teacher:	*Jaký slovník potřebujete?*
Student:	*Potřebuji česko-anglický slovník.*
Teacher:	*A co vy, pane Y, potřebujete také česko-anglický slovník?*
Student:	*Ne, já nepotřebuji žádný slovník.*

Sometimes new words or phrases may be introduced by your teacher for the purpose of smooth and meaningful exchange. Make sure you understand what these words or phrases mean, and try incorporating them into your answers. You may also be asked to elicit information from other students, e.g.:

Teacher:	*Myslíte, že pan X zná pana Y?*
Student:	*Nevím.*
Teacher:	*Zeptejte se, prosím.*

Activity 10: **SPEAKING ACTIVITY**

10.a   Each student will be given a picture of an office. All the pictures will be different.

Show your picture to another student and ask :

Co vidíte na fotografii? (What do you see in the photograph?)

10.b   Looking at your photograph, check with other students regarding whether they have the same items in their pictures, e.g.:

A: *Já vidím na fotografii psací stroj. Vidíte na fotografii také psací stroj?*

B: *Ano, vidím psací stroj.*

Ne. Nevidím psací stroj.

List items in your picture that don't occur in the other pictures.

10.c   Now report on items not occurring in the pictures of the other students:

Pan (paní, slečna) X nemá na fotografii ...

READING

At this point, although you may not have an extensive vocabulary or control of Czech grammar, we will begin working with newspaper items for several reasons:

Being able to scan an article quickly to determine subject matter is a useful skill. Even at the end of the course you probably won't know all the words you come across in reading newspapers. Early practice helps to establish the habit of taking advantage of what you do know, and of not being intimidated by what you don't know.

It's helpful to become familiar with the appearance of Czech words in their different forms - especially endings. If you see endings constantly recurring (*-ů, -em, -é, -ou* and so on) they somehow register as entities even though you may not know what they mean. Eventually you will find out, and this "preview" will have been useful.

For the moment, then, pursue these limited objectives for the above reasons and don't waste time delving into masses of detail.

I. Try to get the general outline of the content of these related items.

Čínský ministr obrany v USA

WASHINGTON 11. června (ČTK) - Čínský ministr obrany Čang Ajpching zahájil v pondělí dvanáctidenní návštěvu Spojených států. S ministrem obrany USA Weinbergerem a dalšími činiteli Pentagonu bude jednat o rozvoji vojenské spolupráce s oběma státy. Podle agentury UPI má Čina zájem o nejmodernější americkou techniku; konkrétně mají být na seznamu čínských požadavků protitankové a protivzdušné rakety.

★ ČÍNSKÝ MINISTR OBRANY Čang Aj-pching, který je na oficiální návštěvě v USA, byl v úterý přijat prezidentem Reaganem. Předtím měl již první kolo rozhovorů s americkým ministrem obrany Weinbergerem.

★ SPOJENÉ STÁTY NEZMĚNÍ svůj postoj a nezastaví instalaci jaderných raket v západní Evropě. Prohlásil to v úterním televizním interview americký ministr obrany Caspar Weinberger.

II.   What is the main topic of this item?

1. politics
2. sports
3. economics

Slupianeková pro mír

"Hlavním úkolem všech lidí, tedy i sportovců, je nyní zachránit svět před jadernou katastrofou," prohlásila věčná soupeřka Heleny Fibingerové, olympijská vítězka ve vrhu koulí Ilona Slupianeková z NDR. "Novodobé olympijské hry se neuskutečnily dvakrát: poprvé kvůli první světové válce, podruhé v době druhé světové války. Kdyby se to mělo stát potřetí, znamenalo by to nejen zánik olympijských her, ale zřejmě i života na zemi. Proto musíme učinit všechno pro to, aby nové americké rakety nemohly ohrožovat ze západní Evropy socialistické státy", zdůraznila Slupianeková.

VOCABULARY LIST

ale	-	but
barevný	-	color (adj.)
chtít (II), *chci**	-	to want
dát (I)	-	to give
dopis m.	-	letter
dopisní papír m.	-	letter paper
dozadu	-	to the back
fotografie f.	-	photograph
hned	-	right away
jeden	-	one
kam	-	where, with motion (to where)
maličkost f.	-	small thing, trifle, detail
mít (I), *mám**	-	to have
myslet (III)	-	to think
na	-	on
`ahoru	-	up (with motion)
`těstí	-	luckily
nějaký	-	a, some, sort of
obyčejný	-	plain
podívat se (I)	-	to look
potřebovat (II)	-	to need
později	-	later
přát si (II), *přeji si**	-	to wish
přinést (II)	-	to bring
proto	-	that's why
prosím	-	please
psát (II), *píši**	-	to write
sem	-	here, with motion (to here)
slyšet (III)	-	to hear
stát (III), *stojím**	-	to stand
stěna f.	-	wall
úřední	-	official (adj.)
vidět (III)	-	to see
žádný	-	no, none (adj.)
že	-	that (conjunction)
židle f.	-	chair
znát (I)	-	to know

* = 1st person singular of irregular verbs

Lekce 4 *Kdo je kdo*

COMMUNICATION GOALS: To be able to understand the names of various people and to be able to find out about their professions and titles.

GRAMMAR GOALS:

1. Accusative case (2).

2. Prepositions followed by the accusative case.

3. About names and professions: masculine and feminine forms.

4. Verb groups - conjugation - *být* "to be".

ADDITIONAL MATERIAL:

1. Tape with unrestricted Czech.

2. Selected business cards.

Activity 1: LISTENING TO UNRESTRICTED CZECH

1. What do you think is going on?

2. How many people altogether are taking part in the conversation?

3. What in general are they doing?

4. List the words you think you recognized.

5. Pick out at least three words you heard but that you do not know.

6. Find the phrase: *"těší mě"*.

7. Do you think from the context that it means:
   "please", "excuse me", or "I am pleased"?

Activity 2: PRESENTATION OF BUSINESS CARDS

What do we do?

2.a   You will be given a business card and your teacher will ask you: *Jak se jmenuje ter. člověk?* (What is the name of the person?) Read the name on the business card.

2.b   Go over the cards again, answering the same question: *Jak se jmenuje ten člověk?* This time your teacher will add a question concerning the profession or the title mentioned on the card.

    Jaký titul má pan (paní, slečna) _____ ?

    Co dělá pan (paní, slečna) _____ ?

2.c   For the next round, a question will be added concerning the name of the company or governmental office ꞏ.ed on the card.

    Jak se jmenuje ten podnik, kde pan X pracuje?

    Je pan (paní, slečna) X vládní zaměstnanec (zaměstnankyně)?

2.d   Study the cards for a while; then your teacher will quiz you on the information they contain.

    Proper names versus titles and professions, e.g.:

    Kdo je inženýr?

    Kdo je malíř?

Places of work, e.g.:

Pracuje pan X na ministerstvu zahraničí?
Kdo pracuje na ministerstvu zahraničí?

Activity 3: "AM I RIGHT?"

Your teacher will give you a business card and ask questions like these:

Teacher: *Je pan Jelínek náměstek ministra?*

Student: *Ano, on je náměstek ministra.*
Ne, on není náměstek ministra.

Teacher: *Je pan Zrzavý malíř nebo právník?*

Student: *Pan Zrzavý je malíř.*

Activity 4: "I NEED TO KNOW"

You have a selection of business cards "on file". Your teacher needs information about various individuals and will ask you to provide it.

Teacher: *Co je pan Černý?*

Student: *Pan Černý je vedoucí oddělení.*

Teacher: *Jaký titul má pan Černý?*

Student: *Pan Černý je inženýr.*

Teacher: *Jak se jmenuje podnik, kde pan Novák pracuje?*

Student: *Podnik, kde pan Novák pracuje, se jmenuje Československé letecké podniky.*

Activity 5: TASK CONSIDERATION

You have a list of names of people in Prague with whom your predecessor had contacts. You want to find out something about them from your secretary.

List four or five questions you might use in order to get the information you want. Your instructor will provide you with simple sentences to serve this purpose.

Activity 6: **SAMPLE DIALOGUE**

Mr. Brown has asked Ms. Veselá to prepare a list of persons he is likely to deal with in the days to come. Mr. Brown asks questions about various people, their names, ranks, and professions. After that, he wants to go over several business cards.

Brown: *Slečno Veselá, máte už ten seznam? Nutně ho potřebuji.*

Veselá: *Prosím, tady je. Už je hotový.*

Brown: *Tak se na ten seznam podíváme.*

Veselá: *Zde nahoře vidíte pana Nováka.*

Brown: *Pana Nováka? Co on dělá?*

Veselá: *Pan Novák je profesor historie na univerzitě.*

Brown: *Jaký má titul?*

Veselá: *Jeho plný titul je profesor doktor Novák.*

Brown: *Znáte profesora Nováka osobně?*

Veselá: *Ano, znám. Je to velmi příjemný člověk.*

* * * * * * * * * * * * * * * * *

Brown: *Přineste mi, prosím, navštívenku náměstka ministra kultury, pana Hladkého. Potřebuji jeho adresu a telefonní číslo.*

Veselá: *Ano, hned to přinesu.*

Brown: *Tady mám navštívenku pana Jelínka. On pracuje také na ministerstvu kultury, že?*

Veselá: *Ano, pan Jelínek je vedoucí právního oddělení.*

Brown: *Slečno Veselá, co znamená titul JUDr.?*

Veselá: *Titul JUDr. znamená, že pan Jelínek je promovaný právník.*

Brown: *A tady mám nějakého umělce. Neznáte náhodou malíře Zrzavého?*

Veselá: *Koho, prosím?*

Brown: *Malíře Zrzavého.*

Veselá: *Ano, znám ho, je to velmi známý český malíř.*

Brown:	MS. VESELÁ, DO YOU HAVE THE LIST YET? I NEED IT BADLY.
Veselá:	YES, HERE IT IS. IT IS READY.
Brown:	O.K., LET'S HAVE A LOOK AT THE LIST.
Veselá:	HERE, AT THE TOP, YOU SEE MR. NOVÁK.
Brown:	MR. NOVÁK? WHAT DOES HE DO?
Veselá:	MR. NOVÁK IS A HISTORY PROFESSOR AT THE UNIVERSITY.
Brown:	WHAT IS HIS TITLE?
Veselá:	HIS FULL TITLE IS PROFESSOR DOCTOR NOVÁK.
Brown:	DO YOU KNOW PROFESSOR NOVÁK PERSONALLY?
Veselá:	YES, I DO. HE IS A VERY NICE PERSON.

Brown:	PLEASE, BRING ME MR. HLADKÝ, THE DEPUTY MINISTER OF CULTURE'S BUSINESS CARD. I NEED HIS ADDRESS AND TELEPHONE NUMBER.
Veselá:	YES, I'LL BRING IT RIGHT AWAY.
Brown:	I HAVE MR. JELÍNEK'S BUSINESS CARD HERE. HE WORKS AT THE MINISTRY OF CULTURE, DOESN'T HE?
Veselá:	YES, MR. JELÍNEK IS THE HEAD OF THE LEGAL SECTION.
Brown:	MS. VESELÁ, WHAT DOES THE TITLE JUDr. MEAN?
Veselá:	THE TITLE JUDr. MEANS THAT MR. JELÍNEK HAS A GRADUATE DEGREE IN LAW.
Brown:	AND HERE I HAVE AN ARTIST. DO YOU HAPPEN TO KNOW ZRZAVÝ, THE PAINTER?
Veselá:	WHOM, PLEASE?
Brown:	ZRZAVÝ, THE PAINTER.
Veselá:	YES, I KNOW HIM. HE IS A FAMOUS CZECH PAINTER.

6.a   **NARRATIVE**

Pan Brown se zajímá o náměstka ministra kultury pana Hladkého. Toho ještě nezná. Potřebuje jeho telefonní číslo a adresu. Nezná ještě pana Hladkého osobně, ale slečna Veselá ho zná a zná také českého malíře pana Zrzavého.

Pan Brown se také chce podívat na navštívenku pana Jelínka. Pan Jelínek pracuje také na ministerstvu kultury a má titul JUDr. Je to titul pro promovaného právníka.

6.b   **What Did They Say?**

6.b.1   Your teacher will ask you these questions. Try to answer them from memory. If you can't remember, check back to the dialogue for the answer.

1.   Co potřebuje pan Brown?

2.   Kdo má ten seznam?

3.   Je už ten seznam hotový?

4.   Co dělá pan Novák?

5.   Zná slečna Veselá pana Nováka osobně?

6.   Jaký člověk je profesor Novák?

7.   Co je pan Jelínek?

8.   Kde pracuje pan Jelínek?

9.   Jaký titul má pan Jelínek?

10.   Kdo je velmi známý český malíř?

NOTES

Navštívenka pana Hladkého.	-	The business card of Mr. Hladký.
Náměstek ministra kultury.	-	The deputy minister of culture.
Vedoucí právního oddělení.	-	The head of the legal section.
Co znamená …?	-	What does … mean?
Neznáte náhodou malíře Zrzavého?	-	Do you happen to know Zrzavý, the painter?
Zajímá se o …	-	He is interested in …
Podívat se na …	-	To have a look at …
Zrzavého.	-	Accusative form of the name *Zrzavý*, which is an adjective in form.
Na univerzitě.	-	At the university.
Na ministerstvu.	-	At the ministry.
Profesor historie.	-	Professor of history.
Toho.	-	That (one). (accusative of *ten*)
Koho?	-	Whom? (accusative of *kdo*)
Jeho.	-	His. (possessive pronoun)
Ho.	-	Him. (accusative of *on*)
Chce se podívat na …	-	He wants to have a look at …

Activity 7: **PRACTICE DRILLS**

7.a   Listen to your teacher, who will form sentences using items in the columns below. Then try it yourself. Following your teacher's instructions, continue the exercise until you feel you have the pattern.

A	B	C	D
Znáte .... **?** *Potřebujete* .... **?** *Vidíte* .... **?** *Zajímáte se o* .... **?** *Podíváme se na* .... **?** *Pracujete pro* .... **?** *Děláte to pro* .... **?**	*pan*	*redaktor* *náměstek* *doktor* *ministr* *malíř* *ředitel* *tajemník* *grafik* *profesor* *inženýr* *právník* *umělec* *dirigent* *poslanec* *režisér*	*Novák* *Trefil* *Kříž* *Šmíd* *Jelínek* *Veselý* *Uhlíř* *Kubínek* *Modrý* *Štěpán* *Starý* *Lendl* *Košař* *Drobný* *Černý* *Strakoš* *Mojžíš* *Moravec* *Havlík*

Now try reproducing the sentences yourself, using items from different columns in these sequences:

A + B + D   *Znáte pana Nováka?*
 Zajímáte se o pana Kubínka?

A + B + C   *Vidíte pana doktora?*
 Pracujete pro pana režiséra?

A + B + C + D   *Vidíte pana profesora Mojžíše?*
 Podíváme se na pana ředitele Lendla.

7.b   Following the same procedure as in 7.a, your teacher will form sentences using items in the columns below. Then try it yourself.

A	B	C	D
Znám Potřebuji Vidím Zajímám se o Podívám se na Pracuji pro Dělám to pro	ten	moderní politický vedoucí obchodní promovaný ekonomický kulturní americký hospodářský divadelní letecký tiskový televizní anglický armádní nový komunikační univerzitní konzulární vojenský státní vládní generální	doktor umělec malíř konzul asistent velvyslanec režisér diplomat pracovník poslanec ataše tajemník náměstek student právník inženýr zaměstnanec profesor dirigent zástupce ministr vedoucí fotograf

Now try reproducing the sentences yourself, using items from different columns in these sequences:

A + B + D   *Znám toho doktora.*

A + C + D   *Vidím obchodního náměstka.*

A + B + C + D   *Zajímám se o toho moderního umělce.*

7.c   Listen to your teacher who will form sentences using items in the columns below. Then try it yourself. Since verbs are usually used without personal pronouns, use the pronouns only as cues.

A	B	C
Já Ty On Ona My Vy Oni	potřebovat vidět chtít dát mít znát jmenovat se pracovat slyšet rozumět zajímat se dělat podívat se děkovat přát si	nový psací stůl pana Nováka ten seznam sem ten telefon dobrý slovník profesora Lendla Karel a Josef na ministerstvu toho pána dobře o inženýra Lendla něco pro americké velvyslanectví na telefonní seznam za dopis vidět nového velvyslance

Now try reproducing the sentences yourself, using the items from columns B and C in order, e.g.:

Potřebuji nový stůl.

Try forming negative statements, e.g.:

Nepotřebuji nový stůl.

7.d   Form correct sentences from the following, using the appropriate forms of the verbs in parentheses.

1.   *Jak _____ (jmenovat se) tento hrad?*

2.   *Slečno Veselá, _____ (potřebovat - já) ještě jednu maličkost.*

3.   *Paní Nováková _____ (pracovat) také tady.*

4.   *Kam _____ (dát - my) tu mapu?*

5.   *Inženýra Pražáka ještě _____ (neznat - já).*

6.   *Oni také _____ (potřebovat) nový psací stroj.*

10

7. Ten starý magnetofon _____ (nechtít - já). _____
    (nebýt - on) dobrý.

8. _____ (neznat - my) pana Baráka osobně.

9. _____ (zajímat se - oni) o toho umělce.

10. _____ (vidět - vy) toho pána tam napravo? To _____
    (být) náš nový konzul.

11. Co teď _____ (dělat - vy), slečno Veselá? _____
    (psát - vy) ten dopis?

12. _____ (podívat se - my) na ten seznam.

13. _____ (myslet si - ty), že je to dobré?

14. _____ (nemít - my) tady žádný magnetofon.

15. _____ (rozumět - vy) dobře?

7.e   Form feminine family names from the following masculine names.

Čermák   _____
Veselý   _____
Sovák   _____
Nový   _____
Jelínek   _____
Uhlíř   _____
Jasný   _____
Procházka   _____
Stehlík   _____
Dokoupil   _____
Starý   _____
Tesař   _____
Homolka   _____
Pelc   _____
Ryšavý   _____

7.f   Now form masculine family names from the following feminine names.

Hanáková   _____
Rýznarová   _____
Zemanová   _____
Zlámalová   _____
Novotná   _____
Pekařová   _____
Olmerová   _____

11

Černá
Holubová
Pinkasová
Písecká
Žižková
Válková
Švecová
Stříbrná

_____
_____
_____
_____
_____
_____
_____
_____

7.g   Write the following sentences in Czech.

1.   What is his full title?.

     _____

2.   Do you happen to know Mr. Pařízek?

     _____

3.   You are interested in that artist, aren't you?

     _____

4.   I don't see doctor Sadílek here.

     _____

5.   I think that I know Ms. Nová.

     _____

6.   We don't have a map here, do we?

     _____

7.   Do you need a Czech dictionary?

     _____

8.   He is the head of the legal section, isn't he?

     _____

9.   She works for the American Embassy.

     _____

10.   What is the name of that gentleman?

     _____

11. I don't know professor Štěpán yet.

_____

12. Ms. Sladká works at the ministry.

_____

13. Do you want to have a look at the list? It's ready.

_____

14. Do you think he is a nice person?

_____

15. How do you like this office?

_____

GRAMMAR NOTES

---

1. **Accusative case (2)**

   Nouns

   1.a *Máte tady nějaký* **obraz?**   Do you have a picture here?

   Máte už ten **seznam?**   Do you have the list yet?

   As was shown in Lesson 3, these forms are in the accusative case, as objects of the verb **máte**. Here are further examples, also in the accusative case.

   Zde nahoře vidíte **pana Nováka.**   Here at the top you can see Mr. Novák.

   Tady mám nějakého **umělce.**   Here I have an artist.

   These examples show masculine nouns with special accusative endings (**-a** for one group of nouns, **-e** for another group).

   Masculine nouns in the accusative without special endings, and those with special endings, reflect a distinction between inanimate entities (**obraz, seznam**) and animate entities (**pan Novák, umělec**). Inanimate masculine nouns in the accusative have the same form as in the nominative (no endings); animate masculine nouns have special endings **-a** (hard ending), **-e** (soft ending).

1.b Some nouns show a change in the stem before endings. All masculine animate nouns ending in **-ec** and **-ek** in the nominative drop the vowel **-e-** when a case ending (such as the accusative) is added:

nominative	accusative
umělec	*umělce*
velvyslanec	*velvyslance*
náměstek	*náměstka*
Jelínek	*Jelínka*

Adjectives and demonstrative pronouns

Here are examples of masculine adjective forms accompanying both inanimate and animate nouns:

masculine inanimate accusative: masculine animate accusative:

*Máte **nějaký** obraz?*   *Tady mám **nějakého** umělce.*
*Dejte ten **český** slovník sem!*   *Slečna Veselá zná **českého** malíře.*

These happen to be hard adjectives, and have the ending **-ého**. Here is an example of a soft adjective modifying a masculine animate noun in the accusative (together with the nominative form). The ending is **-ího**:

nominative:	accusative:
moderní	*Znáte toho **moderního** malíře?*

The demonstrative pronoun **ten** will have the ending **-oho**.

*Znáte **toho** malíře?*

1.c The accusative of the interrogative **kdo** is **koho**

Znáte profesora Nováka osobně?
Koho?
Profesora Nováka.

---

2. **Prepositions followed by accusative case**

*Pan Brown se zajímá **o náměstka** ministra kultury.*
*Podíváme se **na** ten **seznam**.*
*Je to titul **pro** promovaného **právníka**.*

100

Nouns (and any accompanying adjectives and demonstratives) occur with a particular case ending after prepositions. In the examples above, the noun after *se zajímá o*, *podíváme se na*, and *pro* is in the accusative.

---

3.   **About names and professions: masculine and feminine forms**

3.a   Some family names have the forms of adjectives and have adjectival endings. They have masculine or feminine endings depending on the sex of the person whose names they are. Many are hard adjectives and some are soft. Examples:

nominative	accusative
Pan Zrzavý (hard masc.)	*Neznáte náhodou malíře Zrzavého?*
Slečna Veselá (hard fem.)	*Neznáte náhodou slečnu Veselou*

A female with the first name above would be called **Zrzavá**, a male with the second name would be called **Veselý**.

Some names of professions are also adjective in form, e.g.: **vedoucí** (soft masc.) as in **vedoucí oddělení** "the head of section".

3.b   Some nouns denoting professions also have masculine and feminine forms depending on the sex of the individual. The feminine versions show several types of formation.

Here are examples found in this lesson:

masculine	feminine
velvyslanec	*velvyslankyně*
zástupce	*zástupkyně*
tajemník	*tajemnice*
pracovník	*pracovnice*
konzul	*konzulka*

Most family names of males are nouns and have noun endings. The female versions add the suffix **-ová**. They are adjectives and have hard adjective endings.

masculine	feminine
Novák	*Nováková*
Lendl	*Lendlová*
Jelínek	*Jelínková*
Kříž	*Křížová*

Čtvrtá lekce

Finally, **pan** is a hard masculine animate noun and has endings accordingly. However, *paní* "Ms." always has the same form, its ending never changing.

4. Verb groups - conjugation - *být* "to be"

4.a   In Lesson 3 the "I" and "you" forms of verbs in the three verb classes were presented. In this lesson some "he" forms have occurred (they also mean "she", "it", as you can see):

Class I	(he)	*Co on dělá?* What does he do?
	(she)	*Slečna Veselá ho zná.* Ms. Veselá knows him.
	(he)	*Pan Brown se zajímá o náměstka ministra kultury.* Mr. Brown is interested in the Deputy Minister of Culture.
	(it)	*Co znamená titul JUDr.?* What does the title JUDr. mean?
Class II	(he)	*Potřebuje jeho telefonní číslo a adresu.* He needs his telephone number and address.
	(he)	*On pracuje na ministerstvu kultury.* He works at the Ministry of Culture.
Class III	(it)	*Jak se vám to líbí?* How do you like it? / How does it appeal to you? /

Some other new forms have also occurred.

Class II	(I)	*Hned to přinesu.* I'll bring it right away.
Class III	(you)	*Zde nahoře vidíte pana Nováka.* Here at the top you see Mr. Novák.

16

Here is a complete list of verb forms. (It's convenient to designate "I", "you" etc. by 1st, 2nd person, etc.):

	Class I	Class II		Class III
singular				
1st pers. (I) 2nd pers. (you - familiar) 3rd pers. (he she it)	*já* **mám** *ty* **máš** *on* **má** *ona* *ono*	*přinesu* *přineseš* *přinese*	*potřebuji* *potřebuješ* *potřebuje*	*myslím* *myslíš* *myslí*
plural				
1st pers. (we) 2nd pers. (you) 3rd pers. (they)	*my* **máme** *vy* **máte** *oni* **mají**	*přineseme* *přinesete* *přinesou*	*potřebujeme* *potřebujete* *potřebují*	*myslíme* *myslíte* *myslí*

As to endings, the two groups in Class II differ only as to the 1st pers. singular (I) and the 3rd pers. plural (they) forms. And in colloquial usage, the difference disappears in favor of the *-u, -ou* endings.

(The 2nd person singular you - familiar forms are only used between individuals with a particularly close relationship. The "you" *vy* form is normally used among adults who do not know each other, and of course it is used in addressing a group).

4.b   Here are the forms of **být** "to be".

singular		plural	
(já)	**jsem**	*(my)*	**jsme**
(ty)	**jsi**	*(vy)*	**jste**
(on)	**je**	*(oni)*	**jsou**
(ona)		*(ony)*	
(ono)		*(ona)*	

5.   Personal pronouns

Personal pronouns ("I", "you" etc.) appeared in the verb lists above (4). There is a three-way distinction in the "they" forms:

oni   refers to masculine animate nouns in the plural.
ony   refers to masculine inanimate nouns in the plural, and feminine nouns in the plural.
ona   refers to neuter nouns in the plural.

Activity 8: CONVERSATIONAL DRILL

8.a Whom do you know at the Embassy? (verb **znát**, acc. of animate nouns)

Koho znáte? Znáte také ...?

8.b Ask the other students for items they need for their offices and make up a list. (Some items may be requested by more than one student.) Read the list of items and the persons needing them: (verb **potřebovat**, acc. of inanimate nouns)

Pan X potřebuje ... . Pan X a paní Y potřebují ... . (verb **potřebovat**, preposition **pro**, acc. of animate and inanimate nouns)

8.c Your teacher will check back with you from the list:

Pro koho to potřebujete? Potřebujete to pro ... ?

Activity 9: SPEAKING ACTIVITY

9.a Using the titles in the supplement, find out from your teacher who the present incumbents are in the Embassy in Prague. Note down the names and positions. Then your teacher and other students will ask about individuals on the list.

Teacher:	*Co je pan X?*	*Co je paní Y?*
Student:	*Pan X je vojenský ataše.*	*Paní Y je konzulka.*
	(or)	(or)
Teacher:	*Kdo je vojenský ataše?*	*Kdo je konzulka?*
Student:	*Pan X.*	*Paní Y.*

9.b Following the same procedure as in 9.a, provide information about yourself.

Teacher:	*Jak se jmenujete?*
Student:	*Já se jmenuji* _____
Teacher:	*Vy jste konzul nebo politický pracovník?*
Student:	*Já jsem* _____

Teacher: *Jaký máte akademický titul?*

Student: *Já mám titul* _____

Já jsem _____

READING

I.   Here are two lists of government officials attending a conference. Drawing on your own information as well as on the Czech words you know, identify as many of their titles as you can.

Porady se účastní:

za Československou socialistickou republiku - generální tajemník ÚV Komunistické strany Československa a prezident Československé socialistické republiky **Gustáv Husák** (vedoucí delegace), člen předsednictva ÚV KSČ a předseda vlády ČSSR **Lubomír Štrougal** , člen předsednictva ÚV KSČ **Miloš Jakeš**, člen předsednictva ÚV KSČ, první tajemník ÚV KSS **Jozef Lenárt**, kandidát předsednictva a tajemník ÚV KSČ **Josef Haman**, člen ÚV KSČ, místopředseda vlády ČSSR a stálý představitel ČSSR v RVHP **Rudolf Rohlíček**, člen ÚV KSČ, místopředseda vlády ČSSR a předseda Státní plánovací komise **Svatopluk Potáč** a vedoucí oddělení ÚV KSČ **Zbyněk Soják**.

Za Svaz sovětských socialistických republik -

generální tajemník ÚV Komunistické strany Sovětského svazu, předseda prezídia Nejvyššího sovětu SSSR **Konstantin Černěnko** (vedoucí delegace), člen politického byra ÚV KSSS, předseda rady ministrů SSSR **Nikolaj Tichonov**, člen politického byra a tajemník ÚV KSSS **Michail Gorbačov**, člen politického byra ÚV KSSS, první náměstek předsedy rady ministrů SSSR , ministr zahraničních věcí SSSR **Andrej Gromyko**, člen politického byra a tajemník ÚV KSSS **Grigorij Romanov**, člen politického byra ÚV KSSS, ministr obrany SSSR **Dmitrij Ustinov**, kandidát politického byra a tajemník ÚV KSSS **Vladimir Dolgich**, tajemník ÚV KSSS **Konstantin Rusakov**, tajemník ÚV KSSS **Nikolaj Ryžkov**, člen ÚV KSS, náměstek předsedy rady ministrů SSSR, předseda Státního plánovacího výboru SSSR **Nikolaj Bajbakov**, člen ÚV KSSS, náměstek předsedy rady ministrů SSSR a stálý představitel SSSR v RVHP **Nikolaj Talyzin**.

II.   Identify which of these items deals with:

    a.   receiving visitors
    b.   making a visit
    c.   getting a new position
    d.   sending a message
    e.   receiving a message
    f.   returning from a visit

Who took the action in each case you identify, and what is his/her title?

★PRAHA 21. března (ČTK) - Generální tajemník ÚV KSČ a prezident ČSSR Gustáv Husák přijal ve středu v Praze nově jmenovaného velvyslance ČSSR ve Spojených státech mexických Jindřicha Tučka v souvislosti s jeho nástupem do diplomatické funkce.

PRAHA 12. června (z) - Člen předsednictva a tajemník ÚV KSČ Vasil Biľak přijal v úterý delegaci Komunistické strany Španělska, vedenou generálním tajemníkem ÚV Ignaciem Gallegem , která přicestovala v pondělí večer do Prahy. Přijetí se dále zúčastnili kandidát ÚV KSČ, zástupce vedoucího oddělení mezinárodní politiky ÚV KSČ Michal Štefaňak a zástupce vedoucího oddělení mezinárodní politiky ÚV KSČ Radoslav Klein.

Praha 11. června (ČTK) - *Generální tajemník ústředního výboru Komunistické strany Československa Gustáv Husák zaslal ústřednímu výboru Italské komunistické strany k úmrtí generálního tajemníka IKS Enrika Berlinguera soustrastný telegram.*

★ **Praha 12. června** (ČTK) - Ministr zahraničních věcí ČSSR Bohuslav Chňoupek vykoná v nejbližších dnech oficiální návštěvy v Brazilské federativní republice, Argentinské republice a Kolumbijské republice. Návštěvy se uskuteční na základě pozvání ministrů zahraničních věcí těchto zemí.

VOCABULARY LIST

číslo n.	-	number
člověk m.	-	man, gentleman
děkovat (II) *děkuji* *	-	to thank
dělat (I)	-	to do
doktor m.	-	doctor
generální	-	general (adj.)
grafik m.	-	graphic artist
ho	-	him (acc. of **on** - he)
hotový	-	ready, finished
jeho	-	his
ještě ne	-	not yet
koho?	-	whom? (acc. of **kdo**)
kultura f.	-	culture
malíř m.	-	painter
ministerstvo n.	-	ministry
ministr m.	-	minister
my	-	we
náměstek m.	-	deputy
navštívenka f.	-	business card
nutně	-	badly, necessarily
oddělení n.	-	section, department
on, ona, ono	-	he, she, it
oni	-	they
osobně	-	personally
plný	-	full
pracovat (II) *pracuji* *	-	to work
právník m.	-	lawyer
příjemný	-	nice, pleasant
pro	-	for
profesor m.	-	professor
promovaný	-	with a graduate degree
redaktor m.	-	editor
ředitel m.	-	manager, director
tajemník m.	-	secretary
titul m.	-	title
toho	-	that (acc. of **ten**, modifying an animate masc. noun)
ty	-	you (2nd pers. sg.)
umělec m.	-	artist
už	-	already
velvyslanec m.	-	ambassador
zajímat se o (I)	-	to be interested in
znamenat (I)	-	to mean
známý	-	famous, well-known

SUPPLEMENT

Positions at the U.S. Embassy in Prague

General functions

ambassador	-	*velvyslanec* m.
DCM	-	*zástupce (náměstek)* m. *velvyslance*
counselor	-	*rada* m.
officer	-	*pracovník* m.
secretary	-	*tajemník* m.
consul	-	*konsul* m.
vice-consul	-	*vicekonzul* m.
assistant	-	*asistent* m.

Specific functions

head of political section	-	*vedoucí politického oddělení*
commercial	-	*obchodního*
cultural	-	*kulturního*
economic	-	*ekonomického*
consular	-	*konsulárního*
administrative	-	*administrativního*

political officer	-	*politický pracovník*
commercial officer	-	*obchodní pracovník*
cultural officer	-	*kulturní pracovník*
economic officer	-	*hospodářský, (ekonomický) pracovník*
consular officer	-	*konzulární pracovník*
administrative officer	-	*administrativní pracovník*
communications officer	-	*komunikační pracovník*
defense attache	-	*vojenský ataše*
air-force attache	-	*letecký ataše*

Feminine forms of the masculine nouns mentioned above are:

velvyslanec	-	*velvyslankyně*
tajemník	-	*tajemnice*
zástupce	-	*zástupkyně*
vicekonzul	-	*vicekonzulka*
konzul	-	*konzulka*
pracovník	-	*pracovnice*

Lekce 5   Ptáme se na cestu

COMMUNICATION GOALS:		
	1.	To be able to ask one's way and to understand information received.
	2.	To be able to ask additional questions when necessary in order to verify the information received.

GRAMMAR GOALS:		
	1.	Genitive case.
	2.	Genitive case - noun and adjective endings.
	3.	Prepositions and the genitive case.
	4.	Verbs of motion *jít* and *jet*.
	5.	Numerals.
	6.	Telling time.
	7.	*který - která - které.*
	8.	Other genitive endings - *ten, ta, to,* co.

ADDITIONAL MATERIAL:		
	1.	Maps of Prague.
	2.	Tapes with unrestricted Czech.
	3.	Tape with recorded dialogues consi asking directions and getting answers.
	4.	Pictures of offices.

109

Pátá lekce

Activity 1:   **LISTENING TO UNRESTRICTED CZECH**

---

1. What do you think is going on?

2. Who is asking questions - the man or the woman?

3. List the words you think you recognize.

4. Pick out at least three words you heard but do not know the meaning of.

5. Find the following phrases on the tape:

    > *jednu stanici*
    > *vy nejste Prazák*
    > *přímo přes most*
    > *šedivá budova*
    > *filozofická fakulta*
    > *dáte se doprava*
    > *Kaprova ulice*
    > *stanice metra*
    > *asi pět minut*
    > *velký kostel*
    > *malé náměstí*
    > *nemůžete se ztratit*

6. Was the questioner satisfied with the answers?

7. Was the person who was giving answers helpful, patient, or impatient?

8. What is the content of individual sections the teacher has divided the dialogue into?

Activity 2:   **WORK WITH A MAP OF PRAGUE**

What is behind this activity?

Your goal is to become acquainted with landmarks in downtown Prague and to practice locating various places on the map, in Czech.

What do we do?

Using a map, your teacher will conduct you through a sequence of activities: providing you with information and checking your control of it by asking you questions and verifying your responses.

2.a   Your teacher will point to certain locations on the map and name them.

2.b   Now your teacher will point to various locations and ask questions for you to answer, such as:

Je to Americké velvyslanectví?

2.c   Now your teacher will ask you to answer questions such as:

Kde je Americké velvyslanectví?

2.d   Next, you will be asked to locate places on the map. Your teacher will read a list of locations. Indicate the first one by writing "1" at the proper location, write "2" for the next one, etc. The results then will be discussed in Czech by the group.

Activity 3:   PRACTICE

3.a   Pointing to various locations on the map, your teacher will relate them to each other:

*Americké velvyslanectví je **blízko** Malostranského náměstí.*

*Prašná brána je **daleko od** Národního divadla.*

3.b   Still referring to the map, she/he will ask questions like:

Je Americké velvyslanectví blízko Malostranského náměstí?   etc.

Answer yes or no, whichever the case may be.

3.c   Continuing with the map, she/he will ask questions like:

Je Národní divadlo u Amerického velvyslanectví nebo u řeky Vltavy?

Answer yes or no, drawing on your knowledge of relative locations as before.

Activity 4:   TASK CONSIDERATION

Suppose you want to get street directions from a Czech-speaking member of the Embassy staff. What kinds of things would you need to do in the course of such a conversation? For example, you will need to get his/her attention first so as to proceed politely to making a request for information. Since by now you know something about the geography of Prague, you may want to ask directions to a particular place. If you get more information than you can handle, you may want to slow down your informant and have available ways to sort out what he/she said ("Did you say ------- or --------- ?", "What does -------- mean?" etc.), or try to get a simpler answer. You will need to know how to bring the interchange to an end politely. Finally, you might consider what you will need in order to ask for help if you get lost later on. Try to work out what you need to say from the Czech you know. Your teacher will help you with this, and can fill in the gaps for you. Copy down the sentences you develop and practice using them with your teacher until you have practical control of them.

Activity 5: SAMPLE DIALOGUE

Mr. Brown is taking a short walk. He wants to get acquainted with Malá Strana and the neighborhood of the American Embassy. As he leaves the building, he runs into Mr. Ptáček, the Embassy driver.

Ptáček:	*Dobrý den, pane Brown, jak se máte?*
Brown:	*Děkuji, dobře. A jak se daři vám, pane Ptáček?*
Ptáček:	*Docela dobře, díky. Jdete na procházku, pane Brown?*
Brown:	*Ano, chci trochu poznat Malou Stranu. Prosím vás, kde je Malostranské náměstí a jak se tam dostanu?*
Ptáček:	*Z naší budovy jděte pořád dolů a tak přijdete do Karmelitské ulice. Tam zahněte doleva. Vidíte tu tramvaj, která stojí tam dole na rohu? Ta jede přímo na Malostranské náměstí.*
Brown:	*Je to daleko odsud? Nemám mnoho času. Chci být zpátky ve dvě hodiny.*
Ptáček:	*Ne, není to daleko, je to asi jen pět minut pěšky.*
Brown:	*Děkuji, doufám, že se neztratím.*

* * * * * * * * * * * * * * * * * *

On his way back, Brown has to approach a passerby.

Brown:	*Prosím vás, pane, jak se dostanu odtud na Americké velvyslanectví?*
Passer-by:	*Vidíte ten autobus, který stojí u té vysoké budovy?*
Brown:	*U které?*
Passer-by:	*Tam u toho kostela. Tam je Malostranské náměstí. Jděte na druhou stranu ulice a potom pořád rovně. Je to asi čtvrtá ulice napravo. Ale raději se tam někoho zeptejte.*
Brown:	*Děkuji vám mockrát. Z Karmelitské ulice už cestu znám.*

4

Ptáček: HELLO, MR. BROWN. HOW ARE YOU?

Brown: THANK YOU, VERY WELL. AND HOW ARE YOU DOING, MR. PTÁČEK?

Ptáček: QUITE WELL, THANK YOU. ARE YOU GOING FOR A WALK, MR. BROWN?

Brown: YES, I AM. I WANT TO GET ACQUAINTED WITH *Malá Strana* A LITTLE BIT. WHERE IS *Malostranské náměstí*, AND HOW CAN I GET THERE?

Ptáček: FROM OUR BUILDING GO STRAIGHT DOWN AND YOU WILL COME TO *Karmelitská ulice*. THERE YOU TURN LEFT. DO YOU SEE THE STREETCAR WHICH IS STANDING DOWN THERE ON THE CORNER? THAT ONE GOES RIGHT TO *Malostranské náměstí*.

Brown: IS IT FAR FROM HERE? I DON'T HAVE MUCH TIME. I WANT TO BE BACK AT TWO O'CLOCK.

Ptáček: NO, IT'S NOT FAR, IT'S ONLY ABOUT A FIVE-MINUTE WALK.

Brown: THANK YOU. I HOPE I WON'T GET LOST.

Brown: EXCUSE ME, SIR, HOW CAN I GET FROM HERE TO THE AMERICAN EMBASSY?

Passerby: DO YOU SEE THE BUS STANDING BY THAT TALL BUILDING?

Brown: WHICH BUILDING?

Passerby: THERE BY THE CHURCH. *Malostranské náměstí* IS RIGHT THERE. GO TO THE OTHER SIDE OF THE STREET AND THEN STRAIGHT AHEAD. IT'S ABOUT THE FOURTH STREET ON THE RIGHT. BUT YOU'D BETTER ASK SOMEONE THERE.

Brown: THANK YOU VERY MUCH. FROM *Karmelitská ulice* I KNOW MY WAY.

5.a   NARRATIVE

Pan Brown teď jde na krátkou procházku. Chce poznat Malou Stranu a okolí Amerického velvyslanectví. Ptá se pana Ptáčka, řidiče velvyslanectví, jak se dostane na Pražský hrad. Pan Ptáček mu říká, že musí jít nejdříve nahoru kolem Německého velvyslanectví a restaurace, která se jmenuje Lobkovická vinárna. A tak přijde na Strahov. U Strahovského kláštera zahne doprava a přijde do Nerudovky. Odtamtud může jít na Hrad kolem Lorety přes Hradčanské náměstí a nebo může uhnout doprava a přijde na Pražsky hrad z druhé strany. Z Pražského hradu jde pan Brown zpátky na velvyslanectví přes Malostranské náměstí. U kostela, který se jmenuje chrám svatého Mikuláše, se ptá, jak se dostane do Karmelitské ulice. Odtamtud už cestu zná.

5.b   **What Did They Say?**

5.b.1   Your teacher will ask you these questions. Try to answer them from memory. If you can't remember, check back to the dialogues or the narrative for the answer.

1. *Kam jde pan Brown?*

2. *Jak se má pan Ptáček?*

3. *Co je pan Ptáček?*

4. *Co chce poznat pan Brown?*

5. *Je Malostranské náměstí daleko od velvyslanectví?*

6. *V kolik hodin chce být pan Brown zpátky?*

7. *Je Karmelitská ulice blízko Amerického velvyslanectví?*

8. *Odkud zná pan Brown cestu zpátky?*

9. *Jak se jmenuje ta restaurace, která je blízko Německého velvyslanectví?*

10. *Kam jede ta tramvaj, která stojí tam dole na rohu?*

NOTES

A jak se daří vám?	-	And how are you doing?
Děkuji vám mockrát.	-	Thank you very much.
Dobrý den.	-	Hello. (Good morning, good afternoon)
Docela dobře, díky.	-	Quite well, thank you.
Jak se máte?	-	How are you?
Jak se tam dostanu?	-	How can I get there?
Jděte!	-	Go. (imperative) walking, on foot
Je to pět minut pěšky.	-	It's a five-minute walk.
Nemám dost času.	-	I don't have enough time.
Raději se tam někoho zeptejte.	-	You'd better ask someone there.
Z naší budovy jděte dolů.	-	From our building go down.
Jděte na druhou stranu ulice.	-	Go to the other side of the street.
Pan Ptáček mu říká.	-	Mr. Ptáček is saying to him.
Chci být zpátky ve dvě hodiny.	-	I want to be back at two o'clock.
Jdětě pořád rovně.	-	Go straight ahead.
Odtamtud může jít ...	-	From there he can go ...

7

Activity 6: **PRACTICE DRILLS**

6.a   Choose a combination of items from the columns below and try to follow the sequence at the bottom of the page.

A	B	C	D
To je kniha To je kancelář To je fotografie To je slovník To je obraz To je To je magnetofon To není kniha Není to kancelář To není sekretářka	ten ta	*pražský* *národní* *americký* *starý* *nový* *český* *moderní* *příjemný* *promovaný* *známý* *politický* *generální* *obchodní* *hospodářský* *ekonomický* *konzulární* *komunikační* *vojenský* *letecký* *armádní* *německý* *anglický*	*pan Novák* *pan Uhlíř* *pan Kubínek* *slečna Stará* *slečna Stávková* *slečna Modrá* *paní Havlíková* *paní Jelínková* *inženýr Lendl* *ředitel Šmíd* *paní Nováková* *redaktor Veselý* *doktor Nový* *profesor Jehlík* *konzul Bell* *profesor* *právník* *umělec* *ministr* *grafik* *tajemník* *ředitel* *velvyslanec* *vedoucí* *pracovník* *ataš* *konzul* *vicekonzul* *asistent* *sekretářka* *diplomat* *pracovnice* *velvyslankyně*

A + D	*To je kniha pana Nováka.*
A + B + D	*To je kniha té sekretářky.*
A + B + C + D	*To je kniha toho amerického umělce.*

8

6.b   Following the same procedure as in 6.a, try to produce sentences from the columns below.

A	B	C	D
Chcete se zeptat … ? *Zeptáme se …* *Pan Brown se zeptá …* *Ptá se … ?* *Oni se ptají …* *Neptají se …* *Kdo se zeptá … ?* *Kdo se chce zeptat … ?* *Oni se zeptají …*	*ten* *ta*	*český* *americký* *německý* *nový* *starý* *příjemný* *politický* *obchodní* *generální* *hospodářský* *konzulární* *ekonomický* *komunikační* *vojenský* *letecký* *armádní* *anglický* *administrativní*	*diplomat* *pracovník* *pracovnice* *sekretářka* *tajemník* *vedoucí* *zástupce* *zástupkyně* *velvyslanec* *velvyslankyně* *ataše* *konzul* *vicekonzul* *náměstek* *ředitel* *redaktor* *ministr* *řidič*

6.c   Following the same procedure as in 6.a and 6.b above, try to produce sentences from the columns below.

A	B	C
Ministerstvo kultury *Zastávka autobusu* *Zastávka tramvaje* *Stanice metra* *Národní divadlo* *Americké velvyslanectví*	*je* *(není)* *daleko od* *blízko* *vedle*	*ten starý kostel* *ta nová restaurace* *ta moderní věž* *to malé náměsií* *Staroměstské náměstí* *Václavské náměstí* *Prašná brána* *pražské letiště* *Strahovský klášter* *starý chrám* *Petřínský park* *ten druhý most*
Psací stroj *Nová knihovna* *Psací stůl* *Magnetofon*	*je* *(není)* *blízko* *daleko od* *vedle* *u*	*ten malý psací stůl* *ta moderní knihovna* *to nové rádio* *ten velký koš* *ten starý kalendář* *ten psací stroj* *ten telefonní seznam* *ten kazetový magnetofon*
Tramvaj číslo 8 *Autobus číslo 10*	*jede* *kolem* *(nejede)*	*ten vysoký dům* *ta moderní budova* *ta stará restaurace* *to malé náměstí*
On tam	*jde* *bez* *(přijde)* *místo*	*americký konzul* *nová sekretářka* *ekonomický náměstek* *vojenský atašé* *pan Kovář* *pan Lukáš*

Now try reproducing sentences yourself by using items from different columns.

6.d   Try completing the following sentence. (**odsud** means "from here"). If you have difficulty, ask your teacher to help you or refer to Lesson 4, grammar note 2 .

Prosím vás, pane,
jak se dostanu odsud ...

na   *Malostranské náměstí?*
     Malá Strana?
     Americké velvyslanectví?
     zastávka autobusu?
     Václavské náměstí?
     pražské letiště?
     ministerstvo kultury?
     univerzita?
     Pražský hrad?
     zastávka tramvaje?
     křižovatka Můstek?
     Německé velvyslanectví?
     Strahov?

6.e   Now try completing the sentence with a " from - to " component.

Prosím vás, pane, jak se dostanu ... ?

from (**z, ze, od**)   to (**na**)

	from		to
z	*budova velvyslanectví*	na	*Malostranské náměstí*
	nové letiště		*Malá Strana*
	Václavské náměstí		*Americké velvyslanectví*
	Pražský hrad		*zastávka autobusu*
	Německé velvyslanectví		*Václavské náměstí*
	křižovatka Můstek		*pražské letiště*
	Malostranské náměstí		*ministerstvo kultury*
	Malá Strana		*Pražský hrad*
	Karmelitská ulice		*Staroměstské náměstí*
ze	*zastávka tramvaje*		*zastávka tramvaje*
	Strahov		*křižovatka Můstek*
	Staroměstské náměstí		*Německé velvyslanectví*
	Strahovský klášter		*Strahov*
od	*Národní divadlo*		
	Mostecká věž		
	Stará synagoga		
	Národní muzeum		
	Prašná brána		

6.f   Listen to your teacher, who will form sentences using items in the columns below.
Then try it yourself.

A	B	C
Vedle		stojí pan Brown?
		stojí slečna Nováková?
		stojí paní Hladká?
U	kdo	stojí Prašná brána?
		stojí profesor Nový?
Kolem		jede tramvaj číslo 8?
	co	je psací stroj?
		je telefonní seznam?
		je Mostecká věž?
Blízko		je zastávka tramvaje?
		je zastávka autobusu?
		je mapa Prahy?

6.g   Following the same procedure as in 6.a, try to produce sentences from the columns below.

A	B	C	
		na	*letiště* *nádraží* *velvyslanectví* *Karlovo náměstí* *Pražský hrad* *Malou Stranu* *krátkou procházku* *zastávku autobusu* *zastávku tramvaje*
Já *Ty* *On* *Ona* *My* *Vy* *Oni* *Já a on* *Ona a ty* *Vy a já* *On a ona* *My a on* *Ty a on*	*jít* *jet*	*do*	*parku* *budovy velvyslanectví* *pražské katedrály* *Národního muzea* *kostela* *divadla* *kanceláře* *Prahy* *restaurace*
		z	*Malostranského náměstí* *Pražského hradu* *krátké procházky* *nového letiště* *kostela* *kanceláře* *budovy velvyslanectví*
		ze	*zastávky tramvaje* *Strahova* *zastávky autobusu*

Now try these variations:

B + C	Omit personal pronouns:	*Jedu do kanceláře.*
B + C	Form questions:	*Jdeš z kostela?*
A + B + C	Now practice in the negative:	*Já nejedu z nového letiště*
...... B + C	Instead of personal pronouns, substitute names and titles:	*Pan Novák nejde do divadla.* *Profesor Lendl jede na letiště?*

119

13

6.h   Ask your teacher to say the numbers from 1 to 12 in Czech one at a time. Listen carefully to each and then repeat them.

6.i   Fill in the blanks in the following sentences, using the appropriate form of **který**.

1.   *Tramvaj, _____ stojí tam dole na rohu, jede na Malostranské náměstí.*

2.   *Toho pána, _____ vidíte vedle pana Browna, ještě neznáte.*

3.   *Jak se jmenuje ta paní, _____ pracuje na ministerstvu kultury?*

4.   *Autobus, _____ má číslo 6, jede na Malou Stranu.*

5.   *Budova, _____ vidíte tam na rohu, je budova ministerstva kultury.*

6.   *Ten psací stroj, _____ má pan Brown, je elektrický.*

7.   *To rádio, _____ je vedle knihovny, je nové.*

8.   *Znáte toho pána, _____ stojí vedle paní Staré?*

9.   *Zastávka, ze _____ se pan Brown dostane na Václavské náměstí, se jmenuje Malostranská.*

10. *To je to divadlo, o _____ se zajímáte.*

11. *Ta mapa, na _____ se chcete podívat, je tady.*

12. *Ten chrám, kolem _____ teď jedeme, je Stará synagoga.*

13. *Jak se jmenuje ten pán, vedle _____ stojí slečna Nováková?*

14. *Znáte toho pána, _____ je vedle paní Novákové?*

15. *To ministerstvo, kolem _____ musíte jít, je ministerstvo kultury.*

6.j   Your teacher will read each mini-conversation straight through several times. Try listening first without looking at the book, attaching meaning to the endings. Ask for repeats of parts you aren't sure of.

When you feel you are ready, fill in the blanks below.

Pane Brown, tady máte navštívenk_ pan_ Hladk___.
Děkuji vám, slečno Veselá.
Tady vidíte jeho telefonn_ čísl_ a jeho adres_.

Vy znáte pan_ Hladk_ _ _ osobně?
*Ne, pan_ Hladk_ _ _ osobně neznám, ale znám česk_ _ _ malíř_*
Novák_, ten je také na seznamu.

Zajímáte se o doktor_ Lendl_?
*Ano, potřebuji jeho navštívenk_. Nevidím tady jeho adres_ a telefonn_*
čísl_.

Prosím vás, jak se dostanu na Americk_ velvyslanectv_?
Jděte na druh_ _ stran_ ulic_, zahněte u kostel_ doprava a přijdete do
Karmelitsk_ ulic_.
Děkuji mnohokrát, z Karmelitsk_ ulic_ už cest_ znám.

6.k   Fill in the blanks in the following sentences. Make sure you understand the meaning.

Dobrý den, pane Brown, jak _____ (mít se)?
Dobře, slečno Veselá. A jak se _____ (dařit) vám?
Také docela dobře. _____ (Jít) teď na procházku, pane Brown?
Ano, _____ (chtít) trochu poznat Malou Stranu, ale
_____ (nemít) mnoho času.

Prosím vás, jak _____ (dostat se) slečna Veselá na
Americké velvyslanectví?
_____ (Vidět) ten autobus, který _____ (stát)
tam na rohu?
Ano, _____ (vidět) ho.
Tak tam u kostela _____ (muset) zahnout doleva.
Pak _____ (přijít) do Karmelitské ulice. Tam už
_____ (neztratit se).
Já _____ (myslet), že ona už to tam _____ (znát).

Kam _____ (jít), pane Brown?
_____ (Chtít se) teď podívat na Pražský hrad.
_____ (Znát) cestu na Pražský hrad?
Ne, _____ (neznat), ale _____ (vidět) věž
chrámu svatého Víta odsud. To _____ (nebýt) daleko, že?
Ne, to _____ (být) jen asi deset minut pěšky.

Now fill in the blanks yourself and read the sentences back to your teacher, following
his/her directions.

6.l   Write the following sentences in Czech.

1.   How are you, Mr. Novák? Where are you going?

_____

2.   Is Charles Bridge far from the American Embassy?

_____

3.   This is the office of our new manager.

_____

4.   The bus stop is right by the old church.

_____

5.   We will ask the Czech diplomat.

_____

6.   Excuse me, please how can I get to Prague airport from here?

_____

7.   The National Theater is located near the Moldau River .

_____

8.   Instead of that old radio we will put a taperecorder there.

_____

9.   The first streetcar from here goes at 4 o'clock.

_____

10.   What is the name of the square which is close to the American Embassy?

_____

11.   The building you see on the left is the National Museum.

_____

12.   Where are you going? To the park for a walk ?

_____

13. Do you know the lady standing close to Mr. Pařízek?

_____

14. Here is the list you want to have a look at.

_____

15. He must be back at two o'clock.

_____

16. Is she from Smíchov or from Malá Strana?

_____

17. It's not far from here. It's only a ten-minute walk.

_____

18. He is going to Bratislava without his wife, isn't he?

_____

19. What is the telephone book next to? The typewriter?

_____

20. Does this bus go to Brno?

_____

GRAMMAR NOTES

1. Genitive case

You have been learning some sentences in which a new set of noun and adjective endings occur. These are genitive case endings, e.g.:

kancelář pana Browna   Mr. Brown's office (the office of Mr. Brown)

navštívenka pana Nováka   Mr. Novák's business card

The above examples illustrate one of the meanings conveyed by these endings - that of possession.

17

Another meaning is shown by these examples:

fotografie Prahy	photograph of Prague
zastávka tramvaje	streetcar stop ("stop of the streetcar")
budova velvyslanectví	Embassy building ("building of the Embassy")

Here the endings indicate a connection or association between two nouns (sometimes equivalent to "X of Y").

A very frequent occurrence of genitive endings is with nouns following a preposition:

vedle *knihovny*	next to the bookcase
u *okna*	by the window
blízko *velvyslanectví*	near the Embassy
do *Prahy*	to Prague

Some verbs take the genitive case as, for example, **ptát se**.

Chci **se zeptat** *pana Browna.*	I want to ask Mr. Brown.

---

2. Genitive case - noun and adjective endings

2.a Nouns

As with all cases in Czech, there are a number of different genitive case endings for nouns. The differences can be related to the categories masculine/feminine/neuter, and within these to the categories hard/soft.

For masculine nouns there is the further category animate/inanimate.

Some nouns are "irregular", i. e., have endings at variance with the ones associated with most nouns sharing their category groupings. These must be learned individually. Also, in one-syllable masculine nouns with "*ů*" in the stem, the "*ů*" will change into "**o**."

Because of this complexity, it takes a good deal of listening and practice over a period of time to gain consistent control of endings. As a start, this note provides an overview of the genitive endings for nouns.

masculine	ending
hard animate	
To je kancelář pana Browna.	**-a**
It's Mr. Brown's office.	
hard inanimate	
Telefonní seznam je vedle slovníku.	**-u**
The telephone book is next to the dictionary.	
Židle je vedle stolu.	
The chair is next to the table.	
Autobus je tam u kostela.	**-a** (irreg.)
The bus is there by the church.	

soft animate

> *To je kancelář velvyslance.*   -e
> It's the Ambassador's office.

soft inanimate

> *Židle je vedle koše.*
> The chair is next to the wastebasket.   -e

feminine

hard

> *Psací stůl je vedle knihovny.*   -y
> The desk is next to the bookcase.

soft

> *Pan Brown jde do kanceláře.*   -e
> Mr. Brown is going to the office.

> *Mapa je vedle fotografie.*
> The map is next to the photograph.

neuter

hard

> *Psací stroj je u okna.*   -a
> The typewriter is next to the window.

soft

> *Velvyslanectví je daleko od letiště.*   -e   (-ě after -d, -t, -n)
> The Embassy is far from the airport.

> *Karmelitská ulice je blízko velvyslanectví.*   -í
> Karmelitská Street is near the Embassy.

2.b   Adjectives

The set of genitive endings for adjectives is less complex than that of nouns. Since adjectives have forms for all three genders, we present them here under the main headings of "hard" and "soft".

hard   ending

masculine and neuter

> *Kancelář nového konsula je zde napravo.* (masc.) **-ého**
> The new consul's office is here on the right.

> *Z pražského letiště je to daleko.* (neuter)
> It's far from the Prague airport.

feminine

> *Má to od nové sekretářky.*   -é
> He has it from the new secretary.

soft

masculine and neuter

Pracuje bez osobního tajemníka. (masc.)   **-ího**
She works without a personal secretary.

Pan Novák jede do hlavního města. (neuter)
Mr. Novák is going to the capital.

feminine

Místo té moderní knihovny tam dáme tu starou. **-í**
Instead of the modern bookcase we'll put the old one there.

2.c   Other genitive forms

ten *(to)*   **ta** *(to)*   **to** *(to)*

Stoji vedle	**toho**	*studenta* *hradu* *muže* *stroje* *kina* *letiště* *nádraží*
	té	*školy* *restaurace* *kanceláře*

kdo "who", **co** "what"

Vedle koho stojí pan Brown?   **koho**
Whom is Mr. Brown standing next to?

U čeho je psací stůl?   **čeho**
What is the desk next to?

---

3.   **Prepositions and the genitive case**

3.a   As was mentioned in 1. above, when certain prepositions occur before a noun, that noun
has a genitive ending.

These are the most common:

u	-	at, by	**vedle** -	next to, beside	**kolem** -	around, past
do	-	to	**bez** -	without	**místo** -	instead of
z (ze)	-	from, of	**blizko** -	near		
daleko od	-	far from	**od** -	from		

Some prepositions have an expanded form, e. g.: **ze**. This occurs when the following word begins either with the same consonant as that of the preposition or with certain groups of consonants.

*Pan Novák je **ze** Starého Města.*

3.b   Both **z** and **od** are listed above as meaning "from". However they make a possible distinction in Czech which is not explicit in English "from". **"z"** indicates motion outward from within a place, **od** indicates motion away from a place considered as a location.

*Jde **z** budovy velvyslanectví.*
He's leaving (going out from inside) the Embassy building.

*Jde **od** budovy velvyslanectví.*
He's leaving (going away from) the Embassy building.

---

4.   **"Going" in Czech : *jít* and *jet***

*Kam **jdete**? (jít)*   *Kam **jedete**? (jet)*

The equivalent in English of both these sentences is "Where are you going?" The Czech sentence, however, makes a distinction: the verb in the first sentence specifies going on foot, while the verb in the other sentence specifies going by vehicle. In reference to the motion of a vehicle itself, forms of the verb ***jet*** occur:

*Tramvaj **jede** přímo na Malostranské náměstí.*
The streetcar goes right to Malostranské Square.

In certain contexts ***jít*** usually occurs regardless of the mode of going. These are going to school, the theater, a concert, the movies, a restaurant.

Here are the forms of the two verbs:

	jít	*jet*
I	*jdu*	*jedu*
you (informal)	*jdeš*	*jedeš*
he, she, it	*jde*	*jede*
we	*jdeme*	*jedeme*
you	*jdete*	*jedete*
they	*jdou*	*jedou*

5. Numbers

5.a Ordinals

You have already seen the Czech words for "first" through "fifth" in the headings of these five lessons. They are adjectives. Two of them are soft adjectives; all the rest are hard.

soft			hard		
první	-	first	**druhý**	-	second
třetí	-	third	**čtvrtý**	-	fourth
			pátý	-	fifth

5.b Cardinals

The numeral for "one" reflects the gender of nouns it precedes. As with all numerals, there are also endings for each case. Here are the nominal singular forms:

Jeden *slovník je tam dole.*   (masculine)
Jedna *mapa je tam nahoře.*   (feminine)
Jedno *rádio je pana Browna.*   (neuter)

Jeden, jedna, jedno has the same endings as **ten, ta, to**.

The numeral 2 also has forms reflecting gender but with a set of endings different from those above. **Dva** - masc., **dvě** - fem. and neuter. The numerals for 3 and above do not reflect gender, but have yet other sets of endings. More on these points later.

Here are the nominative forms for the numerals 3 - 12:

tři	3
čtyři	4
pět	5
šest	6
sedm	7
osm	8
devět	9
deset	10
jedenáct	11
dvanáct	12

130

6. **Telling Time**

První tramvaj jede	*v jednu*	**hodinu**
	ve dvě *ve tři* *ve čtyři*	**hodiny**
	v pět *v šest* etc.	**hodin**

Time expressions like "at one o'clock" consist of:

v	+	numeral	+	**hodinu**	(after 1)
ve	+	numeral	+	**hodiny**	(after 2, 3, 4)
v	+	numeral	+	**hodin**	(after 5 and up)

The ending on **hodinu** is accusative; the other endings will be identified later. The accusative of the numerals 2 and up is the same as the nominative.

---

7. **který - která - které**

This is a relative pronoun meaning "which", "who", ("that"). It has the same endings as hard adjectives.

*Ten pán, **který** stojí tam na rohu, je pan Novák.*
The man who is standing on the corner is Mr. Novák.

*To je tramvaj, **která** jede na Malou Stranu.*
This is the streetcar that goes to Malá Strana.

*Náměstí, **které** je blízko velvyslanectví, se jmenuje Malostranské.*
The square (which is) close to the Embassy is called Malostranské náměstí.

The relative pronoun has the same gender as the noun it refers back to. Its case, however, depends on its function in its own clause.

*Ten diplomat, **kterého** vidíte, je pan Brown.*
The diplomat whom you see is Mr. Brown.

Here, **kterého** is animate accusative, as the object of *vidíte*.

*Kde je zastávka, ze **které** se dostanu na Malou Stranu?*
Where is the stop from which I can get to Malá Strana?

In this sentence, **které** is genitive after the preposition **ze**.

Activity 7: CONVERSATIONAL DRILL

7.a Your teacher will ask you questions about the location of various places, e. g : Where do you live? (near what, next to what, far from what)	(gen. sg. of inanim. nouns)

Blízko čeho bydlíte? Bydlíte daleko od ... ?

7.b From whom do you have a specific item?	(gen. sg. of anim. nouns)

Od koho máte ... ? Je to od ...?

7.c To whom does this belong?	(gen. sg. of anim. nouns)

Čí je ... ? Je to kancelář ... ?

7.d Discuss the positions of various items in the classroom.	(nom. sg. and adverbs of location) (gen. sg. of inanim. nouns)

Kde je ... ? Vedle čeho je ... ?

Activity 8: SPEAKING ACTIVITY

What is behind this activity?

Students practice their skills in understanding and retaining information.

What do we do?

a.   Your teacher will help you pinpoint a specific location on the map of Prague which corresponds to a specific dialogue given in the Supplement and recorded on tape.

b.   First listen to the dialogue without following it on the map. Should there be a word or construction which prevents you from understanding the dialogue, ask your teacher.

c.   This time listen to the dialogue and at the same time try to follow the directions on the map. If you are having a lot of difficulty, check the written text and then listen to the tape again.

d.   Using the pictures of offices, discuss the locations of various items using prepositions: *u, vedle, nedaleko, blízko, daleko od,* etc.

READING

Certain words and phrases frequently recur in news items. This is especially noticeable in short items like the following. Look through the items in each group and identify the common repeaters, e.g., *přijal, návštěvě* etc. List them and find out what they mean. Don't ignore the meanings contributed by endings as you compile your list. Thus in the first sentence below, *generální tajemník* is in the nominative, while *generálního tajemníka* is in the animate accusative.

Confirm your understanding of the recurring items - don't try to account for every word. There will be ample opportunity to add to your vocabulary as the course progresses.

1.

★ **Generální tajemník BKS**
Todor Živkov přijal v Sofii generálního tajemníka španělské KS Herarda Iglesiase, který je v Bulharsku na přátelské návštěvě. Oba představitelé si vyměnili informace o úkolech, které obě strany řeší, a jednali též o aktuálních otázkách mezinárodní situace a mezinárodního komunistického a dělnického hnutí. (Zr)

★ *Nové velvyslance*
Pákistánske islámské republiky Zafara Mahmuda a Konžské lidové republiky Francka Gastona Tsikabaku Lupeye přijal v úterý v Praze v souvislosti s nadcházejícím předáním jejich pověřovacích listin prezidentu ČSSR náměstek ministra zahraničních věcí Stanislav Svoboda.

★ **VIETNAMSKÁ DELEGACE**, vedená členem ÚV KS Vietnamu, vedoucím tajemníkem MV KS v Ho Či Minově městě Nguyenem-van Linhem, která je v Bratislavě na přátelské návštěvě, zavítala v úterý do závodu MDŽ. Hosté si prohlédli mj. provozy, v nichž se připravuje více než tři sta pracovníků pro vietnamský textilní průmysl.

★ **NA PŘÁTELSKOU NÁVŠTĚVU BLR** přiletěl ve středu člen politického byra ÚV MSDS a předseda rady ministrů MLR György Lázár.

II.

VELVYSLANCE KAMBODŽSKÉ LIDOVÉ REPUBLIKY v ČSSR Phanga Sareta přijal v úterý v Praze člen předsednictva ÚV KSČ předseda ČNR Josef Kempný. V srdečném rozhovoru ocenili význam vzájemných vztahů obou zemí v duchu přátelství, spolupráce a pomoci.

Přijetí u L. Štrougala

PRAHA 14. května (ČTK) - Předseda vlády ČSSR Lubomír Štrougal přijal v pondělí v Praze velvyslance Spojených států Williama Henryho Luerse v souvislosti s jeho nástupem do funkce.

Velvyslanec Iráku u předsedy FS

Praha 27. března (ČTK) - Člen předsednictva ÚV KSČ a předseda Federálního shromáždění ČSSR Alois Indra přijal v úterý v Praze mimořádného a zplnomocněného velvyslance Irácké republiky v ČSSR Tariqa Ahmeda al Marúfa v souvislosti s jeho nástupem do funkce.

III.

★ **NA POZVÁNÍ VLÁMSKÉHO MINISTRA FINANCÍ** Huga Schlitze odcestoval v úterý na pracovní návštěvu do Belgie ministr financí ČSSR Jaroslav Tlapák.

★ **DO ČESKOSLOVENSKA PŘICESTOVALA** ve čtvrtek na pozvání Čs. společnosti pro mezinárodní styky delegace Čínské lidové společnosti pro přátelství se zahraničím, vedená jejím předsedou Wang Ping - Nanem. Účelem návštěvy je výměna zkušeností z práce těchto nevládních organizací.

★ Host z Moskvy

Praha (vp). Na pozvání Pražské odborové rady přicestoval včera do hlavního města předseda Moskevské odborové rady soudruh L. V. Petrov. Dnes odpoledne v doprovodu předsedy POR J. Bilka navštívil n.p. Praga, závod Klementa Gottwalda. Po prohlídce závodu se uskutečnila beseda se zástupci odborového hnutí a vedení závodu.

VOCABULARY LIST

autobus m.	-	bus
bez	-	without
čas m.	-	time
cesta f.	-	way, road
chrám m.	-	church
číslo n.	-	number
čtvrtý	-	fourth
čtyři	-	four
daleko od	-	far from
den m.	-	day
deset	-	ten
devět	-	nine
dialog m.	-	dialogue
díky	-	thanks
diplomat m.	-	diplomat
do	-	to, into
dobře	-	well
docela	-	quite
doleva	-	to the left
dolů	-	down (motion)
doprava	-	to the right (motion)
dostat se (II-perf.) *dostanu se* *	-	to get (someplace)
doufat (I-imp.)	-	to hope
druhý	-	second
dva, dvě	-	two (masc.,and fem. and neuter forms)
dvanáct	-	twelve
hlavní	-	main
hodina f.	-	hour
jak	-	how
jeden, jedna, jedno	-	one (masc., fem. and neuter forms)
jedenáct	-	eleven
jen	-	only
jet (II-imp.) *jedu**	-	to go (by means of a vehicle)
jít (II-imp.) *jdu**	-	to go (on foot)
klášter m.	-	monastery
kolem	-	around, past
kostel m.	-	church
krátký	-	short
který, která, které	-	that - which - who (masc., fem. and neuter forms)
Loreta f.	-	Loreta Monastery
místo	-	instead of
mockrát	-	many times, very much
muset (III-imp.)	-	must, to have to
nejdříve	-	first of all
německý	-	German (adj.)
od	-	from
odtamtud	-	from there
odtud, odsud	-	from here
okolí n.	-	vicinity, neighborhood
osm	-	eight
osobní	-	personal
pátý	-	fifth

pěšky	-	on foot
pět	-	five
poznat (perf. - I)	-	to get to know
přijít (II - perf.)	-	to come
přes	-	across
procházka f.	-	walk
první	-	first
ptát se (I - imp.)	-	to ask about
restaurace f.	-	restaurant
řidič m.	-	driver
říkat (I - imp.)	-	to say
rovně	-	straight ahead
sedm	-	seven
stát (III - imp.) stojím*	-	to stand
Strahov m.	-	Strahov (section of Prague)
strana f.	-	side
teď	-	now
tramvaj f.	-	streetcar, tram
třetí	-	third
tři	-	three
trochu	-	a little
u	-	by, at
uhnout (II - perf.) uhnu*	-	to turn (to the right, left)
z	-	from
zahnout (II - perf.) zahnu*	-	to turn (to the right, left)
zastávka f.	-	stop
zeptat se (I - perf.)	-	to ask
zpátky	-	back
ztratit se (III - perf.)	-	to get lost

SUPPLEMENT

Dialogue 1

A: *Promiňte, že vás obtěžuji. Můžete mi říci, jak se dostanu k Národnímu divadlu?*

B: *Pěšky nebo tramvají?*

A: *Pěšky.*

B: *Jděte pořád rovně až přijdete na Václavské náměstí. Tam uhněte doprava a běžte dolů na Můstek. Tam zahněte doleva a běžte pořád rovně až přijdete k Národnímu divadlu. Národní divadlo je na levé straně ulice.*

A: *Děkuji vám mnohokrát.*

B: *Prosím, není zač.*

Dialogue 2

A: *Promiňte, že vás obtěžuji. Můžete mi říci, jak se dostanu na Staroměstské náměstí?*

B: *Jistě. Chcete jít pěšky nebo jet tramvají?*

A: *Myslím, že půjdu pěšky.*

B: *V tom případě jděte pořád rovně až na Václavské náměstí. Tam uhněte doleva a jděte dolů až k Můstku. Tam přejdete křižovatku a běžte pořád rovně. Nejdříve půjdete ulicí, která se jmenuje Na Můstku a potom Melantrichovou. Melantrichova ulice končí na Staroměstském náměstí.*

A: *Děkuji vám mockrát.*

B *Prosím, není zač.*

Dialogue 3

A: Promiňte, že vás obtěžuji. Můžete mi říci, jak se dostanu na Náměstí republiky?

B: Pěšky nebo tramvají?

A: Pěšky.

B: Běžte pořád rovně až na Národní třídu. Tam uhněte doleva. Potom půjdete pořád rovně. Na pravé straně uvidíte Václavské náměstí, ale vy půjdete dál. Potom půjdete ulicí, která se jmenuje Příkopy. Tato ulice vede až na Náměstí republiky.

A: Jak se jmenuje ta poslední ulice?

B: Na Příkopě, ale my zde říkáme Příkopy.

A: Děkuji vám mnohokrát.

Dialogue 4

A: Prosím vás, kudy se jde ke Karlovu mostu?

B: Běžte pořád rovně, asi tři ulice. Potom uhněte doprava. Půjdete ulicí, která se jmenuje Vítězná. Na nábřeží uhněte doleva a půjdete stále rovně až ke Karlovu mostu.

A: Děkuji vám za informaci.

B: Prosím, není zač.

Dialogue 5

A: Dobrý den. Můžete mi říci, jak se dostanu na Hradčany?

B: Jistě. Jděte pořád rovně až na Malostranské náměstí. Tam uhněte nejdříve doprava a potom doleva do Nerudovy ulice. Jděte pořád až nahoru a tam uhněte do první ulice napravo. Tam už uvidíte Pražský hrad.

A: Je to ještě daleko?

B: Už ne, už asi jenom deset minut pěšky.

A: Děkuji vám mnohokrát.

B: Prosím, není zač.

Lekce 6 *Městská doprava*

COMMUNICATION GOALS:	To be able to find out about and use city mass transit.
GRAMMAR GOALS:	

1. More about "going" in Czech: Aspect.

2. Talking about the future in Czech.

3. The locative case.

4. Occurrence of *na* and *do* in accusative and genitive phrases.

5. Occurrence of *na* and *v (ve)* in locative phrases.

6. Numerals as nouns.

7. "Going" : "by" + noun.

8. Numerals 13 - 100.

ADDITIONAL MATERIAL:

1. Tape with unrestricted Czech.

2. Maps of Prague.

3. Tape with recorded dialogues consisting of questions about the use of mass transit.

4. Set of cards with various locations (to practice prepositions *do* vs. *na*).

Activity 1:   LISTENING TO UNRESTRICTED CZECH

1.   What do you think is going on?

2.   List the words you think you recognized.

3.   Pick out the words you heard that you don't know.

4.   Find the following phrases on the tape:

> *Jak se dostanu k hotelu International?*
> *Kde je tady stanice metra?*
> *Poprvé jste v Praze?*
> *Tam uvidíte značku "M".*
> *Takže já pojedu směrem k muzeu.*
> *Lístek si nemusíte kupovat.*
> *Tam přestoupím zase na metro nebo na tramvaj?*
> *Takže to je v jiném patře?*
> *No, to doufám, že se neztratím.*
> *Jak je to ještě daleko potom od toho muzea?*
> *Tam už uvidím hotel International?*

Activity 2:   WORK WITH THE MAP OF PRAGUE

(Use of mass transportation)

What is behind this activity?

To acquaint you with the most important boroughs of Prague and to show you how to get there using the mass transit system.

What do we do?

2.a   First your teacher will point out the location of Prague boroughs and help you with the pronunciation of their names.

Teacher: *Kde je Karlín?*
Student: *Karlín je zde.* (pointing at the map)

2.b   Then, referring to the map, your teacher will ask you what means of transportation could be used to get there.

Teacher: *Jezdí do Karlína tramvaj?*
Student: *Ano, do Karlína jezdí tramvaj.*

Teacher: *Jezdí na Žižkov metro?*
Student: *Ne, metro na Žižkov nejezdí.*

2.c When it has been established that a streetcar goes to a particular borough, your teacher will ask you for its number.

Teacher: *Které číslo tam jezdí?*
Student: *Tam jezdí číslo 7.* (finding it on the map)

2.d This time, with your, help your teacher will find out which bus goes to a certain place.

Teacher: *Které číslo autobusu tam jezdí?*
Student: *Tam jezdí autobus číslo 170.*

2.e Now your teacher will try to find out from you which metro line goes to a certain place.

Teacher: *Která linka tam vede?*
Student: *Tam vede zelená (červená) linka.*

Activity 3: PRACTICE I

Referring to the map, answer your teacher's or other students' questions about getting around on the mass transit system.

(Not all your answers will be "yes" as below. You will have to answer "no" sometimes.)

Teacher: *Víte, kde je Karlín?*
Student: *Ano, vím, kde je Karlín.*

Teacher: *Jezdí do Karlína autobus (tramvaj, metro)?*
Student: *Ano, do Karlína jezdí autobus (tramvaj, metro).*

Teacher: *Jezdí do Karlína autobus číslo 101?*
Student: *Ano, do Karlína jezdí autobus číslo 101.*

Teacher: *Vidíte na mapě stanici metra?*
Student: *Ano, vidím na mapě stanici metra.*

Teacher: *Jmenuje se ta stanice Malostranská?*
Student: *Ano, ta stanice se jmenuje Malostranská.*

Teacher: *Jmenuje se ta zastávka Šumavská?*
Student: *Ano, ta zastávka se jmenuje Šumavská.*

Teacher: *Můžete z tramvaje přestoupit na autobus?*
Student: *Ano, z tramvaje mohu přestoupit na autobus.*

Teacher: *Mohu z metra přestoupit na tramvaj?*
Student: *Ano, z metra můžete přestoupit na tramvaj.*

Šestá lekce

Teacher:	*Mohu přestoupit z autobusu na metro?*
Student:	*Ano, z autobusu můžete přestoupit na metro.*

Activity 4: PRACTICE II

This time you will be providing your teacher (or other students) with further information about using the mass transit system (not just confirming the information they ask about, as before).

Teacher:	*Jezdí do Karlína metro (autobus, tramvaj)?*
Student:	*Ne, do Karlína nejezdí metro, ale jezdí tam tramvaj.*
Teacher:	*Co jezdí do Libně?*
Student:	*Do Libně jezdí tramvaj.*
Teacher:	*Co jezdí na Žižkov?*
Student:	*Na Žižkov jezdí tramvaj a autobus.*
Teacher:	*Která tramvaj jezdí na Smíchov?*
Student:	*Na Smíchov jezdí pětka.*
Teacher:	*Která linka metra vede na Václavské náměstí?*
Student:	*Na Václavské náměstí vede zelená linka.*
Teacher:	*Která trasa vede na Chodov?*
Student:	*Na Chodov vede trasa "A".*
Teacher:	*Jak se dostanu odsud na Smíchov?*
Student:	*Odtud můžete jet na Smíchov autobusem (tramvají, metrem).*
Teacher:	*Jak se jmenuje tato stanice metra?*
Student:	*Tato stanice metra se jmenuje Malostranská.*
Teacher:	*Jedu metrem (autobusem, tramvají). Na co zde mohu přestoupit?* (pointing at the map).
Student:	*Zde můžete přestoupit na tramvaj.*

Activity 5: TASK CONSIDERATION

Suppose you have kept an appointment in a part of Prague some distance from the Embassy and have decided to return by way of the city transport system. As you know, both streetcar and metro service are available. Although you may not know the fares or how and where to get tickets, you may need to know what signs mark stops or stations. Try to identify all the information and conversational devices (asking for repetition, verifying information, etc.) you may need as you imagine yourself asking someone to help you out.

Activity 6:   SAMPLE DIALOGUE

Mr. Brown has been driven home by Mr. Ptáček, the Embassy driver. Since Mr. Brown does not have a car, he wants to find out how he can get back to the Embassy. Mr. Brown and Mr. Ptáček discuss the possibilities of using the Prague mass transit system.

Brown: *Pane Ptáček, děkuji mnohokrát za svezení. Mohu se vás na něco zeptat?*

Ptáček: *Samozřejmě, pane Brown. Co chcete vědět?*

Brown: *Můžete mi říci, jak se dostanu odsud na velvyslanectví?*

Ptáček: *Budete jezdit autem, tramvají nebo metrem?*

Brown: *Auto ještě nemám a tak budu jezdit tramvají nebo metrem.*

Ptáček: *Zastávka tramvaje je tamhle na rohu. Na Malostranské náměstí jezdí odsud dvaadvacítka, nebo můžete jet šestnáctkou a ve Spálené ulici musíte přestoupit na pětku.*

Brown: *A co jízdenka? Mohu si ji koupit v tramvaji?*

Ptáček: *Ne, jízdenku na tramvaj si musíte koupit předem v trafice a potom ji v tramvaji jenom proštípnete.*

Brown: *Děkuji mnohokrát za informaci.*

Ptáček: *Není zač, pane Brown.*

* * * * * * * * * * * * * * * * *

Brown: *Pane Ptáček, mám jeden dotaz.*

Ptáček: *Jaký, pane Brown?*

Brown: *Mohu se dostat na velvyslanectví metrem?*

Ptáček: *Ano, stanice metra je tamhle napravo u kostela. Vidíte tam na zdi to zelené písmeno "M"? Tak tam je vchod do metra.*

Brown: *A co jízdenka? Tu si mohu koupit někde v obchodě nebo na stanici metra?*

Ptáček: *Na metro jízdenku nepotřebujete, pane Brown. U vchodu do metra vhodíte do přístroje jednu korunu a můžete vejít dovnitř.*

Brown: *Musím někde přestupovat?*

5

Šestá lekce

Ptáček: **Ne, zelená linka vede přímo na stanici, která se jmenuje Malostranská. Potom musíte jít Letenskou přes Malostranské náměstí na velvyslanectví.**

Brown: **Děkuji mockrát, pane Ptáček. Myslím, že odtamtud už to najdu.**

Brown: THANK YOU VERY MUCH, MR. PTÁČEK, FOR THE RIDE. MAY I ASK YOU A QUESTION?

Ptáček: OF COURSE, MR. BROWN. WHAT DO YOU WANT TO KNOW?

Brown: CAN YOU TELL ME HOW TO GET TO THE EMBASSY FROM HERE?

Ptáček: WILL YOU BE DRIVING OR TAKING A STREETCAR OR METRO?

Brown: I DON'T HAVE A CAR YET, SO I WILL BE TAKING A STREETCAR OR METRO.

Ptáček: THE STREETCAR STOP IS OVER THERE ON THE CORNER. NO. 22 GOES FROM HERE TO MALOSTRANSKÉ NÁMĚSTÍ, OR YOU CAN TAKE NO. 16 AND THEN YOU HAVE TO TRANSFER TO NO. 5 AT SPÁLENÁ ULICE.

Brown: AND HOW ABOUT THE FARECARD? CAN I BUY IT ON THE STREETCAR?

Ptáček: NO, YOU HAVE TO BUY THE TRAM FARECARD IN ADVANCE AT A TOBACCO STORE AND THEN YOU JUST PUNCH IT ON THE STREETCAR.

Brown: THANK YOU VERY MUCH FOR THE INFORMATION.

Ptáček: DON'T MENTION IT, MR. BROWN.

Brown: MR. PTÁČEK, I HAVE A QUESTION.

Ptáček: WHAT IS THE QUESTION?

Brown: CAN I GET TO THE EMBASSY BY METRO?

Ptáček: YES, THE METRO STATION IS OVER THERE ON THE RIGHT BY THE CHURCH. CAN YOU SEE THAT GREEN LETTER "M" OVER THERE ON THE WALL? THAT'S THE ENTRANCE TO THE METRO.

Brown: AND HOW ABOUT THE FARECARD? CAN I BUY IT SOMEWHERE IN A STORE OR AT THE METRO STATION?

Ptáček: YOU DON'T NEED A FARECARD FOR THE METRO, MR. BROWN. AT THE ENTRANCE TO THE METRO YOU PUT ONE CROWN INTO THE TURNSTILE AND YOU CAN WALK IN.

6   144

Brown: DO I HAVE TO TRANSFER?

Ptáček: NO, THE GREEN LINE GOES RIGHT TO THE STATION CALLED MALOSTRANSKÁ. THEN YOU HAVE TO GO ALONG LETENSKÁ ULICE AND ACROSS MALOSTRANSKÉ NÁMĚSTÍ TO THE EMBASSY.

Brown: THANKS A LOT, MR. PTÁČEK. I THINK I'LL FIND IT FROM THERE.

6.a NARRATIVE

Pan Brown je nový politický pracovník na Americkém velvyslanectví v Praze. On a jeho žena bydlí ve velkém a moderním bytě v pražské čtvrti, která se jmenuje Vinohrady. Jejich byt je na pěkném místě, odkud není daleko do centra Prahy. Jeho manželka je také zaměstnaná a pracuje na velvyslanectví jako sekretářka velvyslance. Do práce jezdí oba metrem.

Jejich syn a dcera také žijí v Československu. Syn už chodí do školy a mladší dcera bude chodit do školky. Škola i školka jsou v jedné budově. Škola je, samozřejmě, americká, ale budou se tam také učit česky, to znamená mluvit, číst a psát česky.

Z práce se pan Brown a paní Brownová vrací obyčejně v pět hodin. Domů jezdí metrem, ale když spěchají, jedou taxíkem. Někdy si zajdou do restaurace na oběd nebo na večeři. Občas chodí do kina nebo do divadla, ale většinou tráví volný čas doma.

V sobotu a v neděli jezdí často na chatu, kterou má jejich přítel pan Novák na Sázavě.

6.b What Did They Say?

6.b.1 Your teacher will ask you these questions. Try to answer them from memory. If you can't remember, check back to the dialogues or the narrative for the answer.

1. Bude pan Brown jezdit do práce autem nebo metrem?

2. Jak se jmenuje zastávka metra blízko Malostranského náměstí?

3. Kde si může pan Brown koupit jízdenku na tramvaj?

4. Která linka metra vede na Malou Stranu?

5. *Jak se dostane pan Brown na velvyslanectví ze stanice Malostranská?*

6. *Jak se jmenuje čtvrť, ve které bydlí pan Brown?*

7. *Kde je zaměstnaná manželka pana Browna?*

8. *Kde tráví volný čas pan Brown a jeho manželka?*

9. *Kam jezdí v sobotu a v neděli?*

10. *Co je vedle každého vchodu do metra?*

6.c   Work with the Narrative

---

a. Listen to the recorded version of the narrative.

b. Answer the teacher's questions about the narrative.

c. Read the narrative and familiarize yourself with all constructions.

d. Summarize the narrative.

e. Based on the narrative, provide information about yourself. (e.g., What will you do in Prague? Where will you live? Will your spouse also work? etc.)

NOTES

A co ... ?	-	And how about ... ?
Děkuji za svezení.	-	Thank you for the ride.
Doma.	-	At home.
Domů.	-	Home (motion).
Dvaadvacítka.	-	Nominal form of 22.
Jejich byt.	-	Their apartment.
Jezdit na chatu.	-	To go to one's weekend house (second home).
Ji.	-	Her, it (acc. of **ona**, "she").
Jít Letenskou.	-	To go along Letenská ulice (instrumental of Letenská).
Mladší.	-	Younger (comparative of **mladý**).

Na metro jízdenku nepotřebujete	-	You don't need a farecard for the metro.
Na Sázavě.	-	Near the river Sázava River.
Není zač.	-	Don't mention it, not at all.
Oba.	-	Both (of them).
Přestoupit na ...	-	Transfer to ... (meaning to another vehicle).
Šestnáctka.	-	Nominal form of 16.
Ten vás pustí dovnitř.	-	That one will let you in.
V jedné budově.	-	In one building.
V sobotu a neděli.	-	On Saturday (s) and Sunday (s).
Vás.	-	You (acc. form of **vy**).
Zajít si na oběd.	-	To drop in for lunch.

Activity 7: PRACTICE

7.a   Listen to your teacher, who will form sentences using items in the columns below. Then try it yourself.

A	B	C
Já Ty On, ona My Vy Oni Pan konzul Paní Stávková Pan Lendl a jeho manželka Jejich syn Jeho syn a dcera Doktor Novotný Jeho sekretářka Já a manželka	budu	večer doma zítra doma ve škole v kanceláři zpátky ve 3 hodiny v sobotu na chatě v neděli v Praze také doma doma v 8 hodin zítra na ministerstvu na velvyslanectví v 9 hodin

147

7.b   Now fill in the blanks with the correct future forms of the verb *(být)* which you worked
with in 7.a.

1. Kde _____ ta nová stanice metra?

2. Pane Novák, v kolik hodin _____ zpátky?

3. Velvyslanec a jeho manželka tam _____ také.

4. Jejich nový byt _____ velký a pěkný.

5. Jejich děti _____ v neděli také na chatě.

6. Pan konzul zítra _____ na velvyslanectví.

7. Já a manželka _____ dnes večer doma.

8. _____ zpátky ve dvě hodiny, pane Brown?

9. Já tam zítra _____ .

10. Oba _____ zpátky v sobotu.

7.c   Follow the same procedure as in 7.a above with the columns below.

A	B	C
Já Pan Brown Pan Brown a paní Brownová Já a pan Novák Pan Smith a slečna Veselá Oni oba Vy Ty Ty a pan Brown Sekretářka velvyslance My	jezdit učit se psát trávit mluvit přestupovat zajímat se spěchat bydlet pracovat žít mít potřebovat psát bydlet pracovat	na universitu metrem. česky ve škole. ten dopis anglicky. volný čas doma. anglicky. na Malé Straně. o historii Ameriky. z práce domů. v moderní čtvrti. také na ministerstvu. v Československu. nové auto. nový magnetofon. ten dopis na stroji. v novém bytě. v jeho kanceláři.

7.d   Listen to your teacher, who will form sentences using items in the columns below. Then try it yourself. Find out what each sentence means, with particular attention to the verbs.

A	B	C
Do přístroje v metru (vy)	vhodit	korunu.
On si lístek na tramvaj	koupit	v trafice.
Vy si lístek	proštípnout	v tramvaji.
Někdy si pan Lendl	zajít	do restaurace na pivo.
Paní Nováková	přijet	do Prahy vlakem.
Na Staroměstském náměstí (oni)	přestoupit	na desítku.
Já nebo on se	zeptat	toho pána.
Vy se	dostat	na Žižkov tramvají.

7.e   Listen to your teacher who will form sentences using items in the columns below. The verbs will be in the future. Then try it yourself.

A	B	C
Pan Brown	potřebovat	nový psací stroj.
Do přístroje v metru	vhodit	korunu.
Pan Novák	jet	na chatu v sobotu.
On si lístek na tramvaj	koupit	v trafice.
Pan Smith a jeho paní	bydlet	v novém bytě.
Jejich syn	chodit	do školy.
Paní Brownová se	vracet	v pět hodin.
Já a on	být	v pét hodin zpátky.
Vy si lístek	proštípnout	v tramvaji.
Někdy si pan Lendl	zajít	do restaurace na pivo.
V sobotu a v neděli oba	jezdit	na chatu.
Ta nová zastávka	být	tady na rohu.
Já	spěchat	z práce domů.
Paní Nováková	přijet	do Prahy vlakem.
Paní Brownová	pracovat	na velvyslanectví.
V Československu oba	mluvit	česky.
V neděli pan Novák	jít	do kostela.
Na Staroměstském náměstí (vy)	přestoupit	na desítku.
Já nebo on se	zeptat	toho pána.
On a jeho sekretářka	být	v kanceláři v sedm hodin.
Vy se	dostat	na Žižkov tramvají
Ta nová zastávka se	jmenovat	Smíchovská.
Moje manželka	jít	na procházku do parku.
Paní Brownová	psát	dopis do Ameriky.
Oni vás tam	pustit	bez lístku.
Ty se	učit	česky ve škole.

7.f   Fill in the blanks with the correct forms of *jít - jet, chodit - jezdit*.

1.   Pan a paní Brownová _____ na velvyslanectví metrem každý den.

2.   Budete také _____ do práce metrem?

3.   Syn pana Browna _____ do školy.

4.   My _____ do kina každou sobotu nebo neděli.

5.   Vy _____ dnes do práce autem?

6.   Pan Brown teď _____ do kostela?

7.   Pan Novák často _____ na chatu na Sázavě.

8.   Jejich dcera ještě _____ do školy.

9.   Když spěchám, _____ domů taxíkem.

10.   Prosím vás, ze které zastávky _____ autobus na Malou Stranu?

11.   Paní Nováková a pan Novák často _____ na procházku na Strahov.

12.   Auto ještě nemám, musím _____ autobusem nebo _____ pěšky.

13.   Pan Lendl obyčejně _____ na oběd do restaurace.

14.   Kam teď _____ , paní Zelená?

15.   Já teď _____ do kina na americký film, který se jmenuje "Rocky".

7.g   Listen to your teacher who will form sentences using items in the columns below. Then try it yourself.

A	B	C	D	E
				velvyslanec Bell
				muzeum
				člověk
			národní	divadlo
			dobrý	právník
			pražský	umělec
			krátký	křižovatka
			generální	velvyslanectví
Mluvíme			staroměstský	ulice
			známý	řeka
Budete přestupovat			promovaný	ministr
			příjemný	redaktor
Oba pracují			úřední	doktor
			kazetový	třída
Pan Brown a paní	o		telefonní	katedrála
Brownová pracují			pěkný	náměstek
		(ten)	moderní	malíř
Syn se učí česky	na		anglický	brána
		(ta)	český	letiště
Ona často mluví	v		starý	řidič
		(to)	nový	přístroj
Tramvaj stojí			německý	slovník
			politický	mapa
Ten film je	ve		obchodní	pracovník
			Vinohradský	kniha
Čteme knihu			Karmelitský	knihovna
			Štěpánský	vedoucí
Kostel je			Václavský	konzul Smith
			Mostecký	fotografie
Mají byt			hlavní	restaurace
			mladší	chrám
			starší	tajemnice
			zelený	klášter
			červený	asistent
			volný	vicekonzul
			první	doktor Lendl
			druhý	studentka
			osobní	škola
				obchod
				tramvaj
				trafika
				čtvrť

Šestá lekce

Now try forming sentences as:

a. positive questions, e.g.:

Budete přestupovat na Vinohradské třídě?

b. negative statements, e.g.:

Paní Nováková nebydli v Karmelitské ulici.

c. negative questions, e.g.:

Ten film není o americkém umělci?

7.h Listen to your teacher, who will form sentences using items in the columns below. Then try it yourself.

A	B	C
Jezdíte často autobusem ... ? *Metro ještě nejezdí* *Syn chodí* *Budeš chodit ... ?* *Pan Novák půjde pěšky* *Ona přijede vlakem* *Chodíte často ... ?* *Ona teď jde* *V sobotu si oba zajdou* *Vlak přijede* *Odsud je daleko* *V neděli půjdu* *Chodíš často ... ?* *Pojedete také* *Dostanu se metrem ... ?*	*do* *na*	*práce* *restaurace na náměstí* *oběd do restaurace* *zoologická zahrada* *ministerstvo kultury* *procházka do parku* *zastávka tramvaje* *hlavní nádraží* *nová stanice metra* *divadlo* *koncert* *Karlín* *Žižkov* *Praha* *Československo* *chata na Sázavě* *Hradčany* *Vinohrady* *Malá Strana* *nová škola*

7.i   Listen to your teacher, who will form sentences using items in the columns below. Then try it yourself.

A	B	C
Pracujeme také *Jsi zaměstnána ... ?* *Bydlíme v novém bytě* *On tráví volný čas* *Jejich syn také žije* *Také bydlíte ... ?* *Budeš bydlet ... ?* *Jeho nový byt je*	*na* *v* *ve*	*ministerstvo kultury* *Žižkov* *Karlín* *Libeň* *Podolí* *Staré město* *Smíchov* *nová pražská čtvrť* *Vyšehrad* *nový byt v Ruzyni* *chata na Sázavě* *zoologická zahrada* *Československo* *Amerika* *ta stará budova* *knihovna* *obchod na rohu ulice* *právní oddělení* *česká škola* *hotel Intercontinental* *Krč* *kancelář ministra* *Břevnov*

7.j   Try reading each of these dialogues out loud, supplying appropriate endings (genitive, accusative, locative). Then write in the endings. Check them with your teacher.

Dobrý den, pan_ Brown, kam jdete?
Jdu na mal__ procházk_. Chci trochu poznat Pražsk_ hrad_. A z hrad_ chci potom jít na Malostransk_ náměst_.
Na Malostransk__ náměst_ je chrám svat___ Mikuláš_. Ten musíte také vidět.

Kde pracujete, pane Novák?
Pracuji na ministerstv_ kultur_.
A co vaše paní?
Moje paní je zaměstnána jako sekretářka v kancelář_ americk_ škol_.
A jak jezdí do prác_, metr__ nebo tramvaj_?
Do kancelář_ jezdí metr__ a zpátky autobus__.

Kde bydlí pan Brown?
Myslím, že blízko Americk___ velvyslanectv_ v Karmelitsk_ ulici.
Nemá to do prác_ daleko, že?
Ne, nemá, ze svého byt_ je v kancelář_ velvyslanectı_ za pět minut.

Chodí už váš syn do škol_?
Ano, už chodí, a ve škol_ se učí dobře.
Kdy se vrací ze škol_ domů?
Chodí domů ze škol_ ve 4 hodin_.
Chodí do škol_ pěšky?
Ne, z našeho byt_ je to daleko. Jezdí do škol_ tramvaj_.

Kde si mohu koupit jízdenk_ na tramvaj?
Můžete si ji koupit v trafic_ nebo v obchod_.
A co jízdenka na metr_?
Jízdenk_ na metr_ nepotřebujete. U vchod_ do metr_ vhodíte do přístroj_ korun_.
Děkuji vám za informac_.

7.k   Read each dialogue out loud supplying appropriate forms of the verbs indicated in parentheses. Then write in the forms. Check them out with your teacher.

Dobrý den, pane Ptáček, jak _____ (mít se)?
_____ (Děkovat), pane Brown, _____ (mít se) docela dobře.
Kam teď _____ (jít)?
_____ (Jít) na krátkou procházku.
A co vy?
Já teď _____ (jít) do kina.

_____ (Chodit) váš syn už do školy?
Ano, syn už _____ (chodit) do školy.
_____ (Učit se) ve škole dobře?
_____ (Myslet), že _____ (učit se) dobře.
A kam _____ (chodit) do školy?
Škola, do které _____ (chodit), _____ (být) blízko Amerického velvyslanectví.

Kde _____ (bydlet), paní Nováková?
Já _____ (bydlet) na Žižkově.
A kde _____ (pracovat)?
Teď _____ (pracovat) v jedné restauraci jako vedoucí.
_____ (Jezdit) do práce metrem?
Ne. Já _____ (chodit) pěšky, _____ (nebýt) to daleko.

Prosím vás, jak _____ (dostat se) na Vinohrady?
_____ (Chtít) jet tramvají nebo metrem?
Tramvají.
A_____ (mít) už jízdenku?
Ne, ještě _____ (nemít), ale _____ (koupit si) jízdenku tady v trafice.
Na Vinohrady _____ (moci) jet jedenáctkou nebo desítkou.

_____

Pane Brown, _____ (mluvit) vaše manželka také česky?
Ano, _____ (rozumět) docela dobře. _____ (Učit se) česky ve škole.
A co váš syn?
Ten _____ (chodit) do školy a také _____ (učit se) česky.
_____ (Číst) a _____ (psát) česky docela dobře.

_____

7.1   Write the following sentences in Czech.

1.   My secretary won't be at the Embassy tomorrow. She is going to Brno.

_____

2.   At what time are you going to be back in the office?

_____

3.   On Saturday and Sunday we won't be home. We are going to Pilsen.

_____

4.   You are going to write the letter in Czech, aren't you?

_____

5.   We are going to live in a nice, modern borough of Prague.

_____

6.   You can get to Žižkov by streetcar or by bus.

_____

7.   Ms. Lee and her husband will be back from work at six o'clock.

_____

8. Are you going to go to work by car or metro?

   _____

9. And how about your younger son? Is he learning Czech too?

   _____

10. Whom are you talking about? The new officer?

    _____

11. Where does she work? At the Prague airport?

    _____

12. You have to transfer at the third station, which is called Malostranská.

    _____

13. They will have a new apartment near the Embassy.

    _____

14. You will get there on bus No. 120.

    _____

15. How do you usually spend your free time?

    _____

16. His friend, Mr. Žáček, has a nice weekend house near the Berounka River.

    _____

17. You can't buy the farecard on the streetcar. You have to buy it in advance at a tobacco store.

    _____

18. The book about the National Museum is very interesting.

    _____

19. Where are we going to stop for dinner tonight?

    _____

20. I'll bring Ms. Ženíšková's calling card right away. It's on my desk.

    _____

GRAMMAR NOTES

---

1.   **More about "going" in Czech :   aspect**

"Aspect" is a feature of the Czech verb system that has to do with time, but it is not the same as "tense".

We are familiar with "tenses" from our experience with English or other Western European languages. The "tense" of a verb tells about the location of its action along the time axis: past or present or future.

"Aspect", on the other hand, indicates primarily the nature of the action in time, and secondarily whether it is past or present or future. There are two principal "aspects" in Czech. One emphasizes the completed nature of an action. It is called the "perfective" aspect. The action of a verb in the perfective aspect can be pictured as a dot: (•), i.e., the action is thought of as a completed whole.

Podíváme se na ten seznam.
We will have a look at the list.

A tak přijdete do Karmelitské ulice.
And so you will come to Karmelitská ulice.

Doufám, že se neztratím.
I hope I won't get lost.

Jak se dostanu na Americké velvyslanectví?
How will I get to the American Embassy?

The other principal "aspect" expresses the ongoing or repeated nature of an action, (hence uncompleted). This is called the "imperfective" aspect. Both *jít* and *jet* ("go") stand for actions or processes which continue over a period of time. Graphically we might picture the action of these verbs as an unbroken line: (____), i.e., ongoing.

In the present lesson, we have met two more "go" verbs. They are **chodit** and **jezdit** and they indicate the repeated nature of the "going" action.

Jejich syn chodí do školy.
Their son goes to school.

Občas chodí do kina.
Now and then they go to the movies.

Oba jezdí do práce metrem.
Both of them go to work by metro.

V sobotu a v neděli jezdí na chatu.
On Saturdays and Sundays they go to the cottage.

The difference between these two is the same as the difference between *jít* and *jet*: the first stands for going on foot, and the second for going by vehicle. But where *jít* and *jet* stood for continuous single actions, **chodit** and **jezdit** indicate that an action repeats itself regularly. Their graphic representation is therefore a broken line : (_ _ _ _ _)

2.   Talking about the future in Czech

In Czech, "tense" definitely takes a back seat to "aspect". Thus there are two ways of expressing the future tense in Czech, but which one is used depends on whether the verb is perfective or imperfective.

2.a   The future as expressed by perfective verbs.

When a Czech speaker uses a **perfective** verb, he/she is describing an action as an entity - a completed, whole occurrence. Since this is the meaning expressed by perfective verbs, within the "logic" of the system such completed events occur only in the past and the future. (What is occurring in present time is of necessity ongoing and so falls within the meaning range of imperfective verbs.)

Here are some examples of perfective verbs expressing future time:

*Jízdenku **si koupíte** v trafice.*
You will buy the farecard at a tobacco store.

*Do přístroje **vhodíte** korunu.*
You will put a crown into the machine.

*Odtamtud už to **najdu**.*
I will find it from there.

*Jízdenku **proštípnete** v tramvaji.*
You will punch the farecard on the streetcar.

The verb endings are the same ones you learned in Lesson 4. It is the verb stem which is perfective and carries the meanings "completed action, future tense".

Thus a particular verbal meaning in Czech will be expressed by a verb pair - one perfective and one imperfective. Most verbs consist of such pairs - some, however, have only one member, either perfective or imperfective (usually because of the inherent nature of the action, i. e., completed or uncompleted). More of this later.

2.b   The future as expressed by imperfective verbs.

When a Czech uses an imperfective verb, he/she is describing an action as ongoing or repeated. To add to this the meaning of ongoing action in the future, the infinitive of the verb is used, preceded by future forms of the verb "to be" (*být*).

These are:

I	**budu**	we	**budeme**
you (familiar)	**budeš**	you	**budete**
he, she, it	**bude**	they	**budou**

Here are some examples:

Budeme jezdit do práce tramvají.
We will go ("be going") to work by streetcar.

Dcera bude chodit do školky.
The daughter will go ("be going") to kindergarten.

Budou se učit česky.
They will learn ("be learning") Czech.

2.c   Future forms of *být*

These forms, which were presented in (b) above, when used alone, mean (I , you, etc.) will be. Here are examples:

Budu doma v pět hodin.
I will be at home at five o'clock.

Budeme zpátky ve dvě hodiny.
We will be back at two o'clock.

3.   Locative case

3.a   In earlier lessons we have met the following:

V kanceláři je nové rádio.
There is a new radio in the office.

On pracuje na ministerstvu kultury.
He works at the Ministry of Culture.

Vidíte tu tramvaj tam na rohu?
Do you see the streetcar on the corner over there?

The parts of these sentences in boldface are in a new case. Because words in this case refer to location, the case is usually called "locative". (Because it is used only after prepositions, it is also sometimes called "the prepositional" case.)

Here are the locative endings for nouns:

hard nouns			all soft nouns
masculine animate	masculine inanimate + neuter	feminine	masculine (animimate+ inanimate) feminine, neuter
-------- ovi	-------- u	-------- e, ě	-------- i (i)
profesorovi m.	filmu m. metru n.	mapě f. cestě f. zahradě f. ženě f. * Praze f. * sestře f. * studentce f. * střeše f. ** škole f. ** adrese f.	maliři m. stroji m. tabuli f. kanceláři f. letišti n. nádraží n.

Some hard inanimate masculine and neuter nouns may have the ending -ě, -e instead of -u (often after the prepositions na or v), e.g.:

Na Pražském hradě
Na okně
V čísle

*With hard feminine noun stems ending in -h , -ch, -k, and -r there is a consonant change.

h	--- z	Praha	-	Praze
ch	--- š	střecha	-	střeše
k	--- c	studentka	-	studentce
r	--- ř	sestra	-	sestře

** -e occurs after stem vowels l, s, z

3.b Here are the locative forms of the demonstratives and adjectives:

hard adjectives

Mluvíme o	tom	*českém* *českém* *českém* *českém*	*studentovi* *hradu* *muži* *stroji*	(masculine)
	tom	*českém* *českém* *českém*	*kinu* *letišti* *nádraží*	(neuter)
	té	*české* *české* *české*	*škole* *restauraci* *kanceláři*	(feminine)

soft adjectives

Mluvíme o	tom	*mladším* *starším* *mladším* *starším*	*studentovi* *hradu* *muži* *stroji*	(masculine)
	tom	*moderním* *moderním* *moderním*	*kinu* *letišti* *nádraží*	(neuter)
	té	*moderní* *moderní* *moderní*	*škole* *restauraci* *kanceláři*	(feminine)

These then are the adjective endings:

hard adjectives	soft adjectives
---------**ém** (masc. + neuter) ---------**é** (feminine)	---------**ím** (masc. + neuter) ---------**í** (feminine)

3.c   Combination of titles and proper names.

Should both be hard masculine animate nouns, the title has the ending **-u** and the name has **-ovi**.

O doktoru Novákovi
O panu inženýru Kubínkovi
O redaktoru Lendlovi

3.d   The locative of the interrogative pronouns is: **O kom? O čem?**

---

4.   **Occurrence of** *na* **and** *do* **in accusative and genitive phrases**

Jak se dostanu odtud na velvyslanectví?
How can I get **to the Embassy** from here?

Velvyslanec a jeho sekretářka jedou do Prahy.
The ambassador and his secretary are going to **Prague**.

The preposition **na** (followed by the accusative case) and the preposition **do** (followed by the genitive case) both reflect motion toward the destination named by the noun. Both occur in contexts in which they correspond to English "to".

4.a   It's probably best to learn from specific examples which preposition, **na** or **do**, is used. However, the following information may be of interest. **"na"** occurs when the "going" is directed towards:

4.a.1   institutions

Jdu na ministerstvo (univerzitu, poštu).
I am going to the ministry (university, post office).

4.a.2   entertainments

Jdeme na koncert (film, operu).
We are going to the concert (film, opera).

4.a.3   for food and drinks

Pan Brown se zastaví na pivo.
Mr. Brown will drop in for a beer.

Půjdu na večeři.
I will go have supper.

Půjdeme na oběd do restaurace.
We will go to a restaurant for dinner.

160

4.a.4   others

Chci jít na procházku.
I want to go for a walk.

Oni pojedou na výlet.
They will go on a trip.

Chodí na houby.
He goes mushrooming ("for mushrooms").

4.b   When the destination is stated as a building, the preposition **do** is usually used:

Jdu na film do kina.
I am going to the movies to see a film.

Jdeme na oběd do restaurace.
We are going to the restaurant for dinner.

Jdeme na operu do Národního divadla.
We are going to the National Theater to see the opera.

Jejich syn chodí do školy.
Their son goes to school.

---

5.   **Occurrence of prepositions** *na* **and** *v (ve)* **in locative phrases**

Paní Leeová pracuje na velvyslanectví.
Ms. Lee works at the Embasssy.

Sekretářka pracuje v kanceláři.
The secretary works in the office.

Na and *v* (*ve*) are followed by nouns in the locative case when both have something to do with location. The English equivalent of both prepositions is usually "in" or "at". We have seen a similar ambiguity as to which preposition occurs in section 4 above (involving *na* / *do* in accusative and genitive phrases). There is some parallelism:

destinations "to"		locations "at", "in"	
na	(accusative)	*na*	(locative)
do	(genitive)	*v*	(locative)

25

6. Numerals as nouns

There is a special set of numbers in Czech that is used in certain contexts, e.g.:

Na Malou Stranu jezdí šestnáctka.
The 16 goes to Malá Strana.

Musíte přestoupit na pětku.
You must transfer to a 5.

These numbers are hard feminine nouns (e. g.: **pětka** - nom., **pětku** - acc.).

---

7. "Going" - "by" + noun

In this lesson several forms occurred indicating "going" by various means of transportation.

Jezdíme do práce	**metrem**	by metro
We go to work	**autem**	by car
	autobusem	by bus
	vlakem	by train
	tramvají	by streetcar

This ending is a noun case ending called "instrumental". The general use of this case will be dealt with later. In sentences like the following, the noun form of the number is also instrumental.

Ona jezdí do školy pětkou.
She goes to school by (No.) 5.

---

8. Numerals 13 - 100

8.a   Here is a list of the numerals 13 - 100 for reference.

From time to time, your teacher will help you familiarize yourself with them by dictating numbers in Czech for you to write down or by asking you to read out loud your answers to simple math problems in Czech.

třináct	13	*třicet*	30
čtrnáct	14	*čtyřicet*	40
patnáct	15	*padesát*	50
šestnáct	16	*šedesát*	60
sedmnáct	17	*sedmdesát*	70
osmnáct	18	*osmdesát*	80
devatenáct	19	*devadesát*	90
dvacet	20	*sto*	100

8.b   Work with the telephone book practicing names, addresses, and telephone numbers in two-digit sections, e. g., 22 - 43 - 35.

Activity 9: CONVERSATIONAL DRILL

Your teacher will ask you the following questions:

9.a   What do you pass on your way to work?   (gen. sg. of inanimate nouns after prep. **kolem**)

Kolem čeho jezdíte do práce?

9.b   To which countries or cities do you go frequently?   (verb **jezdit**, gen. sg. after prep. **do**)

Kam jezdíte často ... ?

9.c   Do you go to restaurants? What kind? To have what?   (verb **chodit**, gen. sg. after **do**)

Chodíte často do restaurace? Na co?

9.d   Do you go to theaters, movies, or concerts?   (verb **chodit**, gen. after **do** and acc. after prep. **na**)

Chodíte často do ... ? Chodíte také na ... ?

9.e   In which countries are various towns and cities?   (loc. sg. after prep. **v**)

Kde je ... ?

9.f   The following cities are capitals of what countries?   (direct genitive after inanimate nouns)

Berlín je hlavní město ...

Activity 10: SPEAKING ACTIVITY

What is behind this activity?

You will practice your skills in understanding and retaining information you receive concerning the use of mass transit in Prague.

What do we do?

a.   Your teacher will help you to find the starting point on a map of Prague from which you want to get to a specific location, following the instructions in the dialogues.

163

First listen to the dialogue without following it on the map. Check with your teacher about anything you can't understand. If you're really having difficulty, look at the written version of the dialogue, then return to the tape.

Then listen to the dialogue and at the same time try to follow the route on the map. Your teacher may ask you to describe the route.

Cover all five dialogues in this way.

---

b.　Describe in detail how you get to work from home, drawing a map on the blackboard to illustrate your route.

---

c.　Ask your teacher how to get to various locations by car or mass transit. Here are some useful phrases you can use to get information or to verify what you heard.

Jak se jmenuje ta dálnice?

Jaké je číslo té dálnice?

Ta stanice se jmenuje ...

Promiňte, já vám nerozumím.

Na které stanici musím vystoupit?

Vy říkáte, že modrá (červená, oranžová) linka je ..., že ano?

Moment, ...

etc.

READING

For each of the following items, match the English words listed with the corresponding Czech words in the text.

I. Sardinie proti raketám

Řím (čtk) - Den boje proti rozmístění nových amerických raket středního doletu na území Itálie zorganizovali včera obyvatelé Sardinie. Tisíce občanů města Cagliari požadovaly na protiválečné demonstraci zrušení amerických jaderných základen v Itálii a vyzvaly k aktivizaci boje proti militaristickým plánům NATO.

territory
bases
against
citizens
anti-war

II. ★ *KOLUMBIJSKÉ BEZPEČNOSTNÍ SÍLY* zkonfiskovaly *150 tun marihuany, určené pro "vývoz" do Spojených států. Podle komuniké kolumbijské armády se tato operace uskutečnila v departamentu César, 800 kilometrů severně od hlavního města Bogoty. Během minulého týdne kolumbijská policie objevila a zlikvidovala 14 tajných laboratoří na výrobu narkotik. Tažení proti pěstitelům a překupníkům drog zesílilo po zavraždění kolumbijského ministra spravedlnosti Rodriga Lary, který se stal obětí zločinců z "narkotické" mafie.*

liquidated
justice
security forces
manufacture, make
confiscated
secret
export
took place
according to

III. Londýn a Pinochet

Londýn (čtk) - Britská konzervativní vláda hodlá vybavit chilskou fašistickou juntu generála Pinocheta další válečnou lodí - torpédoborcem Antrim o výtlaku 5400 tun - za odhadovanou cenu pěti miliónů liber. Loni vláda Thatcherové, přes světové odsouzení diktátorského režimu v Chile, prodala juntě válečnou loď Norfolk.

another
pounds
government
estimated
condemnation
warship
British

VOCABULARY LIST

auto n.	-	car
byt m.	-	apartment
centrum n.	-	center (downtown of a city)
Československo n.	-	Czechoslovakia
chata f.	-	second home, cottage
čtvrt' f.	-	borough
dcera f.	-	daughter
divadlo n.	-	theater
doma	-	at home
domů	-	home (motion)
dotaz m.	-	question
dovnitř	-	inside (motion)
dvaadvacítka f.	-	No. 22
informace f.	-	information
jejich	-	their
jezdit (III - imp.)	-	to go (by means of a vehicle)
jízdenka f.	-	farecard
když	-	when, if
kino n.	-	movie theater
koupit (III - perf.)	-	to buy
linka f.	-	line
manželka f.	-	wife
metro n.	-	metro
místo n.	-	place
mladší	-	younger
najít (II - perf.) *najdu* *	-	to find
neděle f.	-	Sunday
oba	-	both (of them)
občas	-	now and then
obchod m.	-	store
oběd m.	-	dinner
odsud, odtud	-	from here
okénko n.	-	little window
opera f.	-	opera
písmeno n.	-	letter (of the alphabet)
pošta f.	-	post office
práce f.	-	work
předem	-	in advance, ahead
přes	-	across
přestoupit (III - perf.) *přestoupím* *	-	to transfer
přestupovat (II - imp.) *přestupuji* *	-	to transfer
přijet (II - perf.)	-	to come (by vehicle)
přijít (II - perf.)	-	to come (on foot)
přístroj m.	-	apparatus, turnstile
proštípnout (II - perf.) *proštípnu* *	-	to punch (a ticket)
pustit (III - perf.)	-	to let in
říci (II - perf.) *řeknu* *	-	to say
samozřejmě	-	of course
Sázava f.	-	Sázava (river)
šestnáctka f.	-	No. 16 (nominal form of 16)
sestra f.	-	sister
škola f.	-	school

školka f	-	kindergarten
sobota f.	-	Saturday
spěchat (I-imp.)	-	to hurry
student m.	-	student
studentka f.	-	girl student
svezení n.	-	ride
syn m.	-	son
taxík m.	-	taxi, cab
trafika f.	-	tobacco store
trasa f.	-	route, line
trávit (III-imp.)	-	to spend (time)
vás	-	you (acc. of vy)
vchod m.	-	entrance
večeře f.	-	supper
vejít (II-perf.)	-	to walk in
velký	-	big, large
většinou	-	mostly
vhodit (III-perf.)	-	to insert, to put in
vlak m.	-	train
vracet se (III-imp.)	-	to return, to come back
výlet m.	-	outing, trip
zahrada f.	-	garden
zajít si (II-perf.)	-	to drop by (e.g., for lunch)
zeď f.	-	wall
zelený	-	green

SUPPLEMENT I

Dialogue   1

A: *Prosím vás, můžete mi říci, jak se dostanu na Václavské náměstí?*
B: *Pěšky nebo tramvají?*
A: *Je to pěšky daleko?*
B: *Asi půl hodiny.*
A: *Tak radši pojedu tramvají.*
B: *Jeď'te tramvají číslo 5. Ta jede přímo na Václavské náměstí.*

Dialogue   2

A: *Promiňte, která tramvaj jede na Karlovo náměstí?*
B: *Jeď'te tramvají číslo dvacet dva. Ta jede přímo, takže nemusíte přestupovat.*
A: *Děkuji mockrát.*
B: *Prosím, není zač.*

Dialogue   3

A: *Dobrý večer. Promiňte, že vás obtěžuji. Můžete mi říci, která linka vede k Hlavnímu nádraží?*
B: *Jeď'te zelenou linkou a na stanici, která se jmenuje Muzeum, přestoupíte na červenou linku.*
A: *Musím potom ještě někde přestupovat?*
B: *Ne, nemusíte. Hlavní nádraží je hned první stanice.*
A: *Kolik je to stanic k Muzeu?*
B: *Myslím, že Muzeum je třetí stanice. V každém případě se můžete zeptat na stanici metra.*
A: *Děkuji vám mnohokrát za informaci.*
B: *Prosím. Rádo se stalo.*

Dialogue   4

A: *Promiňte mi, prosím. Můžete mi říci, kterou tramvají se dostanu na Americké velvyslanectví?*
B: *Kde je Americké velvyslanectví?*
A: *Blízko Malostranského náměstí.*
B: *Aha. V tom případě můžete jet pětkou a potom musíte přestoupit na dvaadvacítku.*
A: *Kde musím přestoupit?*
B: *Myslím, že ta stanice se jmenuje Újezd. Zeptejte se řidiče.*
A: *Děkuji vám mockrát.*
B: *Není zač. Nashledanou.*
A: *Nashledanou.*

Dialogue 5

A: *Promiňte, že vás ruším, ale můžete mi řici, který autobus jede do Tróje?*
B: *Kam do Tróje?*
A: *Do zoologické zahrady.*
B: *Myslím, že tam jede autobus číslo 210, ale ten tady nemá zastávku. Musíte dolů na Sokolovskou ulici.*
A: *Musím někde přestupovat?*
B: *Ano, na zastávce, která se jmenuje Pelc Tyrolka.*
A: *Děkuji vám pěkně.*
B: *Prosím, není zač.*

SUPPLEMENT II

(Some Prague boroughs - listed by the prepositions they take)

v - do	na - na
Karlín m.	**Staré Město** n.
Košíře f. (pl.)	**Nové Město** n.
Dejvice f. (pl.)	**Malá Strana** f.
Břevnov m.	**Hradčany** m. (pl.)
Ruzyně f.	**Žižkov** m.
Motol m.	**Vyšehrad** m.
Podolí n.	**Smíchov** m.
Michle f.	**Pankrác** m.
Nusle f. (pl.)	**Vinohrady** m. (pl.)
Libeň f.	**Letná** f. (adj.)
Holešovice f. (pl.)	**Prosek** m.
Josefov m.	
Vysočany m. (pl.)	
Bohnice f. (pl.)	
Bubeneč f.	
Letňany m. (pl.)	
Kbely m. (pl.)	
Vršovice f. (pl.)	
Bráník m.	
Strašnice f. (pl.)	
Střešovice f. (pl.)	

Šestá lekce

SUPPLEMENT III

(Signs you can see on a metro train or a streetcar.)

V metru :

Vstup

Výstup

Držte se pohyblivých madel

Neopírejte se o dveře

V tramvaji:

Nemluvte za jízdy na řidiče

Cestující jsou povinni se za jízdy držet

**Zazní-li zvonkové znamení a rozsvítí-li se nápis
NEVYSTUPUJTE, opusťte urychleně dveřní prostor**

Mladší, uvolněte místo starším

Lekce 7 *Opakovací*

COMMUNICATION AND GRAMMAR REVIEW:	**Communication review**
	Expanded dialogue dealing with a more detailed situation than covered in previous lessons but including the same communication elements. (Discussing preparations for a visiting delegation.)

Grammar review

1. Review of genitive, accusative, and locative cases (nouns, adjectives, and demonstrative pronouns).

2. General review of verbs.

ADDITIONAL GRAMMAR GOALS:

3. Interrogative pronouns *jaký* and *který*.

4. *už - ještě* (positive and negative use).

5. Cardinal numerals above 100.

ADDITIONAL MATERIAL:

1. Tape with unrestricted Czech.

2. Photographs of offices.

3. Magazines.

4. Statistics, train schedules, telephone books.

Sedmá lekce

Activity 1: LISTENING TO UNRESTRICTED CZECH

1. List the parts of the conversation which you understood.

2. What are the people talking about?

3. Did the the same speaker control the conversation stay with all the way through?

4. Pick out three or four words you do not know the meaning of.

5. Find the following phrases:

> *Slyšel jsem, že jedeš do toho Mnichova.*
> *Moc se na to netěším.*
> *Jaká konference to je?*
> *Jedeš sám nebo jedeš s rodinou?*
> *Ona německy neumí.*
> *O čem referuješ, mimochodem?*
> *Ty jsi byl v Mnichově někdy?*
> *Znáš ten hotel?*
> *Jakej program jinak máte?*
> *Konference bude trvat asi pět hodin denně.*
> *Já celkem se o to moc nezajímám.*

Activity 2: REVIEW DIALOGUE

The American Embassy is expecting a cultural delegation from the U. S. A. which is coming to Prague. James Earl Brown and his secretary are discussing various details regarding their accommodations, daily schedules, etc.

The dialogue is in three sections.

Brown: *Dobré ráno, slečno Veselá.*

Veselá: *Dobrý den, pane Browr Dnes budeme mít hodně práce, že?*

Brown: *Ano, budeme. Dnes musíme připravit všechno pro americkou delegaci, která přijede příští měsíc.*

Veselá: *Ubytování pro delegaci je zajištěno. Budou bydlet v hotelu Continental. Bude jich deset, pokud vím.*

Brown: *Ano, to číslo je definitivní. Vedoucím delegace bude spisovatel pan Robert Johnson. To jméno znáte, že ano?*

Veselá: *Ano. Ale neznám pana Johnsona osobně. Vzpomínám si , že pan James Stuart, oblíbený americký zpěvák bude také v delegaci. Velmi se těším, že ho uvidím. Znám ho z československé televize. A kdo ještě přijede?*

Brown: *V delegaci bude také pracovník ministerstva kultury pan Richard Kahane a velmi zajímavá osobnost kulturního života v Americe, pan George Mason, který je dirigentem Pittsburgského symfonického orchestru. Ostatní členy delegace ještě neznám.*

* * * * * * * * * * * * * * * *

Brown: GOOD MORNING, MS. VESELÁ.

Veselá: GOOD MORNING, MR. BROWN. WE ARE GOING TO HAVE A LOT OF WORK TODAY, AREN'T WE?

Brown: YES, WE ARE. TODAY WE MUST PREPARE EVERYTHING FOR THE AMERICAN DELEGATION WHICH IS COMING NEXT MONTH.

Veselá: ACCOMMODATIONS FOR THE DELEGATION HAVE BEEN MADE. THEY WILL BE STAYING AT THE HOTEL CONTINENTAL. THERE WILL BE TEN OF THEM, AS FAR AS I KNOW.

Brown: YES, THE NUMBER IS DEFINITE. THE HEAD OF THE DELEGATION WILL BE MR. ROBERT JOHNSON, THE WRITER. YOU KNOW THE NAME, DON'T YOU?

Veselá: YES, I DO. BUT I DON'T KNOW MR. JOHNSON PERSONALLY. I REMEMBER THAT JAMES STUART, THE POPULAR AMERICAN SINGER, WILL BE IN THE DELEGATION, TOO. I AM VERY MUCH LOOKING FORWARD TO SEEING HIM. I KNOW HIM FROM CZECHOSLOVAK TELEVISION. AND WHO ELSE IS GOING TO COME?

Brown: ALSO IN THE DELEGATION THERE WILL ALSO BE AN OFFICER FROM THE MINISTRY OF CULTURE, MR. RICHARD KAHANE, AND A VERY INTERESTING FIGURE IN THE CULTURAL LIFE IN AMERICA, MR. GEORGE MASON, THE CONDUCTOR OF THE PITTSBURGH SYMPHONY. I DON'T KNOW THE OTHER MEMBERS OF THE DELEGATION YET.

2.a   Summarize what Mr. Brown and Miss Veselá talked about, using the following as a guide:

When will the delegation arrive?
How many are in the delegation?
Is the number definite?
Who is the head of the delegation?
What is his profession?

What are the names of other members of the delegation?
What are the positions or professions of the other members?
Where will the delegation stay?
What about reservations?

If you were in Brown's position, what other questions might you ask?

2.a.1   Form correct sentences by filling in the missing adjective and noun endings.

Brown: *Dobr_ ráno, slečno Veselá.*

Veselá: *Dobr_ den, pane Brown. Dnes budeme mít hodně prác_, že?*

Brown: *Ano, budeme. Dnes musíme připravit všechno pro americk_ _ delegac_, kter_ přijede příšt_ měsíc.*

Veselá: *Ub;tování pro delegac_ je zajištěno. Budou bydlet v hotel_ Continental. Bude jich deset, pokud vím.*

Brown: *Ano, to číslo je definitivn_. Vedoucím delegac_ bude spisovatel pan Robert Johnson. To jmén_ znáte, že ano?*

Veselá: *Ano, ale neznám pan_ Johnson_ osobně. Vzpomínám si, že pan James Stuart, oblíben_ americk_ zpěvák_ bude také v delegac_. Velmi se těším, že ho uvidím. Znám ho z Československ_ televiz_. A kdo ještě přijede?*

Brown: *V delegac_ bude také pracovník ministerstv_ kultur_ pan Richard Kahane a velmi zajímav_ osobnost kulturn_ _ _ život_ v Americ_ pan George Mason, kter_ je dirigentem Pittsburgsk_ _ _ symfonick_ _ _ orchestr_. Ostatní členy delegac_ ještě neznám.*

2.b   Mr. Brown asks Ms. Veselá about arrangements for the visit.

Veselá: *Pokud se týká tiskové konference, která se bude konat příští měsíc, skoro všechno je už zařízeno. Konference bude v malém reprezentačním salonku hotelu Continental.*

Brown: *A co zařízení salonku?*

Veselá: *Bude tam všechno, co potřebujeme. Bude tam telefon, český a anglický psací stroj, magnetofon a některé jiné maličkosti.*

Brown: *Můžete mi řici, jaký bude nábytek v té místnosti? Doufám, že tam bude příjemné prostředí a že se tam naši hosté budou cítit dobře.*

Veselá: *To ještě nevím. To musím zařídit. Myslím, že kolem velkého konferenčního stolu bude křeslo pro každého člena delegace, dva nebo tři gauče a samozřejmě, nějaké malé stolky a podobně.*

Brown: *To vypadá dobře. A nezapomeňte na československou delegaci. Ta bude mít osm členů. Vedoucím delegace bude náměstek ministra kultury Č. S. R.*

Veselá: *Samozřejmě, že nezapomenu. Zařídím všechno do konce tohoto týdne a potom vás budu informovat.*

* * * * * * * * * * * * * * * * * * *

Veselá: AS TO THE PRESS CONFERENCE WHICH WILL TAKE PLACE NEXT MONTH, NEARLY EVERYTHING HAS BEEN TAKEN CARE OF ALREADY. THE CONFERENCE WILL BE IN THE SMALL REPRESENTATION LOUNGE OF THE HOTEL CONTINENTAL.

Brown: AND HOW ABOUT THE FURNISHINGS OF THE LOUNGE?

Veselá: THERE WILL BE EVERYTHING WE NEED. THERE WILL BE A TELEPHONE, A CZECH AND AN ENGLISH TYPEWRITER, A TAPERECORDER AND SOME OTHER SMALL THINGS.

Brown: CAN YOU TELL ME WHAT FURNITURE WILL BE IN THAT ROOM? I HOPE THAT WE WILL HAVE PLEASANT SURROUNDINGS THERE AND THAT OUR GUESTS WILL BE COMFORTABLE.

Veselá: I DON'T KNOW YET. I'LL HAVE TO TAKE CARE OF THAT. I THINK THAT AROUND THE BIG CONFERENCE TABLE THERE WILL BE AN ARMCHAIR FOR EACH MEMBER OF THE DELEGATION, TWO OR THREE SOFAS AND, OF COURSE, SOME SMALL TABLES, ETC.

Brown: THAT SEEMS FINE. AND DON'T FORGET THE CZECHOSLOVAK DELEGATION. IT WILL HAVE EIGHT MEMBERS. THE HEAD OF THE DELEGATION WILL BE THE DEPUTY MINISTER OF CULTURE OF THE Č S R.

Veselá: OF COURSE, I WON'T FORGET. I WILL HAVE TAKEN CARE OF EVERYTHING BY THE END OF THIS WEEK AND THEN I WILL INFORM YOU.

2.b.1   Summarize what was discussed in this section of the dialogue, using the following as a guide:

Where will the press conference be held and when?
Have arrangements been made?
How many are in the Czech delegation?
Who is the head of the delegation?

5

What is his position?
What furniture is in the conference room now?
What special arrangements have been made to accommodate the press?
When will arrangements be completed?

What is your opinion?
Do you think these arrangements are satisfactory for a press conference?
If not, what changes would you suggest?

2.b.2 Form correct sentences by filling in the missing adjective and noun endings.

Veselá: *Pokud se týká tiskov_ konferenc_, kter_ se bude konat příšt_ měsíc, skoro všechno je už zařízeno. Konference bude v mal_ _ reprezentačn_ _ salonk_ hotel_ Continental.*

Brown: *A co zařízení salonk_?*

Veselá: *Bude tam všechno, co potřebujeme. Bude tam telefon, česk_ a anglick_ psac_ stroj, magnetofon a některé jiné maličkosti.*

Brown: *Můžete mi říci, jak_ bude nábytek v té místnost_ ? Doufám, že tam bude příjemn_ prostředí a že se tam naši hosté budou cítit dobře.*

Veselá: *To ještě nevím. To musím zařídit. Myslím, že kolem velk_ _ _ konferenčn_ _ _ stol_ bude křeslo pro každ_ _ _ člen_ delegac_, dva nebo tři gauče a samozřejmě, nějaké malé stolky a podobně.*

Brown: *To vypadá dobře. A nezapomeňte na československ_ _ delegac_. Ta bude mít osm členů. Vedoucím delegac_ je náměstek ministr_ kultur_ ČSR.*

Veselá: *Samozřejmě, že nezapomenu. Zařídím všechno do konc_ příšt_ _ _ týdn_ a potom vás budu informovat.*

2.c A discussion of plans for entertaining the delegation.

Brown: **To je výborné, slečno Veselá. Teď už připravíme jenom program na jejich volné dny po konferenci, že?**

Veselá: **Ano, myslím na to. Můžeme zajistit lístky do divadla na dva večery. První představení se hraje ve známém divadle, které se jmenuje "Na zábradlí". A samozřejmě, musí vidět Národní divadlo, ve kterém se bude hrát opera Antonína Dvořáka "Rusalka". Co na to říkáte?**

6   173

Brown: *To zní také dobře. Myslím, že se jim to bude líbit. A které pražské památky jim ukážeme? Co myslíte?*

Veselá: *Myslím, že v Čedoku zamluvíme okružní jízdu autobusem po Praze. To bude nejlepší.*

Brown: *To je dobrý nápad. Musí vidět Pražský hrad a chrám svatého Víta. Vím, že se budou zajímat o starou Prahu a proto jim ukážeme Staré Město, Malou Stranu a jiné historické památky, o které se Američané zajímají.*

Veselá: *A protože jsou v delegaci jen muži, určitě si zajdou na dobré pivo do nějaké staré restaurace na Malé Straně.*

Brown: *Určitě. A mám ještě jeden návrh. V týdnu, kdy tady budou, se hraje zajímavý hokejový zápas Československo : Švédsko na pražském zimním stadiónu. Myslíte, že můžeme dostat lístky na ten zápas?*

Veselá: *Myslím, že ano. To mohu zamluvit hned. Zavolám Čedok, stejně tam musím dnes volat.*

Brown: *Myslím, že to bude pro dnešek vše. Až všechno zařídíte, informujte mě, prosím, ano?*

Veselá: *Ano, pane Brown. Máme dost času a doufám, že všechno zařídím do konce tohoto týdne.*

* * * * * * * * * * * * * * * * *

Brown: THAT'S EXCELLENT, MS. VESELÁ. SO NOW WE'LL ONLY PREPARE THE PROGRAM FOR THEIR FREE DAYS AFTER THE CONFERENCE, WON'T WE?

Veselá: YES, I AM THINKING ABOUT THAT. WE CAN RESERVE THEATER TICKETS FOR TWO NIGHTS. THE FIRST SHOW IS PLAYING IN A FAMOUS THEATER CALLED **Na zábradlí** AND, OF COURSE, THEY MUST SEE THE NATIONAL THEATER IN WHICH ANTONÍN DVOŘÁK'S OPERA **Rusalka** WILL BE PLAYING. WHAT DO YOU SAY TO THAT?

Brown: THAT SOUNDS GOOD, TOO. I THINK THEY WILL LIKE IT. AND WHAT SIGHTS OF PRAGUE ARE WE GOING TO SHOW THEM? WHAT DO YOU THINK?

Veselá: I THINK WE WILL MAKE RESERVATIONS FOR A BUS TOUR OF PRAGUE AT ČEDOK. THAT WILL BE BEST.

Brown: THAT'S A GOOD IDEA. THEY MUST SEE PRAGUE CASTLE AND SAINT VITUS CATHEDRAL. I KNOW THEY WILL BE INTERESTED IN OLD PRAGUE. THAT'S WHY WE WILL SHOW THEM STARÉ MĚSTO, MALÁ STRANA, AND OTHER HISTORICAL MONUMENTS WHICH AMERICANS ARE INTERESTED IN.

Veselá: AND SINCE THERE ARE ONLY MEN IN THE DELEGATION THEY WILL CERTAINLY DROP IN FOR A GOOD BEER IN SOME OLD RESTAURANT IN MALÁ STRANA.

Brown: FOR SURE. AND I HAVE ONE MORE SUGGESTION. DURING THAT WEEK WHEN THEY ARE HERE THERE WILL BE AN INTERESTING ICEHOCKEY GAME AT THE PRAGUE WINTER STADIUM, CZECHOSLOVAKIA VERSUS SWEDEN. CAN WE GET TICKETS FOR THAT GAME, DO YOU THINK?

Veselá: I THINK WE CAN. I CAN RESERVE THEM RIGHT NOW. I WILL CALL ČEDOK, I MUST CALL THEM TODAY ANYWAY.

Brown: I THINK THAT WILL BE ALL FOR TODAY, MS. VESELÁ. AFTER YOU TAKE CARE OF EVERYTHING, PLEASE LET ME KNOW, WILL YOU?

Veselá: YES, I WILL, MR. BROWN. WE HAVE ENOUGH TIME AND I HOPE EVERYTHING WILL HAVE BEEN TAKEN CARE OF BY THE END OF THIS WEEK.

2.c.1 Summarize what was said in this part of the dialogue, using the following as a guide:

Which opera will the delegation see?
Where is it being presented?
Have reservations been made?
What other show is being considered?
How does Ms. Veselá plan to handle the sightseeing?
With whom will she make arrangements?
What points of interest did Mr. Brown identify?
What other event did Mr. Brown suggest including in the program?
Who will be participating in the event?
How will they get tickets?
How soon can all arrangements be made?

2.c.2 Form correct sentences by filling in the missing adjective and noun endings.

Brown: *To je výborn_, slečn_ Veselá. Teď už připravíme jenom program na jejich volné dny po konferenc_, že?*

Veselá: *Ano, myslím na to. Můžeme zajistit lístky do divadl_ na dva večery. Prvn_ představení se hraje ve znám_ _ divadl_, kter_ se jmenuje "Na Zábradlí". A samozřejmě, musí vidět Národn_ divadl_, ve kter_ _ se bude hrát opera Antonín_ Dvořák_ "Rusalka". Co na to říkáte?*

Brown: *To zní také dobře. Myslím, že se jim to bude líbit. A které pražské památky jim ukážeme? Co myslíte?*

Veselá:	Myslím, že v Čedok_ zamluvíme okružn_ jízd_ autobusem po Praz_. To bude nejlepší.
Brown:	To je dobr_ nápad. Musí vidět Pražsk_ hrad a Chrám svat_ _ Vít_. Vím, že se budou zajímat o star_ _ Prah_ a proto jim ukážeme Star_ Měst_, Mal_ _ Stran_ a jiné historické památky, o které se Američané zajímají.
Veselá:	A protože v delegac_ jsou jen muži, určitě si zajdou na dobr_ piv_ do nějak_ star_ restaurac_ na Mal_ Stran_.
Brown:	Určitě. A mám ještě jeden návrh. V týdn_, kdy tady budou, se hraje zajímav_ hokejov_ zápas Československo : Švédsko na pražsk_ _ zimn_ _ stadión_. Myslíte, že můžeme dostat lístky na ten zápas?
Veselá:	Myslím, že ano. To mohu zamluvit hned. Zavolám Čedok, stejně tam musím dnes volat.
Brown:	Myslím, že to bude pro dnešek vše. Až všechno zařídíte, informujte mě, prosím, ano?
Veselá:	Ano, pane Brown. Máme dost čas_ a doufám, že všechno zařídím do konc_ tohoto týdn_.

NOTES

Ubytování je zajištěno.	-	The accommodations are reserved.
Bude jich deset.	-	There will be ten of them.
Pokud vím.	-	As far as I know.
Vedoucím delegace bude ...	-	The head of the delegation will be ...
Velmi se těším, že ho uvidím.	-	I'm very much looking forward to seing him.
Pokud se týká tiskové konference ...	-	As to the press conference ...
Některé maličkosti.	-	Other small things.
Naši hosté se tam budou cítit dobře.	-	Our guests will be comfortable there.
Dva nebo tři gauče.	-	Two or three sofas.
Nějaké malé stolky.	-	Some small tables.

To vypadá dobře.	-	That looks good.
Nezapomeňte.	-	Don't forget.
Osm členů.	-	Eight members.
Do konce tohoto týdne.	-	By the end of the week.
Co na to řikáte?	-	What do you say to that?
To zní dobře.	-	That sounds good.
Čedok.	-	Czechoslovak Travel Bureau.
To bude nejlepší.	-	That will be best.
To je dobrý nápad.	-	That's a good idea.
Mám ještě jeden návrh.	-	I have one more suggestion.
To bude pro dnešek všechno.	-	That will be all for today.
Až všechno zařidite, inform. jte mě, prosím.	-	After you take care of everything, please let me know.

GRAMMAR NOTES AND PRACTICE

---

1.   Review of cases

1.a   Accusative case

1.a.1   The accusative ending in Czech can indicate that the word it is attached to is the object of a verb. Verbs that occur with objects in the accusative (not all verbs do) are called "transitive". Here are the ones that have occurred so far.

potřebovat	-	to need
psát	-	to write
znát	-	to know
mít	-	to have
chtít	-	to want
přinést	-	to bring
vědět	-	to know
koupit	-	to buy
pustit	-	to let (in)
trávit	-	to spend
číst	-	to read
najít	-	to find

připravit	-	to prepare
informovat	-	to inform
zamluvit	-	to make reservations
zajistit	-	to reserve, ensure
vidět	-	to see

1.a.2   Words following certain prepositions are in the accusative case. Prepositions of this type that have occurred so far are:

na	-	to (motion towards)
o	-	in, of (depending on the verb)
pro	-	for

Here is another common preposition of this type:

přes	-	across, via

1.b.1   Form correct sentences from the following, using nouns and adjectives listed in Supplements II and III.

Znáte už _____ ?
Potřebujete také _____ ?
Paní Nováková má _____ .
On také chce _____ .
Koupím si _____ .
Budeme informovat _____ .
Na mapě vidíte _____ .
Ještě nemám _____ .
Musíš zamluvit _____ .
Slečna Brownová píše _____ .

1.b.2   *Tramvaj jede* **na** _____ .
Sekretářka to píše **pro** _____ .
Také se zajímáte **o** _____ ?
Teď se podíváme **na** _____ .
On to dělá **pro** _____ .
Půjdete **na** _____ .
Pojedeme **přes** _____ .

2.a   Genitive case

2.a.1   A genitive case ending can indicate a particular relationship between nouns. (This may correspond to a noun plus noun construction in English.) For example:

budova velvyslanectví	Embassy building
zastávka tramvaje	streetcar stop

Some occurrences correspond to expressions with "of" in English:

ministerstvo kultury — Ministry of Culture
profesor historie — professor of history

This is also the most common way of indicating possession:

psací stroj pana Browna — Mr. Brown's typewriter
navštívenka pana Hladkého — Mr. Hladky's business card

The object of some verbs has a genitive ending:

Zeptáme se sekretářky. — We will ask the secretary.

Týká se to americké delegace. — It concerns the American delegation.

2.a.2   Words following certain prepositions are in the genitive case:

So far we have come across the following prepositions of this type:

u	-	at, by
vedle	-	next to
do	-	to
bez	-	without
z	-	from
blízko	-	near
od	-	from
kolem	-	around, past
místo	-	instead of
daleko od	-	far from

Here are some more useful prepositions of this type:

uprostřed	-	in the middle (location)
během	-	during, in the course of
okolo	-	round, around
podle	-	according to
kromě	-	except, besides
uvnitř	-	inside (location)

Most hard inanimate masculine nouns take the *-u* ending in the genitive case but some of them take an *-a* ending, e.g.: *blízko kostela.* (Lesson 5, Grammar Note 2.a)

Many nouns of this type are geographical names having the suffix *-ov*, *-ín*, or *-ýn*.

nominative	genitive
Břevnov	*Břevnova*
Smíchov	*Smíchova*
Žižkov	*Žižkova*

Berlín	*Berlína*
Karlín	*Karlína*
Londýn	*Londýna*
Perštýn	*Perštýna*

2.b   Form correct sentences from the following, using nouns and adjectives listed in Supplements II and III.

2.b.1

To je kancelář   _____ .
To je nový byt   _____ .
Ten psací stroj je   _____ .
Kde je slovník   _____ ?

2.b.2

Tady nalevo je budova   _____ .
Toto je fotografie   _____ .
Pan Novák je pracovník   _____ .
Znáte přítele   _____ ?

2.b.3

Zeptáme se   _____ .
Musíte se zeptat   _____ .
To se týká   _____ .
Netýká se to   _____ .

2.b.4

Křeslo je **u**   _____ .
Zastávka je **vedle**   _____ .
V sobotu chodím **do**   _____ .
Nemohu to udělat **bez**   _____ .
Paní Nováková je **z (ze)**   _____ .
Zastávka tramvaje je **blízko**   _____ .
Jak se tam dostanu **od**   _____ ?
Do práce jezdíme **kolem**   _____ .
Budu to psát **místo**   _____ .
Není to **daleko od**   _____ .
Stůl bude **uprostřed**   _____ .
Udělám to **během**   _____ .
Je to **uvnitř**   _____ .
Zahrada je **kolem**   _____ .

3.a   Locative case

3.a.1   The locative case ending most frequently indicates location: the place where somebody is or something takes place, etc. It is accompanied by a preposition (hence the alternate designation of the case: "prepositional").

Here are the prepositions associated with the locative case indicating location that have occurred so far:

na	-	on
v (ve)	-	in, at

One of the prepositions associated with this case has a different meaning:

o	-	about

Here is an additional preposition of this type:

po	-	along, after, on

3.a.2   Form correct sentences from the following, using nouns and adjectives listed in Supplements II and III.

Oni bydlí **na** _____ .
Budou bydlet **v (ve)** _____ .
Ten slovník je **na** _____ .
Učíme se česky **v (ve)** _____ .
Čteme knihu **o** _____ .
Musíte tam jít **po** _____ .
Bude ho informovat **o** _____ .
Bude se to konat **v (ve)** _____ .
Ten film je **o** _____ .

3.b   Various cases

3.b.1   Form correct sentences by inserting the words in parentheses with appropriate nominative, accusative, genitive, or locative case endings.

A: *Pane Novák, víte, že do* _____ *(Praha) přijede* _____
_____ *(americká kulturní delegace)?*

B: *Ano, vím. Přijede příští měsíc. Ale nevím, kde bude* _____
(delegace) bydlet.

A: *Ubytování bude v* _____ *(nový hotel)*
Intercontinental.

B: *Ten* _____ *(hotel) znám, není daleko od* _____
_____ _____ *(budova Amerického velvyslanectví).*

A: *Já se na tu* _____ *(americká delegace) velmi*
těším. Bude to velmi _____ *(zajímavý).*

B: Ano, to bude. Já se těším na _____ (tisková konference).

A: Kde se bude ta_____ (tisková konference) konat?

B: Také v_____ (hotel) Intercontinental. V_____ _____ (malý representační salonek).

A: Tam bude velmi _____ _____ (příjemné prostředí) pro _____ (delegace). A kdo zajistí zařízení _____ _____ (salonek)?

B: Samozřejmě, všechno zajistí slečna Veselá.

A: A kdy se bude konat _____ (tisková konference)?

B: Ta se bude konat v _____ (druhý týden) příštího _____ (měsíc).

A: Naši hosté se určitě budou zajímat o _____ (Stará Praha) a _____ (kulturní život) v_____ (hlavní město).

B: Určitě. Čedok zajistí lístky do_____ (divadlo), do _____ (kino) a také _____ (okružní jízda) po _____ (Praha).

A: Doufám, že se jim to bude líbit.

B: Myslím, že ano. A také si mohou zajít na _____ _____ (hokejový zápas) na_____ (zimní stadión).

A: Víte, _____ (jaký zápas) se bude hrát?

B: Bude to hokejový zápas Československo : Švédsko. A myslím, že si po tom _____ (hokejový zápas) zajdou na _____ (pivo) do _____ (nějaká pražská restaurace) na_____ (Staré Město).

A: Program pro_____ (delegace) je zajímavý, že?

B: Ano, je. O_____ (definitivní program) nás bude slečna Veselá ještě informovat v _____ (příští týden). To už bude pro _____ (delegace) všechno zařízeno.

4.a Write in the appropriate verb form. Then take the part of speaker A or B, with your teacher taking the other. Check your answers. (If you have difficulties with the future forms, see section 2 of the Grammar Notes in Lesson 6.)

4.a.1

A: _____ *(Vzpomínat si), slečno Veselá, kolik členů* _____ *(mít - fut.) československá delegace?*

B: _____ *(Myslet), že ta delegace* _____ *(mít - fut.) osm členů.*

A: _____ *(Přijít) také ministr kultury?*

B: *Ne,* _____ *(nepřijít), místo ministra tam* _____ *(být - fut.) jeho náměstek. Toho vy* _____ *(znát), že?*

A: *Ano, toho už* _____ *(znát).*

_____

4.a.2

A: *Co teď* _____ *(psát), paní Smolíková?*

B: _____ *(Psát) program pro americkou delegaci.*

A: _____ *(Moci se) na ten program podívat?*

B: _____ *(Prosit). Co na to* _____ *(říkat)?*

A: *Ten program* _____ *(vypadat) dobře,* _____ *(být) zajímavý. Čedok* _____ *(zajistit) okružní jízdu po Praze a my jim* _____ *(ukázat) Laternu magiku.*

B: *Ano, a delegace také* _____ *(uvidět) představení v Národním divadle.*

A: *To* _____ *(být) výborné.*

_____

4.a.3

A: *Co* _____ *(dělat - fut.) v sobotu, pane Bezák?*

B: _____ *(Chtít) jít do kina Sevastopol.*

A: *Co se tam* _____ *(hrát)?*

B: _____ *(Hrát se) tam americký film "Kmotr".* _____ *(Znát) ten film, pane Šťastný?*

B: *Ne, ale* _____ *(znát) tu knihu.*

A: *Po představení* _____ *(zajít si) na pivo do restaurace "U černého koně".*

B: *To* _____ *(mít) zajímavý program.*

_____

4.a.4

A: *Pane Svák, já a můj přítel* _____ *(chtít) jít na hokejový zápas Československo : Kanada na zimní stadión. Jak se tam, prosím vás,* _____ *(dostat)?*

B: *Vy* _____ *(bydlet) na Vinohradech, že?*

A: *Ano, já* _____ *(bydlet) na Vinohradech a můj přítel také.*

B: *Tak tam* _____ *(moci) jet metrem.*

A: _____ *(Muset) někde přestupovat?*

B: *Ano, "U muzea"* _____ *(přestoupit) na trasu C a z konečné stanice metra* _____ *(muset) jet autobusem.*

A: *Já* _____ *(doufat), že se tam* _____ *(neztratit - my).*

_____

4.b

Form correct sentences by supplying the appropriate future form of the verb in parentheses. (If you have difficulty, refer to section 2 of the Grammar Notes in Lesson 6.)

1. *Pan Koutný a jeho žena* _____ *(přijet) v neděli.*

2. *Ubytování* _____ *(zajistit) Čedok, že?*

3. *Ve kterém divadle* _____ *(konat se) to představení?*

4. *To* _____ *(netýkat se) německého konzula.*

5. *Kde* _____ *(hrát se) ta opera?*

6. *Po práci* _____ *(spěchat) domů, protože v televizi* _____ *(být) zajímavý program.*

7. *Slečna Modrá a paní Trefilová* _____ *(připravit) nový kulturní program.*

8. *Co* _____ *(dělat) v neděli, pane Ježek?*

9. *Já jim* _____ *(ukázat) Strahov a Loretu.*

10. *Já doufám, že to tam* _____ *(najít).*

11. *Oba* _____ *(jezdit) do práce tramvají.*

12. _____ *(Zajímat se - vy) také o okolí Prahy?*

13. *Příští týden* _____ *(trávit) na chatě, že?*

Sedmá lekce

14. _____ (Dostat se - já) tam metrem nebo autobusem?

15. Já už ten seznam _____ (nepotřebovat).

16. Oni už _____ (nepracovat) na ministerstvu.

17. Kdy _____ (koupit si) nové auto, pane Smith?

18. My _____ (zeptat se) pana Ptáčka. Ten tu ulici _____ (znát).

19. Kam _____ (dát - my) to druhé křeslo?

20. _____ (přestupovat - vy) na čtvrté zastávce.

Activity 3: PRACTICE

3.a   Ask your teacher to form sentences from the following, using the future form of the verbs in parentheses.

1. _____ (Jezdit) do práce autem, pane Brown, že?

2. Do kina _____ (chodit - my) jen v sobotu.

3. Pan Novák a jeho manželka _____ (jezdit) do práce tramvají.

4. Příští týden já a pan Styles _____ (jet) na konferenci do Brna.

5. Já si myslím, že oni _____ (nejezdit) metrem.

6. Já dnes _____ (nejít) do školy.

7. _____ (Jet) tam také, pane Navrátil?

8. Jeho sestra _____ (chodit) do nové školy.

9. Já a slečna Blatná _____ (jít) na procházku.

10. Myslím, že tam _____ (jet) autobusem.

11. Vy také _____ (jít) na oběd do restaurace?

12. My _____ (chodit) na oběd do této restaurace.

13. V neděli _____ (jít - ty) do muzea?

14. Kam _____ (jezdit), paní Kvapilová?

15. Vy tam dnes _____ (nejít), že?

16. Kdy tam _____ (jet), slečno Mužná?

17. A kam _____ (chodit) na večeři vy?

18. Ta nová linka metra _____ (jezdit) na Smíchov.

19. Já tam _____ (jít) bez manželky.

20. Kromě slečny Staré tam _____ (jet) pan Stárek.

3.b   Ask your teacher these questions using either **jaký** or **který**. Determine their meaning by observing the answer.

1. _____ ___ byt má pan Novák?

2. _____ tramvaj jede na Malou Stranu, pětka nebo šestka?

3. _____ je váš psací stroj? Ten černý?

4. V_____ divadle se to hraje?

5. _____ je to zastávka, první nebo druhá?

6. Na_____ seznam se chcete podívat?

7. _____ slovník potřebujete? Ten anglický nebo český?

8. _____ je české pivo?

9. Na_____ ulici mám zahnout doprava?

10. Do_____ restaurace chodíte?

11. Do_____ školy chodí váš syn?

12. V_____ salonku bude ta konference? V malém nebo velkém?

13. _____ je ten nový řidič?

14. _____ je ten americký konzul?

15. _____ magnetofon chcete, ten nový nebo ten starý?

16. _____ je jeho telefonní číslo?

17. _____ autobusem jezdíte? V sedm nebo v osm hodin?

18. Ve_____ budově pracujete? V té moderní nebo v té staré?

19. _____ je ta kniha? Je zajímavá?

20. O _____ práci se zajímáte?

21. _____ je kulturní život v Praze?

22. V _____ měsíci přijede americká delegace?

23. _____ program bude na konferenci?

24. Na _____ stanici mám vystoupit? Na "Malostranské" nebo "Muzeum"?

25. Ve _____ bytě bydlí pan Brown? Nalevo nebo napravo?

27. _____ malíř je pan Zrzavý?

28. _____ křeslo si koupíte? To velké nebo to malé?

29. Ve _____ kině se hraje ten americký film?

30. O _____ delegaci mluvíte? České nebo americké?

To confirm what you have learned, or if you are having difficulty, refer to section 2 of the Additional Grammar Notes.

3.c   Ask your teacher to answer the following questions. Some answers will be positive and some negative. Give the meaning of each answer you get.

1.   Je ta delegace už v Praze?   _____

2.   Chodí už jeho syn do školy?   _____

3.   Je ta delegace ještě v Praze?   _____

4.   Ona už tam pracuje?   _____

5.   Chodí jeho dcera ještě do školy?   _____

6.   Potřebujete ještě ten slovník?   _____

7.   Máte už ten seznam?   _____

8.   Ona tam ještě pracuje?   _____

9.   Píše už sekretářka ten dopis?   _____

10. Ještě se o to zajímáte?   _____

11. Už se na to připravujete?   _____

12.	*Jezdí už pan Brown do práce autem?*	_____
13.	*Už to slovo znáte?*	_____
14.	*Budu už teď přestupovat?*	_____
15.	*Ještě to slovo znáte?*	_____
16.	*Potřebujete už ten slovník?*	_____
17.	*Znáte už slečnu Novou?*	_____
18.	*Ještě se na to připravujete?*	_____
19.	*Máte ještě ten seznam?*	_____
20.	*Chodíte ještě do práce pěšky?*	_____

3.d   Now practice forming correct sentences from the following in the contexts provided.

1. (The American delegation has arrived in Prague.)

   Americká delegace je _____ v Praze.

2. (Mr. Novák stopped working here last month.)

   Pan Novák zde _____ nepracuje.

3. (Ambassador Lee will not have left Prague by tomorrow.)

   Velvyslanec Lee je _____ v Praze.

4. (He has never met Mr. Brown.)

   On _____ pana Browna nezná.

5. (I bought my own dictionary.)

   Já _____ váš slovník nepotřebuji.

6. (We have not received the letter yet.)

   My ten dopis _____ nemáme.

7. (I know this part of town.)

   Já se _____ neztratím.

8. (The rails were removed last month.)

   Tramvaj tady _____ nejezdí.

9. (We will go to Europe this summer.)

   _____ *se na to těšíme.*

10. (The conference is not over.)

    Konference se _____ koná.

3.e   Review of numbers

3.e.1   **Working with the telephone directory.** Choose any entry from the list below. Read the name and the telephone number as used in Czechoslovakia, e.g.:

     ČERNÁ MILADA, 82 37 27 5   (osmdesát dva - třicet sedm - dvacet sedm - pět)

3.e.2   Now read all the information (name, address and telephone number).

Černá Milada 3 Žižkov Na Balkáně	82 37 27 5
Černá Olga 4 Nusle U Svépomoci 6	43 62 59
Černá Olga 5 Smíchov S.M. Kirova 19	54 78 90
Černá Věra 9 Čakovice Máchova 713	71 38 54 9
Černá Věra 5 Koš. Starokošířská 9	54 39 76 4
Černá Věra 5 Koš. Vidoulská 45	52 39 73 1
Černá Věra 9 Prosek Na Vyhlídce 387	83 49 49 6
Černá Věra 5 Smíchov Staropramenná 27	54 29 92
Černá Vilma 10 Vrš. Na spojce 6	72 05 76
Černík Jiří 4 Nusle Lounských 8	42 67 69
Černík Jiří 3 Vin. Jagellonská 11	27 59 61 0
Černík Jiří Ing. 3 Vin. Kouřimská 18	73 34 74
Černík Jiří 3 Žižkov Na vrcholu 2583	82 60 06
Černík Jos. 2 Vin. Makarenkova 20	25 38 20
Černík Jos. 2 Vin. Vinohradská 55	25 58 57 1
Černohorská Jitka 8 Libeň Vosmíkových 26	82 18 14 4
Černohorská Marcela 10 Vrš. Rybalkova 59	74 03 41
Černohorská Marie 7 Holeš. Šmeralova 13	38 92 68
Černohorská Marie 9 Vysoč. Fučíkova 18	23 88 17
Černohorská Marta 10 Vrš. SNB 99	73 76 87 4
Černoch Milan Ing. 1 Hradč. Loretánská 7	53 07 62
Černoch Miroslav 10 Strašn. Průběžná 7	77 87 98

3.e.3   Your teacher will ask you to provide him/her with the telephone number of a particular party, e.g.:

A: *Jaké číslo má Černá Věra?*

B: *Která Černá Věra?*

A: *Černá Věra, Praha 5, Starokošířská 9.*

B: *Ta má číslo_____.*

Now reverse the parts. (As you get better at this, your teacher will vary his/her responses when acting as B.)

3.f   Working with a train schedule.

3.f.1   Choose place names at the left of the schedule (below). Practice reading them aloud - your teacher will help you with the pronunciation. Write on the board a list of 8 - 12 places.

3.f.2   Alternate taking these parts. The person in role B refers to the timetable. The person in role A refers to the list written down in 3.f.1.

A: *V kolik hodin jede vlak do Ostroměře?*

B: *V (5,30).*

A: *A v kolik hodin tam přijede?*

B: *Přijede tam v (6,37).*

Again your teacher will vary his/her responses as the practice progresses.

Hradec Králové	12.57	14.27	14.55	16.11	16.43	18.17
Plotiště nad Labem	13.03	14.32	15.01	-----	16.48	18.27
Všestory	13.08	14.37	15.06	-----	16.53	18.27
Dlouhé Dvory	13.13	14.42	15.11	-----	16.58	18.32
Dohalice	13.18	14.47	15.16	-----	17.03	18.36
Sadová	13.21	14.50	15.19	16.28	17.06	18.39
Hněvčeves	13.32	14.55	15.25	-----	17.12	18.44
Cerekvice nad Bystř.	13.35	14.58	15.28	-----	17.15	18.48
Třebovětice	13.38	15.10	15.31	-----	17.28	18.52
Ječice	13.42	15.14	15.35	-----	17.32	18.57
Hořice v Podkrkonoši	13.47	15.19	15.40	16.43	17.37	19.02
Dobrá Voda u Hořic	13.53	15.25	15.46	-----	17.41	19.08
Ostroměř	14.01	15.33	15.54	16.55	17.49	19.16

3.g Your teacher will provide you with problems for multiplication. Do the multiplication aloud, e.g.:

$$35\,879$$
$$\underline{794}$$

3.h Work with statistical data (prices).

3.h.1 Scan the list (below) for items you know or are able to recognize. Then ask your teacher for the cost of the items for a particular year. (Your teacher will introduce the verb "to cost" - *stát.*) Observing the answers, determine the numerals for hundreds (200 - 900), thousand and million. Write them down.

Maloobchodní ceny vybraných druhů zboži a služeb

Druh zboži a služeb	měrová jednotka	1970	1974	1977
Hodinky náramkové	kus	250.00	250.00	300.00
Fotoaparát (zrcadlovka)	kus	1 500.00	1 800.00	2 300.00
Noviny (měsíční předplatné)	Kčs	12.70	12.70	12.70
Motocykl Jawa (250 ccm)	kus	7 370.00	7 370.00	9 200.00
Auto Škoda (Š 100, Š105)	kus	55 500.00	45 100 .00	56 000.00
Benzín	litr	2.40	4.30	4.30
Elektřina ke svícení	kw	0.70	0.70	0.70
Jízdné: osobní vlak (100 km)	jízdenka	14.00	14.00	14.00
Rozhlasový poplatek	měsíčně	10.00	10.00	10.00
Televízní poplatek	měsíčně	25.00	25.00	25.00
Stříhání vlasů	výkon	5.10	5.00	5.00
Kino	vstupenka	6.00	6.00	6.00
Divadlo	vstupenka	24.00	24.00	24.00
Hotel B	noc	54.20	62.20	62.20

3.h.2 Convert the prices in crowns into dollars using the current exchange rate.

3.h.3 To confirm what you have learned, or if you are having difficulty, refer to section 4 of the Additional Grammar Notes.

3.i   Work with numbers.

3.i.1   Your teacher will first read aloud three-digit numbers. Write them down. Then read the numbers back to the teacher, e.g.:

368   -   *tři sta šedesát osm*

3.i.2   Then your teacher will add another digit to make a four-digit number, e.g.:

3 689   -   *tři tisíce šest set osmdesát devět*

3.i.3   Further digits are added to form numbers up to hundreds of thousands, e.g.:

368 925   -   *tři sta šedesát osm tisíc devět set dvacet pět*

3.i.4   Here is practice on numerals which sound similar. Your teacher will dictate numerals like:

13 - 30 - 33

12 - 19 - 20 etc.

and will ask you to write them out.

3.i.5   Numbers to practice.

368 925	212 835	486 011	691 786
113 416	211 955	434 304	846 887
965 872	888 333	445 354	841 959
681 831	118 696	222 313	988 610
831 005	793 515	717 699	887 019
231 922	814 444	334 431	563 414

3.j   Work with the verbs listed in Supplement I.

3.j.1   Select 20 verbs from the supplement and write sentences, putting the infinitive form in various persons, singular and plural, e.g.:

pracovat

Manželka pracuje na ministerstvu jako sekretářka.

Oni už tam nepracují.

zeptat se

Koho se na to zeptáte?

Ona se zeptá pana Browna.

etc.

3.j.2   Your teacher will practice the verbs orally using the following pattern:

potřebovat

Teacher: *Potřebujete ten český slovník?*

Student: *Ano, potřebuji ten slovník.*

Student B: *Ne, ten český slovník už nepotřebuji.*

Teacher: *Myslíte, že pan Johnson a pan Green (names of other fellow students) potřebují ten slovník?*

Student B: *Ano, myslím, že oni potřebují ten slovník.*

3.k   Write the following sentences in Czech.

1.   You'll have a lot of work next week, won't you?

      _____

2.   When do we have to prepare everything for the press conference?

      _____

3.   Have the accommodations for the delegation been made?

      _____

4. What hotel will they be staying in?

_____

5. Who is going to be the head of the delegation?

_____

6. Is Ms. Lynn also going to be in the delegation?

_____

7. Do you know the name of the conductor of the Boston Symphony Orchestra?

_____

8. When will the American delegation arrive in Prague?

_____

9. Has everything been taken care of concerning the press conference?

_____

10. In which hotel will it take place?

_____

11. Do you think our guests will feel comfortable there?

_____

12. What kind of furniture will there be in the consul's new office?

_____

13. Can you arrange for that by the end of this month?

_____

14. When are you going to prepare the program for their free days?

_____

15. And how about a bus tour of the city? What do you say to that?

_____

16. We can show them Old Prague. They will like it.

_____

17. I think that I can get some tickets for that icehockey game.

_____

18. Do you think they will be interested in the cultural life of Prague too?

_____

19. We'll be waiting for you in the restaurant at the Main Station.

_____

20. When I've taken care of everything, I'll let you know.

_____

Activity 4: LEXICAL DRILL

Form correct sentences from the following and write them down. Your teacher will then provide you with the sentences orally.

Musíme	*připravit všechno pro*	*tisková konference*
	zajistit	*americká delegace*
	zařídit	*pan velvyslanec*
		československá delegace
		okružní jízda po Praze
Těšíme se na		*ten americký zpěvák*
		nový konzul
		představení v divadle
		ten hokejový zápas
		příští měsíc
Vše je zajištěno, pokud se týká		*ta americká delegace*
		tisková konference
		ubytování v hotelu
		program pro delegaci
		okružní jízda po Praze
Sekretářka to zařídí do		*sobota*
		konec týdne
		neděle
		konec měsíce
		příští pátek

Co se buc . át v (na)	Národní divadlo
hraje	to pražské divadlo
	nové kino
	zimní stadión
	divadlo "Na zábradlí"

Pro delegaci zajistíme	Praha
okružní jízdu po	Staré Město
	Československo
	Malá Strana

Bude nás informovat o	tisková konference
	americká delegace
	program divadla
	definitivní návrh
	zařízení salonku

Activity 5: CONVERSATIONAL DRILL

5.a   Now go back to the pictures of the offices and explore the situation in them.

Question: *Vedle čeho je knihovna?*

Answer: *Vedle rádia.*

Question: *Vedle kterého rádia?*

Answer: *Toho malého.*

Question: *Kde je telefon?*
                                                    etc.

5.b   The teacher will place several pictures of an office on the table. Then he/she will describe one of them. The students will have to guess what picture has been described.

Activity 6: SPEAKING ACTIVITY

Your teacher will take the role of a secretary or another Czech employee of the American Embassy. You are a newly arrived U.S. government employee seeking help with the following situations.

6.a   The visitor, who is presently serving at the U. S. Embassy in Warsaw, is coming to Prague with his/her family for three days. You want to find out about suitable accommodations for them, how a sightseeing tour could be arranged, where to spend evenings, and what to show them in the vicinity of Prague.

6.b   Your parents are coming for a two-week visit. You want to find out where to accommodate them, what places to show them in Prague and where to take them in the countryside. You also want to know where to take them in the evening and what cultural events (theater, opera, etc.) will be taking place.

ADDITIONAL GRAMMAR NOTES

---

1.   The future tense of verbs of motion

The verbs *chodit* and *jezdit* form the future tense with the auxiliary verb *budu*.

*Ona **bude chodit** do práce pěšky.*
She will walk to work.

*Oni **budou** často **chodit** do divadla.*
They will go to the theater often.

***Budete** také **chodit** do kanceláře pěšky?*
Will you be walking to the office, too?

*Oni **budou jezdit** na velvyslanectví metrem.*
They will go to the Embassy by metro.

*V sobotu a v neděli **budou jezdit** na chatu.*
On Saturdays and Sundays they will go to the cottage.

*Jeho manželka **bude jezdit** do práce metrem.*
His wife will go to work by metro.

The verbs *jít* and *jet* form the future by adding a prefix. Note that the prefixes are different.

*V sobotu **půjdeme** do kina.*
We will go to the movies on Saturday.

***Půjdete** pořád rovně a pak zahnete doleva.*
You will go straight ahead and then turn left.

*V neděli **nepůjdu** do práce.*
On Sunday I won't go to work.

*Kdy **pojede** pan Novák do Prahy?*
When will Mr. Novák go to Prague?.

***Pojedete** na Václavské náměstí a u muzea zahnete doprava.*
You will drive to Václavske náměstí and then turn left by the museum.

*Kdo **pojede** na tu konferenci?*
Who will go to the conference?

The prefixes occur only as part of the future forms, and do not occur with the infinitives.

infinitive	future
chodit	**budu chodit**
jezdit	**budu jezdit**
jít	**půjdu**
jet	**pojedu**

2. **Jaký - který?**

2.a **Jaký?** - What? What kind of?

This interrogative asks for specific details regarding the word it refers to.

Question: *Jaký psací stroj máte?*
What kind of typewriter do you have?

Answer: *Mám elektrický psací stroj.*
I have an electric typewriter.

2.b **Který ?** - Which?

This interrogative is used when asking someone to identify a particular item or person within a group.

Question: *Který je váš magnetofon?*
Which is your taperecorder?

Answer: *Ten černý, tam napravo.*
The black one, on the right.

3. **Už - už ne, ještě - ještě ne**

3.a **Už** corresponds to "already" and *ještě* to "still". When used with a negative verb, the meaning changes.

Pan Brown je už tady.
Mr. Brown is already here.

Pan Brown už není tady.
Mr. Brown is no longer here.

Paní Leeová je ještě tady.
Ms. Lee is still here.

Paní Leeová ještě není tady.
Ms. Lee is not yet here.

už	- already	**už ne**	- no longer
ještě	- still	**ještě ne**	- not yet

3.b   Czech uses the adverb **už** (already) more often than English.

*On **už** tady pracuje.*
He (already) works here.

*Ona je **už** zaměstnána.*
She is (already) employed.

*Jeho syn **už** chodí do školy.*
His son (already) goes to school.

---

4.   Numerals above 100

100	-	*sto*			
200	-	*dvě stě*			
300	-	*tři sta*			
400	-	*čtyři sta*			
500	-	*pět set*			
600	-	*šest set*			
700	-	*sedm set*	1 000	-	*tisíc*
800	-	*osm set*	1 000 000	-	*milión*
900	-	*devět set*	1 000 000 000	-	*miliarda*

---

5.   Feminine nouns in -st

All feminine nouns ending in **-st** will take the ending **-i** in the genitive and locative. The accusative has the same forms as the nominative.

(nom.)   *To je velká místnost.*
It is a big room.

(acc.)   *Vidíte tu velkou místnost?*
Do you see that big room?

(gen.)   *Jeho kancelář je vedle té místnosti.*
His office is next to that room.

(loc.)   *V té místnosti máme nový nábytek.*
We have new furniture in that room.

READING

I.   What is the subject of the following sentence? What is the object?

★ **New York** - *20. srpna (ČTK) - Politiku vlády Ronalda Reagana kritizovala v interview pro americkou televizní společnost ABC kandidátka Demokratické strany na úřad viceprezidenta USA Geraldine Ferrarová.*

II.   Match the English words listed with the corresponding Czech words in the following texts.

Dallas - *20. srpna (ČTK) - V texaském městě Dallasu začal v pondělí sjezd Republikánské strany, který oficiálně potvrdí kandidáty strany na úřad prezidenta a viceprezidenta pro listopadové volby a schválí rovněž program strany. Jména obou kandidátů - dosavadního prezidenta Reagana a viceprezidenta Bushe - jsou již dávno známa.*

approve
began
confirm
election

R. REAGAN: NOVINÁŘI MĚLI "DRŽET ZOBÁK"

Kandidát Demokratické strany na úřad prezidenta Walter Mondale v rozhlasovém projevu předneseném v Des Moines v Iowě kritizoval Reaganův výrok o jaderném bombardování Sovětského svazu.

"Jaderná válka není žádný žert", zdůraznil Mondale. "V takové válce by nebylo vítězů, protože by ji nikdo nepřežil. To je fakt, který si americký prezident musí uvědomit."

Reagan se zatím v Sedalii ve státě Missouri pokoušel vysvětlit svůj výpad způsobem opravdu svérázným, když řekl: "Kdyby novináři drželi zobák, nikdo by se nic nedověděl." (ČTK)

explain
joke
newspapermen
nuclear
union
(to) shut up
speech
statement
war
winner

203

VOCABULARY LIST

a podobně	-	and so forth, etc.
Čedok m.	-	Czechoslovak Travel Bureau
československý	-	Czechoslovak
cítit se (III - imp.)	-	to feel
člen m.	-	member
delegace f.	-	delegation
dirigent m.	-	conductor
dnes	-	today
dnešek m.	-	today
gauč m.	-	sofa
historický	-	historic, historical
hodně	-	much, many
host m.	-	guest
hrát (II - imp.)	-	to play
je zajištěno	-	it is taken care of, reserved
jich	-	of them (gen. pl. from **oni**)
každý	-	every
kdo ještě?	-	who else?
konat se (I - imp.)	-	to take place
konec m.	-	end
konference f.	-	conference
konferenční	-	conference (adj.)
křeslo n.	-	armchair
líbit se (III - imp.)	-	to like
měsíc m.	-	month
nápad m.	-	idea
návrh m.	-	suggestion
nejlepší	-	the best
oblíbený	-	popular
ode mne	-	from me (gen. of **já**)
okružní jízda f.	-	sightseeing tour
orchestr m.	-	orchestra
osobnost f.	-	personality, figure
ostatní	-	the other, remaining
památka f.	-	monument
představení n.	-	performance
příští	-	next
program m.	-	program
prostředí n.	-	ambience, surroundings
protože	-	because, since
salonek m.	-	lounge
skoro	-	almost
stejně	-	anyway
stolek m.	-	little table
Švedsko n.	-	Sweden
symfonický	-	symphony (adj.)
televize f.	-	television
těšit se (III - imp.)	-	to look forward to
týden m.	-	week
týkat se (I - imp.)	-	to concern
ubytování n.	-	accommodations

ukázat (II -perf.) *ukážu* *	-	to show
uvidět (III - perf.)	-	to see
volný	-	free
všechno, vše	-	all, everything
výborný	-	excellent
vypadat (I -imp.)	-	to look like
vzpomínat si (I - imp.)	-	to remember, to recall
zajímavý	-	interesting
zajistit (III -perf.)	-	to reserve, to secure
zamluvit (III - perf.)	-	to reserve
zápas m.	-	match
zapomenout (II - perf.)	-	to forget
zařídit (III -perf.)	-	to arrange
zařízení n.	-	furnishings
zavolat (I- perf.)	-	to call
zimní	-	winter (adj.)
život m.	-	life
znít (III - imp.)	-	to sound
zpěvák m.	-	singer

Sedmá lekce

The following supplements bring together the verbs, nouns and adjectives that have occurred so far.

SUPPLEMENT I

The first four verbs consist of aspect pairs that have occurred. The remainder are perfective and imperfective verbs for which the other member of the pair has not occurred.

imperfective	perfective
vidět	**uvidět**
přestupovat	**přestoupit**
myslet	dát
potřebovat	podívat se
mít	přinést
psát	zahnout
chtít	dostat se
slyšet	uhnout
znát	ztratit se
dělat	zeptat se
znamenat	koupit
zajímat se	proštípnout
pracovat	vhodit
děkovat	pustit
jezdit	najít
chodit	zajít si
říkat	připravit
doufat	zajistit
vracet se	zařídit
spěchat	zamluvit
trávit	zapomenout
těšit se	ukázat
týkat se	přijít
cítit se	přijet
vypadat	
líbit se	
konat se	
hrát	
vzpomínat si	
znít	
bydlet	
žít	
moci	
stát	
muset	

SUPPLEMENT II

masculine nouns	hard		soft
animate	profesor	pracovník	velvyslanec
	právník	ministr	malíř
	zpěvák	redaktor	umělec
	doktor	náměstek	ředitel
	dirigent	grafik	řidič
	člen	tajemník	zástupce
	konzul	host	vedoucí
	diplomat	vicekonsul	ataše
	asistent		přítel
inanimate	dialog	orchestr	měsíc
	salonek	slovník	adresář
	stolek	kostel	konec
	telefon	chrám	přístroj
	program	seznam	den
	nápad	magnetofon	týden
	obraz	návrh	
	stadión	zápas	
	autobus	dopis	
	byt	klášter	
	taxik	oběd	
	čas	život	
	vchod		

feminine nouns	hard		soft
	budova	křižovatka	delegace
	třída	řeka	televize
	katedrála	mapa	věž
	kniha	knihovna	konference
	pohovka	památka	kancelář
	tužka	jízda	velvyslankyně
	kartotéka	stěna	tajemnice
	obálka	jízdenka	zástupkyně
	trafika	navštívenka	pracovnice
	procházka	cesta	místnost
	koruna	linka	fotografie
	strana	škola	tramvaj
	školka	sobota	maličkost
	zahrada	studentka	židle

Sedmá lekce

feminine nouns (continued)	hard	soft
	manželka	informace
	pošta	stanice
	opera	restaurace
	hodina	čtvrť
	zastávka	práce
	kultura	večeře
		neděle
		ulice
		osobnost

neuter nouns	hard	soft
	muzeum	ubytování
	divadlo	náměstí
	okno	letiště
	křeslo	zařízení
	rádio	prostředí
	auto	představení
	metro	svezení
	centrum	okolí
	číslo	oddělení
	kino	
	okénko	
	Švédsko	
	Československo	
	ministerstvo	

SUPPLEMENT III

adjectives

hard		soft	
americký	žádný	psací	zimní
mostecký	hotový	moderní	okružní
staroměstský	pěkný	telefonní	nejlepší
černý	příjemný	dopisní	
malý	volný	úřední	
nový	promovaný	generální	
český	známý	první	
anglický	druhý	třetí	
pěkný	čtvrtý	hlavní	
světlý	pátý	mladší	
kazetový	zelený	osobní	
česko-anglický	velký	příští	
anglicko-český	oblíbený	definitivní	
nějaký	československý	ostatní	
obyčejný	zajímavý	representační	
symfonický	historický	konferenční	

38   210

Lekce 8   *Hledáme restauraci*

COMMUNICATION GOALS:

1. To be able to find out about restaurants and get directions on how to get to them.

2. To be able to invite someone to lunch or dinner.

GRAMMAR GOALS:

1. Genitive plural of nouns, adjectives and demonstratives after *mnoho, několik, tolik dost, pár, hodně, spousta, řada, kolik,* and numerals 5 and up.

2. Modal verbs *moci, smět, muset* and *chtít.*

ADDITIONAL MATERIAL:

1. Tape with unrestricted Czech.

2. Overheard conversation.

3. A list of Prague restaurants, wine cellars and taverns.

Osmá lekce

1. What is the dialogue about?

2. Are the people cooperating or in conflict?

3. List the parts of conversation you understood.

4. List a couple of words you picked up but do not know the meaning of.

5. Find the following phrases:

    Měli jsme okružní jízdu.

    Viděli jsme toho dost.

    To se musí vidět.

    Snídaně jsme měli v hotelu.

    Mají tam teďka americkou hospodu.

Activity 2: **TASK CONSIDERATION**

As a newcomer to Prague, you may be interested in finding out about good places to have lunch or dinner. One source of such information, of course, is your American colleagues in the Embassy. However, you might also want to get the opinion of a local citizen.

Activity 3:   SAMPLE DIALOGUE (1)

Mr. Brown wants to have lunch somewhere outside the Embassy. He runs into Mr. Ptáček and asks him about a good restaurant in the area.

Brown: *Jak se daří, pane Ptáček?*

Ptáček: *To víte, mám stále mnoho práce. A jak se máte vy, pane Brown?*

Brown: *Děkuji, mám se dobře. Jsem rád, že vás vidím, pane Ptáček. Potřebuji radu. Chci si zajít někam na oběd. Můžete mi doporučit nějakou dobrou restauraci?*

Ptáček: *Jistě. Na Malé Straně je mnoho pěkných hospůdek, vináren a restaurací, kde si můžete dát oběd a vypít skleničku vína. Musí to být někde blízko?*

Brown: *Ne, nemusí. Dnes nespěchám. Mám dost času.*

Ptáček: *V tom případě vám mohu doporučit jednu dobrou vinárnu, kde také podávají obědy. Najdete ji snadno, je blízko Národního divadla na Národní třídě.*

Brown: *Jak se jmenuje ta vinárna?*

Ptáček: *Klášterní vinárna.*

Brown: *V kolik hodin tam otvírají?*

Ptáček: *Ta vinárna je otevřená celý den. Je to jedna z nejlepších vináren v Praze. Chodí tam také mnoho cizinců.*

Brown: *Děkuji vám, pane Ptáček. A musím si tam zamluvit stůl? Co myslíte?*

Ptáček: *Když tam půjdete sám, tak nemusíte.*

* * * * * * * * * * * * * * * * *

Brown: HOW ARE YOU DOING, MR. PTÁČEK?

Ptáček: WELL, YOU KNOW, I ALWAYS HAVE A LOT OF WORK. AND HOW ARE YOU, MR. BROWN?

Brown: THANK YOU, I'M FINE. I'M GLAD TO SEE YOU, MR. PTÁČEK. I NEED SOME ADVICE. I WANT TO GO SOMEWHERE FOR LUNCH. CAN YOU RECOMMEND A GOOD RESTAURANT?

Ptáček: CERTAINLY. IN MALÁ STRANA THERE ARE MANY NICE TAVERNS, WINE CELLARS, AND RESTAURANTS WHERE YOU CAN HAVE LUNCH AND A GLASS OF WINE. DOES IT HAVE TO BE SOMEWHERE NEARBY?

Brown: NO, IT DOESN'T. I'M NOT IN A HURRY TODAY. I HAVE ENOUGH TIME.

Ptáček: IN THAT CASE I CAN RECOMMEND A GOOD WINE CELLAR WHERE THEY ALSO
            SERVE DINNER. YOU'LL FIND IT EASILY. IT'S NEAR THE NATIONAL THEATER
            ON *Národní třída*.

Brown: WHAT'S THE NAME OF THE WINE CELLAR?

Ptáček: *"Klášterní vinárna"*.

Brown: WHAT TIME DO THEY OPEN?

Ptáček: THAT WINE CELLAR IS OPEN ALL DAY. IT'S ONE OF THE BEST WINE CELLARS
            IN PRAGUE. MANY FOREIGNERS GO THERE, TOO.

Brown: THANK YOU, MR. PTÁČEK. DO I HAVE TO RESERVE A TABLE THERE? WHAT
            DO YOU THINK?

Ptáček: WHEN YOU GO THERE ALONE, YOU DON'T HAVE TO.

* * * * * * * * * * * * * * * *

3.a   What Did They Say?

3.a.1   Your teacher will ask these questions. Try to answer from memory. If you can't
remember, check back for the dialogue.

1. *Koho vidí pan Brown?*
2. *Kolik práce má pan Ptáček?*
3. *Jak se má pan Brown?*
4. *Co potřebuje pan Brown?*
5. *Kam si chce zajít?*
6. *Kolik vináren a restaurací je na Malé Straně?*
7. *Spěchá pan Brown a nebo má dost času?*
8. *Jak se jmenuje vinárna, kterou doporučuje pan Ptáček?*
9. *Kde je ta vinárna?*
10. *Je ta vinárna otevřená celý den?*
11. *Je to dobrá vinárna?*
12. *Chodí do té vinárny hodně cizinců?*
13. *Musí si pan Brown zamluvit stůl, když tam půjde sám?*

3.b   Work with the Dialogue

3.b.1   Your teacher will repeat Mr. Brown's lines from the sample dialogue for you to repeat. When you can repeat them fairly well and your pronunciation is reasonably good, take turns with the other students in playing Mr. Brown's part in the dialogue. Your teacher's responses will be close to those in the dialogue at first, but will vary more as time goes on.

3.b.2   Try to fill in the missing stems from memory. If you can't remember, listen to the tape again. Refer to the transcript only as a last resort.

B: Jak se _ _ _í, pane Ptáček?

P: To _íte, mám stále mnoho _ _ _ _e. A jak se _áte vy, pane Brown?

B: _ _ _uji, mám se dobře. Jsem rád, že vás _ _ _ím, pane Ptáček. _ _ _ _ _ _uji radu.
Chci si _ _ _ _it někam na oběd. _ _ _ete mi doporučit nějakou
_ _ _ _ou _ _ _ _ _ _ _ _í?

P: Jisté. Na Malé _ _ _ _ _ _é je mnoho pěkných _ _ _ _ _ _ek, vináren a
_ _ _ _ _ _ _ _í, kde si můžete dát oběd a vypít _ _ _ _ _ _ _ _u
_ _ _a. Musí to být někde blízko?

B: Ne, _ _ _ _ _ _í. Dnes _ _ _ _ _ _ _ám. Mám dost _ _ _u.

P: V tom případě vám mohu _ _ _ _ _ _ _it jednu dobrou _ _ _ _ _ _u, kde také
podávají _ _ _ _y. Najdete ji snadno, je blízko Národního _ _ _ _ _ _a na Národní
_ _ _ _ě.

B: Jak se _ _ _ _uje ta vinárna?

P: Klášterní _ _ _ _ _ _a.

B: V kolik hodin tam _ _ _ _ _ _ají?

P: Ta _ _ _ _ _ _ _a je _ _ _ _ _ _ _á celý den. Je to jedna z nejlepších
_ _ _ _ _ _en v _ _ _ _e. Chodí tam také mnoho _ _ _ _ _ _ů.

B: _ _ _uji vám, pane Ptáček. A musím si tam zamluvit stůl? Co _ _ _ _íte?

P: Když tam _ _ _ _ete sám, tak _ _ _ _ _íte.

3.b.2   Following the same procedure as in 3.b.1, try to fill in the missing endings from memory. If you can't remember, listen to the tape again. Refer to the transcript only as a last resort.

Osmá lekce

B: Jak se dař__, pane Ptáček?

P: To v_ _ __, mám stále mnoho prác_. A jak se m_ _ _ vy, pane Brown?

B: Děk_ _ _, m_ _ se dobře. Jsem rád, že vás vid_ _ _, pane Ptáček. Potřeb_ _ _ rad_.
      Chc_ si zajít někam na oběd. Můž_ _ _ mi doporučit nějak_ _
      dobr_ _ restaurac_?

P: Jistě. Na Mal_ Stran_ je mnoho pěkn_ _ _ hospůd_ _, vinár_ _ a restaurac_, kde si
      můž_ _ _ dát oběd a vypít skleničk_ vín_. Mus_ to být někde blízko?

B: Ne, nemus_. Dnes nespěch_ _. M_ _ dost čas_.

P: V tom případ_ vám mohu doporučit jednu dobr_ _ vinárn_, kde také
      podáv_ _ _ oběd_. Najd_ _ _ ji snadno, je blízko Národn_ _ _ divadl_ na
      Národn_ tříd_.

B: Jak se jmen_ _ _ ta vinárna?

P: Kláštern_ vinárn_.

B: V kolik hodin tam otvír_ _ _?

P: Ta vinárn_ je otevřen_ cel_ den. Je to jedna z nejlepš_ _ _ vinár _ _ v Praze.
      Chod_ tam také mnoho cizinc_.

B: Děk_ _ _ vám, pane Ptáček. A mus_ _ si tam zajistit stůl? Co mysl _ _ _?

P: Když tam půjd_ _ _ sám, tak nemus_ _ _.

3.c   NARRATIVE

Valdštejnská hospoda

   V Praze je jedna stará a známá restaurace, která se jmenuje Valdštejnská
hospoda. Je na Malé Straně, nedaleko stanice metra a blízko Malostranského
náměstí. Chodí tam mnoho diplomatů a pracovníků cizích velvyslanectví a
také řada zahraničních hostů. Tam si můžete dát skleničku vína, dobrý oběd
nebo večeři a v příjemném prostředí si popovídat s přáteli.

   Budova, ve které je teď restaurace, je více než tři sta let stará, ale
restaurace je zde jen asi sto let a je velmi oblíbená. Je otevřená celý den a
kuchyň je tam výborná. A samozřejmě, jako v každé restauraci, i tady
dostanete dobré české pivo.

---

6   21c

Z Valdštejnské hospody se můžete dostat pěšky na Hrad, na Strahov a přes Karlův most se dostanete na Staré město. Nedaleko Valdštejnské hospody je Valdštejnská a Lobkovická zahrada, kam si můžete zajít na koncert nebo divadelní představení. Protože je v okolí tolik zajímavých míst, je tato restaurace populární a doporučuje se zamluvit si stůl předem.

Pan Brown chodí do této restaurace na oběd často. Dnes chce pozvat přítele z Anglického velvyslanectví, který je v Praze jen několik týdnů a tuto starou restauraci ještě nezná.

3.d   **Work with the Narrative**

3.d.1   First listen to the narrative straight through, noting down what you understood and writing down items which you are not quite sure of.

3.d.2   Take turns reading the text aloud, paying particular attention to pronunciation.

3.d.3   When you are quite familiar with the text, your teacher will ask you these questions. Try to answer them from memory. If you have difficulty with them refer back to the narrative.

1.   O čem se mluví v tomto článku?

2.   Ve které pražské čtvrti je Valdštejnská hospoda?

3.   Blízko čeho je ta hospoda?

4.   Chodí tam hodně cizinců?

5.   Co si můžete dát v té restauraci?

6.   Jak stará je budova, ve které je Valdštejnská hospoda?

7.   Jak dlouho je restaurace v té budově?

8.   Kdy je ta restaurace otevřená?

9.   Jaká je tam kuchyň?

10.   Kam se můžete z Valdštejnské hospody dostat pěšky?

11.   Kam si můžete zajít na koncert nebo divadelní představení?

12.   Proč je tato restaurace populární?

13.   Koho chce pan Brown pozvat na oběd?

14.   Ze kterého velvyslanectví je jeho přítel?

15.   Jak dlouho je jeho přítel v Praze?

Activity 4:   **SAMPLE DIALOGUE (2)**

Mr. Brown wants to invite Mr. Novák and his wife to dinner. He calls Mr. Novák on the phone to make arrangements.

Novák: **Prosím.**

Brown: **Tady Brown. Je tam pan Novák?**

Novák: **U telefonu. Dobrý den, pane Brown. Jak se máte?**

Brown: **Děkuji, mám se dobře. A vy?**

Novák: **Děkují za optání, ujde to.**

Brown: **Pane Novák, chtěl bych vás a vaši manželku pozvat na večeři do restaurace. Co tomu říkáte?**

Novák: **Půjdeme s vámi velmi rádi. Ale záleží na tom, kdy.**

Brown: **Co tak někdy příští týden? Máte čas v úterý?**

Novák: **Okamžik, pane Brown. Zeptám se manželky … . Bohužel, úterý nám nevyhovuje. Máme už něco na programu. Může to být ve středu?**

Brown: **Ano, středa se mi také hodí. Takže se sejdeme příští týden ve středu v sedm hodin večer v restauraci "U tří pštrosů", co říkáte?**

Novák: **Ano, souhlasím. Tak tedy ve středu večer v restauraci "U tří pštrosů". A děkuji vám za pozvání.**

Brown: **Těším se tedy na příští týden a doufám, že si pěkně popovídáme. Nashledanou, pane Novák.**

Novák: **Nashledanou, pane Brown, a ještě jednou vám děkuji za pozvání.**

* * * * * * * * * * * * * * * * *

Novák: HELLO?

Brown: THIS IS JAMES BROWN. IS MR. NOVÁK THERE?

Novák: THIS IS NOVÁK SPEAKING. HELLO, MR. BROWN. HOW ARE YOU?

Brown: THANK YOU. I'M VERY WELL. AND YOU?

Novák: THANKS. SO-SO.

Brown: MR. NOVÁK, I WOULD LIKE TO INVITE YOU AND YOUR WIFE TO DINNER AT A RESTAURANT. IS IT O.K. WITH YOU?

Novák: WE'D BE VERY GLAD TO GO. BUT IT DEPENDS ON WHEN.

Brown: HOW ABOUT SOME DAY NEXT WEEK? ARE YOU FREE ON TUESDAY?

Novák: HOLD ON, MR. BROWN. I'LL ASK MY WIFE … . I'M SORRY, TUESDAY ISN'T CONVENIENT. WE HAVE SOMETHING PLANNED. CAN IT BE ON WEDNESDAY?

Brown: YES, WEDNESDAY IS FINE WITH ME, TOO. THE WE'LL MEET NEXT WEEK ON WEDNESDAY AT SEVEN O'CLOCK AT THE *"U tří pštrosů"* RESTAURANT, HOW ABOUT THAT?

Novák: YES, IT'S O.K. WITH ME. SO WEDNESDAY NIGHT AT THE RESTAURANT *"U tří pštrosů"*. AND THANK YOU FOR THE INVITATION.

Brown: I'M LOOKING FORWARD TO SEEING YOU NEXT WEEK AND I HOPE WE WILL HAVE A NICE CHAT. SEE YOU LATER, MR. NOVÁK.

Novák: SEE YOU LATER, MR. BROWN, AND ONCE MORE THANKS FOR YOUR INVITATION.

4.a What Did They Say?

4.a.1   Your teacher will ask you the following questions. Try to answer them from memory. If you can't remember, check back to the dialogue.

1. *Koho chce pan Brown pozvat na večeři?*

2. *Mají pan Novák a paní Nováková čas v úterý?*

3. *Který den jim vyhovuje?*

4. *Proč jim nevyhovuje úterý?*

5. *Ve které restauraci se sejdou?*

6. *V kolik hodin se sejdou "U tří pštrosů"?*

7. *Na co se těší pan Brown?*

4.b   Work with the Dialogue

4.b.1   Try to fill in the missing stems from memory. If you can't remember, listen to the tape again. Refer to the transcript only as a last resort.

N: Prosím.

B: Tady Brown. Je tam pan Novák?

N: U _ _ _ _ _ _ _u. Dobrý den, pane Brown. Jak se _áte?

B: _ _ _uji, mám se dobře. A vy?

N: Děkuji za _ _ _ _ _í, ujde to.

B: Pane Novák, chtěl bych vás a vaši _ _ _ _ _ _ _u pozvat na _ _ _ _ _í do _ _ _ _ _ _ _ _e. Co tomu _ _áte?

N: _ _ _ _eme s vámi velmi rádi. Ale _ _ _ _ _í na tom, kdy.

B: Co tak někdy _ _ _ _ _í týden? _áte čas v úterý?

N: Okamžik, pane Brown. _ _ _ '_ ám se _ _ _ _ _ _ _y ... . Bohužel, úterý nám _ _ _ _ _ _ _uje. Máme už něco na _ _ _ _ _ _ _u. Může to být ve _ _ _ _ _u?

B: Ano, středa se mi také _ _ _í. Takže se _ _ _ _eme příští týden ve středu v sedm hodin večer v _ _ _ _ _ _ _ _ _í "U tří pštrosů", co _ _ _áte?

N: Ano, _ _ _ _ _ _ím. Tak tedy ve _ _ _ _ _u večer v restauraci "U tří _ _ _ _ _ _ů". A _ _ _uji vám za pozvání.

B: _ _ _ím se tedy na _ _ _ _ _í týden a _ _ _ _ám, že si pěkně _ _ _ _ _ _áme. Nashledanou, pane Novák.

N: Nashledanou, pane Brown, a ještě jednou vám děkuji za _ _ _ _ _ _í.

4.b.2   Following the same procedure as in 4.b.1, try to fill in the missing endings.

N: Pros_ _.

B: Tady Brown. Je tam pan Novák?

N: U telefon_. Dobrý den, pane Brown. Jak se m_ _ _?

B: Děk_ _ _, m_ _ se dobře. A vy?

N: Děk_ _ _ za optání, ujde to.

B: Pane Novák, chtěl bych vás a vaši manželk_ pozvat na večeř_ do restaurac_. Co tomu řík _ _ _?

N: Půjd_ _ _ s vámi rád_. Ale zálež_ na tom, kdy.

B: Co tak někdy příšt_ týden? M_ _ _ čas v úterý?

N: Okamžik, pane Brown. Zept_ _ se manželk_ ... . Bohužel, úterý nám nevyhov_ _ _. M_ _ _ už něco na program_. Můž_ to být ve střed_?

B: Ano, středa se mi také hod_. Takže se sejd_ _ _ příšt_ týden ve střed_ v sedm hodin večer v restaurac_ "U tří pštros_", co řík_ _ _?

N: Ano, souhlas_ _. Tak tedy ve střed_ večer v restaurac_ "U tří pštros_". A děk_ _ _ vám za pozván_.

B: Těš_ _ se tedy na příšt_ týden a douf_ _, že si pěkně popovíd_ _ _. Nashledanou, pane Novák.

N: Nashledanou, pane Brown, a ještě jednou vám děk_ _ _ za pozván_.

4.c **NARRATIVE - LETTER**

James Earl Brown, Americké velvyslanectví, Na Tržišti 15, Praha I

Slečno Veselá,

nebudu na velvyslanectví několik dnů, mám jiné povinnosti.

Proto musíte sama zařídit některé věci pokud se týká večírku, který se bude konat příští týden na velvyslanectví.

Koho pozveme? Jak víte, z československo-americké konference už znám několik umělců, hudebníků a zaměstnanců ministerstva kultury. Kromě nich chci pozvat několik dalších důležitých osobností veřejného a politického života.

Na večírku bude také několik představitelů československého filmu a televize, profesorů pražských univerzit a pár redaktorů a novinářů. Jejich seznam přikládám.

Prosím, nezapomeňte! Celkem 40 pozvánek. Do konce tohoto týdne.

Děkuji.
Zdraví
J. E. Brown

Osmá lekce

4.d   Work with the Letter

4.d.1   First your teacher will read the letter for you straight through. Then read it for yourself several times, writing down what you don't understand. Check these items with your teacher.

4.d.2   Now answer the following questions from memory.

1.   Pro koho je tento dopis?

2.   Proč píše pan Brown ten dopis?

3.   Jak dlouho nebude pan Brown na velvyslanectví?

4.   Proč nebude na velvyslanectví?

5.   Kdo zařídí některé věci, které se týkají večírku?

6.   Kdy se bude konat večírek?

7.   Kde se bude konat?

8.   Kolik umělců a hudebníků už zná pan Brown?

9.   Koho chce ještě pozvat kromě nich?

10.   Kolik lidí bude na večírku celkem?

11.   Co přikládá pan Brown?

12.   Kolik pozvánek musí slečna Veselá napsat?

NOTES

V tom případě ...	-	In that case ...
Prosím.	-	Hello. (answering the telephone)
Tady Brown.	-	This is Brown speaking. (When calling)
U telefonu.	-	(Novák, etc.) speaking.
Ujde to.	-	So-so.
Chtěl bych vás pozvat.	-	I would like to invite you.
Půjdeme rádi.	-	We will be glad to go.

12   222

Okamžik.	-	Hold on.
Více než tři sta let.	-	More than three hundred years.
Popovídat si s přáteli.	-	To have a chat with friends.
Jak víte.	-	As you know.
Kromě nich.	-	Besides them.
Jejich seznam přikládám.	-	I am enclosing a list of them. (literally "their list")
Zdraví.	-	Sincerely yours. (When closing a letter)

Activity 5: STRUCTURE AWARENESS I

5.a Reverse Drill

5.a.1 Your teacher will read the following sets of sentences containing singular and plural genitive forms. Listen and try to recognize the difference between the singular and plural constructions.

1.	*Musíte jet okolo toho malého obchodu.*	*Musíte jet okolo těch malých obchodů.*
2.	*Seznam je vedle toho psacího stroje.*	*Seznam je vedle těch psacích strojů.*
3.	*Uděláme to během příštího měsíce.*	*Uděláme to během příštích měsíců.*
4.	*To je místnost českého řidiče velvyslanectví.*	*To je místnost českých řidičů velvyslanectví.*
5.	*Netýká se to českého zaměstnance.*	*Netýká se to českých zaměstnanců.*
6.	*Ta kancelář je bez psacího stolu a křesla.*	*Ta kancelář je bez psacích stolů a křesel.*
7.	*Koupíme to místo toho barevného kalendáře.*	*Koupíme to místo těch barevných kalendářů.*
8.	*To se týká mého dobrého přítele.*	*To se týká mých dobrých přátel.*
9.	*Zastávka je u té moderní budovy.*	*Zastávka je u těch moderních budov.*

10. *Pojedete kolem* **té oblíbené hospůdky.**   *Pojedete kolem* **těch oblíbených hospůdek.**

11. *Kromě* **oblíbeného zpěváka** *a* **zpěvačky** *tam bude redaktor Blatný.*   *Kromě* **oblíbených zpěváků** *a* **zpěvaček** *tam bude redaktor Blatný.*

12. *Chodíte často do* **staroměstské vinárny?**   *Chodíte často do* **staroměstských vináren?**

13. *Je to vedle* **té barevné fotografie.**   *Je to vedle* **těch barevných fotografií.**

14. *Týká se to* **úřední místnosti.**   *Týká se to* **úředních místností.**

15. *Oni budou bydlet daleko od* **té staré čtvrtě.**   *Oni budou bydlet daleko od* **těch starých čtvrtí.**

16. *To je kancelář* **nové pracovnice.**   *To je kancelář* **nových pracovnic.**

17. *Týká se to jen* **tohoto slova.**   *Týká se to jen* **těchto slov.**

18. *Kromě* **malého nádraží** *je tam hlavní nádraží.*   *Kromě* **malých nádraží** *je tam hlavní nádraží.*

19. *Místo* **velkého parkoviště** *tam bude park.*   *Místo* **velkých parkovišť** *tam bude park.*

20. *Budeme často chodit do* **muzea.**   *Budeme často chodit do* **muzeí.**

5.b   **GRAMMAR NOTES**

Genitive plural endings - nouns (general)

5.b.1   Over the whole range of nouns there are three distinctive endings that indicate genitive plural. These are:

-**ů**   -**í**   - zero (no ending)

For example:

Musíte jet okolo těch obchodů.
Seznam je vedle psacích strojů
Uděláme to během příštích měsíců.

Je to vedle těch barevných fotografií.
Oni budou bydlet daleko od těch starých čtvrtí.

Pojedete tam kolem těch moderních budov - .
Týká se to jen těchto slov - .

Words that have no ending (or, we might say, have a zero ending), however, may exhibit changes in the stem. The most common of these occurs when the stem ends in two consonants - here, a vowel is inserted between the consonants, e.g.:

nom. sg.	gen. pl.
vinárna	*vináren*
křeslo	*křesel*

For details, see the following section.

Specifics

5.b.2   Masculine nouns

Na konferenci uvidíte mnoho kulturních pracovníků a umělců.
You will see many cultural officers and artists at the conference.

V jeho kanceláři je několik psacích strojů a magnetofonů.
There are several taperecorders and typewriters in his office.

Pan Brown má v Praze několik přátel.
Mr. Brown has several friends in Prague.

Most masculine nouns take the ending -*ů* in the genitive plural, e.g.:

nom. sg.	gen. pl.
pracovník	*pracovníků*
umělec	*umělců*
stroj	*strojů*
magnetofon	*magnetofonů*

Some masculine nouns have no ending, and of these some also undergo changes in the stem, e.g.:

nom. sg.	gen. pl.
tisíc	*tisíc*
obyvatel	*obyvatel*
přítel	*přátel*
peníze	*peněz*

5.b.3 Feminine nouns

Na Malé Straně je mnoho hospůdek, vináren a restaurací.
There are many taverns and wine cellars in Malá Strana.

Několik kanceláří je také ve druhé budově.
Several offices are also in the other building.

V Praze je málo čtvrtí bez historických památek.
There are few boroughs in Prague without historical monuments.

All hard feminine nouns (endings in *-a* in the nominative singular) have no ending in the genitive plural.

nom. sg.	gen.pl.
škola	*škol*
mapa	*map*
žena	*žen*
budova	*budov*
řeka	*řek*

Most nouns ending in a consonant cluster insert the vowel *-e-* between the consonants , e.g.:

nom. sg.	gen. pl.
památka	*památek*
hospůdka	*hospůdek*
vinárna	*vináren*
zastávka	*zastávek*

Most soft feminine nouns take the ending *-í* in the genitive plural.

nom. sg.	gen. pl.
delegace	*delegací*
tramvaj	*tramvají*
místnost	*místností*
restaurace	*restaurací*
kancelář	*kanceláří*

Those soft feminine nouns which have the suffix *-ice, -íce, -ile, -íle* and *-yně* drop the *-e, -ě*, e.g.:

nom. sg.	gen. pl.
stanice	*stanic*
tajemnice	*tajemnic*
míle	*mil*
zástupkyně	*zástupkyň*
velvyslankyně	*velvyslankyň*

5.b.4   Neuter nouns

Najdete tam mnoho kin, divadel a muzeí.
You will find many movie theaters, theaters, and museums there.

Několik představení se bude hrát v Národním divadle.
Several performances will take place at the National Theater.

V New Yorku je mnoho letišt'.
There are many airports in New York.

Hard neuter nouns (ending in **-o** in the nominative singular) have no ending in the genitive plural.

nom. sg.	gen. pl.
auto	*aut*
kino	*kin*
slovo	*slov*

Most nouns ending in a consonant cluster insert the vowel **-e-** between the consonants, e.g.:

nom. sg.	gen. pl.
okno	*ok**e**n*
křeslo	*křesel*
sto	*set*
číslo	*čísel*
divadlo	*divadel*
but *rádio*	*rádií*

All soft neuter nouns, except of those ending in **-iště**, take the ending **-í** in the genitive plural, e.g.:

nom. sg.	gen. pl.
pole	*polí*
oddělení	*oddělení*
představení	*představení*

Soft neuter nouns ending in **-iště** have no ending in the genitive plural.

nom. sg.	gen. pl.
letiště	*letišt'*
parkoviště	*parkovišt'*
hřiště	*hřišt'*

Nouns ending in **-um**, e.g.: *datum* and *muzeum,* drop the ending **-um** in all cases. In the genitive plural, if this suffix is preceded by a consonant, there is no ending *(datum - dat).* But if the suffix **-um** is preceded by a vowel, the ending **-í** is attached *(muzeum - muzeí).*

Genitive plural endings - Adjectives

5.b.5   There are only two endings for the genitive plural of adjectives: **-ých** for hard adjectives, and **-ích** for soft adjectives.

> *Netýká se to českých zaměstnanců.*
> *Chodíte často do staroměstských vináren?*

> *Ta kancelář je bez psacích strojů.*
> *Týká se to úředních místností.*

The genitive plural for **ten, ta, to** is **těch** for all three genders.

> *Seznam je vedle* **těch** *psacích strojů.*
> *Pojedete kolem* **těch** *moderních budov.*
> *Týká se to* **těchto** *slov.*

5.c   **Tryout**

5.c.1   In this segment you will read aloud each of the following sentences, putting the nouns, adjectives, and demonstrative pronouns into genitive singular or plural forms. Start out working with the nouns only, then include the adjectives, and finally add the demonstrative pronouns.

1.   *Chodí často do (staroměstská vinárna).*

2.   *Co tam bude kromě (stůl a křeslo)?*

3.   *Zastávka je u (ten starý kostel).*

4.   *Uděláme to během (příští týden).*

5.   *To se týká (americký diplomat).*

6.   *Musíte tam jet kolem (ten malý park).*

7.   *To je místnost (řidič) velvyslanectví.*

8.   *Pojedete kolem (ta moderní budova).*

9.   *Místo (velké parkoviště) tam bude park.*

10.   *Seznam je vedle (ten psací stroj).*

18

11. Týká se to jenom (vedoucí pracovník).

12. Je to vedle (ta barevná fotografie).

13. Týká se to (úřední místnost).

14. Pan Brown bydlí daleko od (ta stará čtvrť).

15. Koupíme to místo (ten barevný kalendář).

16. Kromě (oblíbený zpěvák a zpěvačka) tam bude redaktor Blatný.

17. Netýká se to (americký zaměstnanec).

18. To je kancelář (nová pracovnice).

19. Kromě (to malé nádraží) je tam také hlavní nádraží.

20. Ta kancelář je bez (psací stůl a křeslo).

5.c.2   The following sentences feature forms in the genitive singular. Read each one, changing these forms into genitive plural.

1. Musíte jet kolem **té moderní budovy**.

2. Ona stojí vedle **toho amerického zaměstnance**.

3. Netýká se to **toho nového pracovníka**.

4. Bude tam všechno kromě **psacího stroje**.

5. Není to daleko od **Malostranské zahrady**.

6. Je to blízko **toho nového obchodu**.

7. Nemohu to udělat bez **úřední informace**.

8. On často chodí do **restaurace** nebo **kavárny**.

9. Musíte se zeptat **té nové studentky**.

10. Okolo **toho kostela** je park.

11. Místo **té barevné fotografie** tam dáme mapu.

12. Udělají to podle **nejlepšího návrhu**.

13. Bude se to týkat **generálního ředitele**.

14. Není to daleko od **té vysoké věže**.

15. *Místo **té kanceláře** tam bude kavárna.*

16. *Týká se to **nejlepšího řidiče**.*

17. *Zeptáme se **toho moderního malíře**.*

18. *Kromě **muzea** a **divadla** je tam pěkné náměstí.*

19. *Během **hokejového zápasu** je tam spousta lidí.*

20. *Z **krátké procházky** chodí přímo domů.*

21. *Ta místnost je bez **okna**.*

22. *Kromě **křesla** a **židle** tam dáme gauč.*

23. *Nemůžeme tam jít bez **lístku**.*

24. *To se netýká **toho přítele**.*

25. *Musíme pracovat bez **nové tajemnice**.*

26. *Z **té ulice** už to není daleko.*

27. *Z **letiště** bude jezdit autobus.*

28. *Vedle **toho malého hřiště** bude kavárna.*

29. *Kromě **tramvaje** a **autobusu** tam bude jezdit metro.*

30. *Kromě **jeho přítelkyně** tam pracuje paní Slámová.*

5.c.3   Write the following sentences in Czech.

1. The streetcar stop is not far from those tall modern buildings.

   _____

2. That doesn't concern only American employees.

   _____

3. What do you need besides the electric typewriters and casette taperecorders?

   _____

4. We will often go to theaters and museums there.

   _____

5. There you can see several paintings by modern Czech artists.

_____

6. In addition to new stores and restaurants, there will also be a movie theater.

_____

7. The furnishings of these old offices are not veryattractive.

_____

8. Ask the Czech drivers about that.

_____

9. What are we going to put on the wall instead of the color pictures?

_____

10. From those Prague boroughs you can get to Václavské náměstí by bus or by streetcar.

_____

Activity 6:   STRUCTURE AWARENESS II

6.a   Reverse Drill

6.a.1   Listen to your teacher, who will form sentences using items in the columns below. Then try it yourself. (Columns B, C, and D constitute the objects of the sentences.)

A	B	C	D
V Praze je V tomto městě se najde	málo mnoho hodně dost pár několik řada spousta 5, 6, ...	vysoký zimní příjemný veřejný různý starý známý oblíbený nový pěkný malý důležitý zajímavý historický moderní	budova věž kavárna vinárna restaurace stadión divadlo náměstí ulice ministerstvo park muzeum kostel chrám parkoviště křižovatka letiště dům hospůdka
V kanceláři je		nový český malý pěkný kazetový různý anglický německý barevný psací moderní telefonní úřední americký oblíbený obyčejný	stůl papír stolek slovník magnetofon telefon obraz obrázek dopis stroj adresář mapa kniha knihovna tužka kartotéka židle okno křeslo

A	B	C	D
Na konferenci bude Chodí tam V tom oddělení pracuje Příští týden přijede Pojede tam Půjde tam také Do té kavárny chodí	dost mnoho pár hodně málo několik řada spousta 5, 6, ...	nový český anglický německý americký různý příjemný oblíbený moderní zajímavý generální nejlepší kulturní známý důležitý	profesor umělec ministr zpěvák redaktor novinář cizinec řidič doktor zástupce představitel pracovník host přítel diplomat student studentka manželka velvyslankyně tajemnice zástupkyně pracovnice osobnost člen člověk Pražan

A	B	C
Mnoho lidí Kolik cizinců Několik českých zaměstnanců Kolik amerických diplomatů Málo známých osobností Spousta starších lidí Málo amerických pracovníků Deset nových studentů Pár nejlepších pracovnic	přijít pracovat být znát pozvat uvidět přijet psát spěchat bydlet žít zeptat se přestupovat chodit vracet se dostat se mluvit poznat	na velvyslanectví velvyslanectví z velvyslanectví na Malé Straně Malou Stranu na Malou Stranu paní Novákovou pana Lipského do práce z práce v práci anglicky ministerstvo na ministerstvu na ministerstvo na náměstí z náměstí z Malé Strany

233

23

6.a.2 Follow the same procedure as in 6.a.1. (columns B, C, and D constitute the objects of the sentences.)

A	B	C	D
Pan Pivec zná Zajímám se o Na večírek pozveme Uvidíte tam Oni se těší na	mnoho hodně málo pár několik řada spousta dost 5, 6, ...	zajímavý historický staroměstský nový malý český obyčejný pěkný příjemný známý oblíbený veřejný různý moderní úřední nejlepší starý	památka studentka kavárna restaurace muzeum divadlo osobnost pracovník člověk právník zpěvák přítel tajemník diplomat student malíř ředitel umělec cizinec představitel chrám kostel obraz film představení budova cesta opera sekretářka pracovnice

6.a.3   Following your teacher's instructions, go back to 6.a.1 and 6.a.2 and try to do them yourself.

6.a.4   Listen to your teacher, who will form sentences using items in the columns below. Then try it yourself.

A	B	C
Kolik	*dobrý přítel*	*je na velvyslanectví?*
	český zaměstnanec	
	nová kancelář	*pracuje na ministerstvu?*
	zimní stadión	
	historická budova	*je v kanceláři pana Browna?*
	konferenční místnost	
	úřední dopis	*je v té čtvrti?*
	pěkná hospůdka	
	příjemná vinárna	*je v Praze?*
	oblíbený spisovatel	
	moderní malíř	*přijde na konferenci?*
	psací stůl	
	známý umělec	
	zajímavá informace	
	volný stůl	
	vysoká věž	*tady máte?*
	stará budova	
	nový pracovník	
	známá osobnost	*už znáte?*
	pěkná sekretářka	
	moderní čtvrť	
	česká pracovnice	*potřebujete?*
	různý obraz	

Choose one of the questions formed above and use it to obtain an answer from your teacher. The answer will contain one of the quantifiers, or a number from 5 up.

6.b   **GRAMMAR NOTES**

Genitive plural - special uses:

after quantifiers, *kolik* and numbers 5 and up.

Genitive plural endings for nouns, adjectives and demonstratives occur of course in the same contexts as you saw in Lesson 5. In addition, there are other contexts in which genitive plural endings occur, namely with these words when they follow quantifiers which are in the nominative or accusative case. These are the quantifiers that you have met:

1.	*mnoho*	-	many, much
	několik	-	several
	tolik	-	so many, so much
	kolik	-	how many, how much
	málo	-	few, little
2.	*dost*	-	enough
3.	*hodně*	-	many, much
	pár	-	a few, a couple of
4.	*spousta*	-	lots of
	řada	-	a number of

For quantifiers of types 1 - 3, the nominative form (given above) and the accusative form are identical. For type 4, the accusative ending is *-u*, i.e., *spoustu, řadu.*

For example, in the following sentences, the quantifier is in the accusative while the words after it have genitive plural endings:

> *Znám* **několik** *dobrých amerických filmů.*
> I know several good American movies.

> *Uvidíte tam* **spoustu** *historických budov.*
> You will see a lot of historical buildings there.

Here are examples with the quantifier in the nominative, and the words after it in the genitive plural:

> *V Praze je* **mnoho** *kostelů.*
> There are many churches in Prague.

> *Na velvyslanectví pracuje* **několik** *českých zaměstnanců.*
> Several Czech employees work at the Embassy.

One more thing to note: when the quantifier is in the nominative, the verb form in the sentence is always in the singular (*je* and **pracuje** in the sentences above).

Genitive plural endings occur in words after the question word **kolik** "how many, how much". They also occur after the numbers 5 and up, when these are in the nominative or accusative case.

Here are examples:

Q: *Kolik českých zaměstanců pracuje na velvyslanectví?*
A: *Na velvyslanectví pracuje 25 českých zaměstanců.*

Q: *Kolik psacích strojů potřebujete?*
A: *Potřebujeme 12 psacích strojů.*

6.c   Tryout

6.c.1   Fill in the correct forms of the words in parentheses.

1. *Na Malé Straně je mnoho* _____
   (oblíbená restaurace) a _____ *(stará hospůdka).*

2. *V tomto městě se nenajde mnoho* _____
   (historická památka).

3. *V této kanceláři není dost* _____ *(psací stroj) a*
   _____ *(kazetový magnetofon).*

4. *Bude tam jen několik* _____ *(známý umělec).*

5. *Na tu konferenci do Londýna pojede jen šest* _____
   _____ *(americký novinář).*

6. *V tomto oddělení bude pracovat asi dvacet* _____
   _____ *(český zaměstnanec).*

7. *Myslím, že na tom večírku bude spousta* _____
   _____ *(známá osobnost), které ještě neznáte.*

8. *Těším se, že tam uvidíme mnoho* _____
   (slavný umělec) a _____ *(umělkyně).*

9. *Kolik* _____ *(zimní stadión) je v Československu?*

10. *Kolik* _____ *(psací stůl),* _____ *(židle) a*
    _____ *(křeslo) budete potřebovat do* _____
    (tato místnost)?

6.c.2 Form correct sentences from the following, using the appropriate form of the words in parentheses.

A: *Slečno Uhlířová, je na seznamu všechno, co budeme potřebovat?*

B: *Myslím, že ano, pane vedoucí. Můžete se podívat. Do _____ _____ (ta první kancelář) budeme potřebovat pět _____ _____ (psací stroj) a osm _____ (židle) a do _____ _____ (ta druhá kancelář) dvanáct _____ (stůl), šest _____ (křeslo) a pár _____ _____ (malá moderní knihovna).*

A: *A co ostatní zařízení?*

B: *Máme tady několik _____ (telefon), _____ (psací stroj) a _____ (rádio). Koupím ještě pár _____ (kalendář), _____ (obraz) a _____ (mapa). To bude všechno.*

6.c.3 A: *Přijdete také na ten večírek?*

B: *Samozřejmě. Těším se, že poznám mnoho _____ (nový člověk)*

A: *Na večírku bude několik _____ (přítel) pana Sullivana. Přijde také několik _____ (profesor), _____ (student) a _____ (studentka) z _____ (pražská vysoká škola) a několik _____ (významná osobnost) veřejného a kulturního života.*

B: *Víte, kolik _____ (host) přijde na večírek?*

A: *Kromě _____ (český) a _____ (americký zaměstnanec) z velvyslanectví tam bude asi padesát _____ (host).*

6.c.4 A: *Kolik kanceláří _____ (být) v tomto oddělení?*

B: *V tomto oddělení _____ (být) šestnáct kanceláří a _____ (pracovat) tady devadesát osm zaměstnanců.*

A: *Pan Novák a paní Nováková _____ (pracovat) tady?*

B. *Ano, oba _____ (pracovat) v této kanceláři.*

A: *A kolik pracovníků _____ (být) v jedné kanceláři?*

B: *V jedné kanceláři _____ (pracovat) pět nebo šest lidí.*

6.c.5   Write the following sentences in Czech.

1.   There are several little taverns and restaurants here on this street.

    _____

2.   Many Prague pubs open at seven or eight o'clock and they stay open all day.

    _____

3.   Instead of the old houses there will be a parking lot.

    _____

4.   How many employees work in that company?

    _____

5.   There won't be many people at the party. I'll invite just a few friends.

    _____

6.   Many foreign artists, singers, conductors and orchestras will be at the festival.

    _____

7.   In the center of Prague there are not many modern buildings.

    _____

8.   He knows a couple of famous personalities in Bonn.

    _____

9.   Only a few American employees live close to the Embassy.

    _____

10.   A couple of the best students from Prague universities will study in Paris next year.

    _____

Activity 7: STRUCTURE AWARENESS III

7.a   Reverse Drill

7.a.1   Listen to your teacher, who will form sentences using items in the columns below. Then try it yourself.

A	B	C
Já Ty On Ona My Vy Oni Pan Novák a jeho syn Já a ona Můj přítel Vy a pan Zelený	muset moci smět chtít	jít do práce pěšky koupit několik lístků do divadla pracovat bez sekretářky udělat všechno do konce měsíce zajistit program pro konferenci přinést pár zajímavých knih přestoupit na třetí stanici vidět to divadelní představení jezdit do školy metrem podívat se do slovníku zajít si do nějaké restaurace zeptat se toho nového právníka zajít si někam na večeři být na tom večírku odpočinout si po práci také pozvat paní Novákovou

7.a.2   Now your teacher will form sentences with a negative verb.

7.b   GRAMMAR NOTES

Verbs muset, smět, moci, chtít

muset   to have to, must

musím   musíme
musíš   musíte
musí   musí

smět   to be allowed to

smím   smíme
smíš   smíte
smí   smí (smějí)

The alternate form **smějí** is more formal or deferential - its use is becoming less common. Note that the negative form **nesmět** means "must not" or "may not" in English.

moci	to be able to, can
mohu (můžu)	*můžeme*
můžeš	*můžete*
může	*mohou (můžou)*

The alternate forms **můžu, můžou** are becoming more widely used (perhaps because they are more similar to the forms in the rest of the paradigm).

The meaning of this verb corresponds to the English "can" only in the sense of "be able to". It does not correspond to the other meaning of "can" in English, i.e., "know how to". The latter meaning is expressed by a different verb in Czech, as in **Umíte plavat?** Can you (do you know how to) swim?

Some uses of "can" (be able to) in English are handled in a different way in Czech, e.g.:

Can you see it? - **Vidíte to?** (Do you see it?)

chtít	to want
chci	*chceme*
chceš	*chcete*
chce	*chtějí*

(The four verbs above are sometimes referred to as modal verbs.)

7.c   Tryout

7.c   Fill in the correct forms of modal verbs.

1. *Proč_____ (nemoci - vy) přijít na ten večírek?*

2. *Kterou restauraci mi_____ (moci - vy) doporučit, vane Zelený?*

3. *_____ (Muset - vy) to napsat hned?*

4. *_____ (Smět se - já) vás na něco zeptat, pane Nový?*

5. *V té restauraci je příjemné prostředí. _____ (Moci si) tam pěkně popovídat.*

6. *V kolik hodin_____ (moci - já) přijit?*

7. _____ (Nemoci - já) to udělat hned. Mám ted' moc práce.

8. _____ (Chtít - vy) tam jít také?

9. Naše děti _____ (nemuset) jezdit do školy autobusem. _____ (Moci) chodit pěšky.

10. V pražském metru _____ (nesmět - vy) kouřit.

11. Proč tam _____ (nechtít - oni) jít?

12. Lístky na tramvaj _____ (muset si - vy) koupit předem v trafice.

13. Jejich děti _____ (nesmět) chodit večer do kina.

14. _____ (Smět - já) pozvat vás a vaši manželku do restaurace na večeři?

15. _____ (Nemuset - vy) mluvit česky, pane White, _____ (moci - vy) mluvit anglicky.

7.c.2   Fill in the correct forms of modal verbs.

A: Já a pan Lomský si _____ (chtít) zajít na skleničku vína. _____ (Nechtít) jít také?

B: S radostí. Ale záleží na tom, kdy. Ted' _____ (nemoci), _____ (muset) ještě připravit několik dopisů pro sekretářku.

A: _____ (Nemuset) spěchat. _____ (Chtít) jít do restaurace "U Nováků". _____ (Moci) přijít v šest hodin?

B: Ano. _____ (moci). To mi vyhovuje. _____ (Moci) si tam pěkně popovídat. Tak tedy _____ (nemuset) spěchat, že?

A: Ne, _____ (nemuset), máte dost času.

7.c.3   Write in the Czech equivalents of the following sentences, using ***muset, smět, moci,*** or ***chtít*** or their negative forms, as appropriate.

1. I can't do it today.

     _____

2. Ms. Veselá, you have to write it now.

     _____

3. Mr. Novák, can you come at seven o'clock?

     _____

4. Their son is not allowed to go to school by car.

     _____

5. The typewriter doesn't have to be electric.

     _____

6. Is his daughter allowed to go there alone?

     _____

7. You must get to know the new consul.

     _____

8. They can't get there by streetcar. They have to go by car.

     _____

9. She can't do it by the end of the week.

     _____

10. Tonight you can't go to the theater.

     _____

11. You don't have to type it.

     _____

12. We can't come to the party.

     _____

13. We don't have to go to work today because it's Saturday.

   _____

14. Mrs. Střílková can come at nine o'clock.

   _____

15. You can buy the farecard in a tobacco store.

   _____

16. You must not forget that Ms. Lee is coming, too.

   _____

17. Mr. Starý, may I ask you a question?

   _____

18. On Sunday, Mr. Sullivan has to be at the Embassy.

   _____

19. Ms. Hunt and her husband don't have to go to work by car. They can walk.

   _____

20. We don't have to transfer because the bus goes right there.

   _____

244

Activity 8:   LEXICAL DRILLS

Form correct sentences from the following and write them down.

Mohu vás pozvat na	*oběd*
	večeře
	představení v divadle
	opera
	sklenička vína
	pivo
	konference
	chata na Sázavě
Mohu vás pozvat do	*vinárna*
	restaurace na oběd
	muzeum
	Národní divadlo
	kino
Záleží to na	*pan Brown*
	manželka pana Greena
	nový velvyslanec
	Americké velvyslanectví
	pan konsul
Musíme si popovídat o	*ta kniha*
	ten film
	ta nová sekretářka
	ten večírek
	ta konference
Těšíme se na	*sobota*
	neděle
	ten program
	ta opera
	ten anglický film
Těším se, že	*uvidím toho malíře*
	poznám paní Smutnou
	tam také budete
	pojedeme na chatu
	přijedete také

Activity 9: **CONVERSATIONAL DRILL**

9.a   Your teacher will ask you if you know many people at American embassies in Europe.

(genitive plural of animate nouns and locative singular)

Znáte mnoho lidí (pracovníků, zaměstnanců) na Americkém velvyslanectví ve Varšavě?

9.b   Find out who the other students frequently invite to lunch or dinner.

(genitive plural of nouns)

Zvete mnoho cizinců? Vy nezvete hodně přátel? Ale pan X často zve hodně Čechů, že?

9.c   Find out how to get to various places by air, car, bus, or train.

(verb *moci*)

Můžete se do New Yorku dostat autobusem? Musí tam pan X jet vlakem? Nemůžete jet autem?

9.d   Your teacher willl ask about subjects students have to study in American high schools. Ask similar questions about Czech schools.

(verb *muset*)

Musíte studovat češtinu? Musíte studovat také němčinu? Ale on nemusí, že?

9.e   Your teacher will ask you what the main things are a USG employee must know about the country he/she is assigned to.

(verb *muset*, accusative sing.)

Musíte se zajímat o kulturu? Zajímáte se o Československo? O co se musíte zajímat?

9.f   Your teacher will ask you what you are allowed or not allowed to do as a foreign diplomat in a foreign country.

(verbs *smět - nesmět*)

Co (ne) smíte dělat v Československu? Smíte fotografovat letiště? Smíte kouřit v metru?

9.g   What do people want to have in their offices?

(verbs *chtít*, acc. sing. and gen. plural)

Myslíte, že pan Brown chce psací stroj? Co vy budete mít v kanceláři? Kolik židlí chcete? Jaký nábytek tam chcete mít?

9.h In response to your teacher's question, provide information from the table (below) as to the distribution of people of different national origins among the states.

(genitive plural of names of nationalities and loc. singular)

Kolik Čechů žije v Pennsylvánii? Žije mnoho Poláků ve státě New York? Kde žije hodně Číňanů?

Foreign Born and 2nd Generation in U.S.; Countries of Origin (Some states only)

	California	Nebraska	New York	Pennsylvania	Virginia
Mixed parents	3,234.089	170.556	3,885.445	1,687.145	179.518
Foreign born	1,757.990	28.7796	2,109.776	445.895	72.281
U. K.	373.495	11.083	334.424	198.190	32.737
Ireland	109.888	4.846	386.402	118.174	10.162
Norway	69.278	3.183	47.605	5.251	3.077
Sweden	103.913	17.099	52.068	20.370	4.144
Denmark	61.757	13.202	20.911	4.935	2.196
Netherlands	63.772	1.754	32.043	5.691	2.690
Switzerland	44.483	2.054	23.773	8.039	1.640
France	63.449	1.296	56.861	18.484	6.210
Germany	360.656	62.726	516.216	202.611	32.596
Poland	115.833	8.333	557.478	243.752	9.423
Czechoslovakia	*44.964*	*19.551*	*90.641*	*118.856*	*4.675*
Austria	77.382	3.612	237.836	145.815	6.827
Hungary	58.097	1.060	1115.474	62.014	3.814
Yugoslavia	53.868	1.599	41.756	54.424	1.775
USSR	221.198	14.160	569.813	157.348	11.129
Lithuania	22.063	1.428	42.863	43.183	2.040
Greece	43.645	859	90.886	23.196	5.712
Italy	340.675	6.414	1,330.057	444.841	18.026
Other Europe	189.979	3.823	197.966	52.748	8.005
Western Asia	64.565	771	87.036	20.191	6.248
China	136.860	543	66.407	6.010	2.936
Japan	144.335	1.106	17.304	4.480	4.691
Other Asia	222.709	1.428	51.785	15.248	14.060
Canada	439.862	8.247	286.047	47.827	24.048
Mexico	1,112.008	5.552	12.249	4.707	3.167
Cuba	47.699	606	98.479	5.195	4.479
Other America	176.586	1.017	415.906	20.183	10.538

Activity 10: SPEAKING ACTIVITY

10.a   Your teacher will take the role of an FSN employee at the American Embassy. As a newly arrived staff member, find out the name, location and how to get to:

    1.   a good department store

    2.   a good opera theater

    3.   a good antique store

10.b   1.   Invite your teacher for lunch. Find out whether he/she likes Chinese food and make arrangements regarding where and at what time you will meet.

    2.   Invite your teacher and his/her spouse home to dinner. Arrange a time and tell your teacher how to get to your place. Give some idea of what you will have for dinner.

10.c   Referring to the supplement, ask your teacher which restaurants, cafes, and wine shops in the supplement he/she is acquainted with. Then try to find out as much as you can about them, e.g.:

    Is it expensive?
    Do they cook well?
    Is it an ethnic restaurant?
    Which of these would you recommend?
    What price group is it in?
    Do they have any specialties?

Then try to locate the restaurant you chose on a map of Prague and also find out how you would get there from the Embassy by using mass transit.

Activity 11: OVERHEARD CONVERSATION

What is behind this activity?

The purpose of this activity is to challenge you to apply the vocabulary and grammatical constructions you have acquired in understanding Czech which is slightly above your level. The difference between an overheard and the unrestricted conversation is the level of complexity. While unrestricted Czech is truly unrestricted, the overheard conversation is somewhat restricted.

What do we do?

Listen to the dialogue and try to understand as much as you can. If you have difficulties with either grammar or vocabulary, check with your teacher. Then listen once more and brief your teacher on what you understood.

11.a   Work with the Overheard Conversation

Form correct sentences by including the word in parentheses with the appropriate ending. Then listen to the dialogue and compare the sentences you have completed with those on the tape.

1. *Ale to _____ (vědět), pane Johnson, pořád stejně.*

2. *Pomalu si zvykám na_____ (Praha).*

3. *Jsem velmi rád, že vás _____ (vidět).*

4. *Potřeboval bych _____ (rada).*

5. *Vím, že vy dobře znáte _____ (Malá Strana).*

6. *Můžete mi doporučit _____ (nějaká lepší restaurace)?*

7. *Tady máme moře _____ (restaurace) na _____ _____ (Malá Strana).*

8. *Kde bych si mohl dát_____ (nějaký dobrý oběd) a případně vypít_____ (sklenička vína).*

9. *To je přes _____ (Malostranské náměstí) tak asi pět_____ (minuta) od_____ (velvyslanectví).*

10. *Přes oběd tam obyčejně není mnoho _____ (člověk).*

_____

11.b   Listen to the dialogue once again and try to complete the following unfinished sentences.

1. *Ale to víte, pane Johnson,_____ .*

2. *Jsem velmi rád, že vás vidím, _____ .*

3. *Chci si dneska zajít někam _____ .*

4. *Vím, že vy dobře znáte _____ .*

5. *Můžete mi doporučit_____ .*

6. *Chcete kavárnu, nebo chcete restauraci, _____ .*

7. *Případně vypít skleničku vína _____ .*

8. *To je přes Malostranské náměstí, _____ .*

9. *Musím si tam zajistit stůl nebo _____ .*

10. *Ve Valdštejnské hospodě mají otevřeno _____ .*

247

11.c   Answer the following questions on the dialogue.

1.   Kolik práce má pan Johnson?

_____

2.   Na co si pan Johnson pomalu zvyká?

_____

3.   Kam si chce pan Johnson zajít?

_____

4.   Kolik restaurací a vináren je na Malé Straně?

_____

5.   Která restaurace je ideální pro zaměstnance velvyslanectví?

_____

6.   Jak se vaří ve Valdštejnské hospodě?

_____

7.   Jak daleko je Valdštejnská hospoda od velvyslanectví?

_____

8.   Půjde tam pan Johnson pěšky nebo pojede tramvají?

_____

9.   Kdy je Valdštejnská hospoda otevřena?

_____

10. Je tam hodně lidí přes oběd?

_____

11.d   Check your overall understanding of the overheard conversation by answering these questions.

1.   Where do you think these two men are talking? (inside, outside, in a car or in a bus)

     _____

2.   Do you think Mr. Johnson is a newcomer to Prague?

     _____

3.   Do you think that Mr. Procházka is an Embassy employee or a friend of Mr. Johnson?

     _____

4.   Is Mr. Procházka glad that he can help Mr. Johnson?

     _____

5.   Is it hard to find a place in Malá Strana where you can have lunch or dinner?

     _____

6.   What is the difference between Czech and American restaurants during lunch time?

     _____

7.   What beverages are mostly served in a Czech *"hospoda"*?

     _____

8.   Would you walk or go by car to have lunch in Malá Strana and why?

     _____

9.   Do you think that Valdštejnská hospoda is a modern restaurant?

     _____

READING

I.   Match the English words below with the corresponding Czech words in the text.

Kolik je lidí?

Růst počtu obyvatel světa se poprvé poněkud zpomalil, ale ještě zdaleka není stabilizován, vyplývá ze zprávy OSN.. Koncem roku 1983 bylo na zeměkouli 4,76 miliardy lidí a za posledních deset let poklesl roční růst obyvatel Země z dvou na 1,7 procenta. Přesto však za těchto deset let vzrostl počet obyvatel na světě o 800 miliónů. Zpráva OSN předvídá další postupný pokles populačního růstu, ale přesto bude mít zeměkoule v roce 2000 6,1 miliardy obyvatel. Ve 21. století by se měl podle názorů demografů OSN tento počet stabilizovat a lidstvo by se mělo přiblížit k hranici "nulového růstu".

slow down
year
inhabitant
growth
globe
world
gradual
number
opinion

II.   Fit the appropriate Czech words into the appropriate blanks in the text.

Čs. ministr zahraničí
_____ *Polsko*

PRAHA 3.září (ČTK) - Na pozvání _____
zahraničních věcí Polské lidové _____
Štefana Olszowského vykoná v nejbližších dnech
_____ zahraničních věcí ČSSR Bohuslav
Chňoupek oficiální přátelskou _____
v Polské lidové _____ .

navštíví
ministra
ministr
republiky
republice
návštěvu

III.   Fill the blanks in the text with the appropriate Czech word from the following list. As indicated, some words occur twice.

_____ host v Praze

PRAHA 5. září (ČTK) - Na pozvání _____
Federálního shromáždění ČSSR Aloise Indry
přiletěl ve středu na oficiální návštěvu
Československa _____ Národní rady
_____ parlamentu _____
_____ . Pobyt _____ Národní
rady _____ parlamentu
_____ v Československu je
první návštěvou na této úrovni v historii čs.-
_____ parlamentních styků.

švýcarských
švýcarský
švýcarského (2)
předsedy (2)
předseda
Andre Gautier
Andrea Gautiera

IV.   Match the English words listed below with the corresponding words in the list.

Propůjčení řádu republiky

PRAHA 31. srpna (ČTK) - Řád republiky předal v pátek v Praze člen předsednictva a předseda ÚRO Karel Hoffmann v přítomnosti člena předsednictva a tajemníka ÚV KSČ Miloše Jakeše náměstkovi ministra práce a sociálních věci ČSSR Vladimíru Mařikovi při příležitosti jeho 60. narozenin.

Předseda ÚRO Karel Hoffmann předal Vladimíru Mařikovi při příležitosti jeho životního jubilea rovněž dopis předsednictva Ústřední rady odborů.

presidium
occasion
presented
order
letter
conferring
birthday
trade union
central
presence

---

v. Delegace ÚRO ve Vídni

Vídeň 3. září (Od našeho zvláštního zpravodaje) - Na pozvání předsedy Rakouského odborového svazu Antona Benyi přibyla v pondělí do Vídně na čtyřdenní návštěvu čtyřčlenná delegace Ústřední rady odborů vedená členem předsednictva ÚV KSČ a předsedou ÚRO Karlem Hoffmannem.

Na rakouských hranicích v Klein - Hausdorfu uvital K. Hoffmanna a další členy delegace čs. velvyslanec ve Vídni Marek Venuta a zástupci Rakouského odborového svazu (ÖGB).

union
met
arrived
Austrian
representative
led
border

VOCABULARY LIST

bohužel	-	unfortunately, sorry
celkem	-	altogether
celý	-	all, whole
cizinec m.	-	foreigner
čtvrtek m.	-	Thursday
další	-	further
dát si (I - perf.)	-	to have (meals, drinks)
datum n.	-	date
doporučovat (II - imp.)	-	to recommend
důležitý	-	important
hodit se (III - imp.)	-	to be O.K., to be convenient
hospůdka f.	-	little tavern
hřiště n.	-	playground
hudebník m.	-	musician
jak dlouho	-	how long
kolik	-	how many, how much
kuchyň f.	-	cuisine, (kitchen)
lidé m. (pl.)	-	people
míle f.	-	mile
nashledanou	-	see you later
několik	-	several
než	-	than
novinář m.	-	newspaper correspondent
obchodní dům m.	-	department store
obrázek m.	-	little picture
okamžik m.	-	moment
otevírat (I - imp.)	-	to open
otevřený	-	open
pár	-	a few, a couple of
parkoviště n.	-	parking lot
pátek m.	-	Friday
peníze m. (pl.)	-	money
podávat (I - imp.)	-	to serve (meals)
pole n.	-	field
politický	-	political
pondělí n.	-	Monday
popovídat si (I - perf.)	-	to have a chat
povinnost f.	-	duty, obligation
pozvání n.	-	invitation
pozvat (II - perf.)	-	to invite
představitel m.	-	representative
případ m.	-	case
přikládat (I - imp.)	-	to enclose
přítelkyně f.	-	girlfriend
proč	-	why
program m.	-	program
prosím	-	hello (when answering the phone)
rada f.	-	advice
různý	-	different
řada f.	-	a number of
sama	-	alone, yourself (for female speakers)
sejít se (II - perf.)	-	to meet

snadno	-	easily
spěchat *(I - imp.)*	-	to hurry, to be in a hurry
spousta *f.*	-	plenty, lots of
stále	-	always
středa *f.*	-	Wednesday
souhlasit *(III - imp.)*	-	to agree
tedy	-	so
tolik	-	so many, so much
úterý *n.*	-	Tuesday
věc *f.*	-	thing, matter
večírek *m.*	-	party
veřejný	-	public
více	-	more
vinárna *f.*	-	wine cellar
víno *n.*	-	wine
vyhovovat *(II - imp.)*	-	to suit, to be convenient
vypít *(II - perf.)*	-	to drink
záležet *(III - imp.)*	-	to depend
zde	-	here
zdravit *(III - imp.)*	-	to greet
žena *f.*	-	woman, wife

SUPPLEMENT

DINING OUT AND ENTERTAINMENT IN PRAGUE

ALCRON	-	Praha 1, Štěpánská 40, tel. 24 57 41
AMBASSADOR	-	Praha 1, Václavské nám. 322, tel. 22 13 521
BELVEDERE	-	Praha 7, Obránců míru 19, tel. 37 45 95
ESPLANADE	-	Praha 1, Washingtonova 19, tel. 22 60 57
INTERCONTINENTAL	-	Praha 1, nám. Curieových, tel. 620 63
INTERNATIONAL	-	Praha 6, nám. Družby 1, tel. 32 10 51
PALACE	-	Praha 1, Panská 12, tel. 16 83 41
PELIKÁN	-	Praha 1, Na příkopě 7, tel. 617 34
PRAHA EXPO 58	-	Praha 7, Letenské sady, tel.37 45 46
VIKÁRKA	-	Praha 1, Vikářská 6, tel. 53 64 97

SPECIALIZOVANÉ RESTAURACE

BABETA-GRILL-BAR	-	Praha 3, Kolínská 19, tel. 73 166 13
		čínská kuchyně
BERJOZKA	-	Praha Prague 1, Na příkopě, tel. 22 35 88
		ruská kuchyně
CHINESE RESTAURANT	-	Praha 1, Vodičkova 19, tel. 26 26 97
		čínské speciality
FLORA	-	Praha 3, Vinohradská 121, tel. 27 42 41
		francouzská kuchyně
HALLALI GRILL	-	Praha 1, Václavské nám. 5, tel. 22 13 51
		speciality - zvěřina
JADRAN	-	Praha 1, Mostecká 21, tel. 53 46 71
		jugoslávská kuchyně
KOSHER RESTAURANT	-	Praha 1, Maislova 18, tel. 625 41
		tradiční židovská kuchyně
PAŘÍŽ	-	Praha 1, U Obecního domu 1, tel. 617 34
		slovenské speciality
VIOLA TRATTORIA	-	Praha 1, Národní 7, tel. 22 66 73
		italské speciality

VINÁRNY

BZENECKÁ LIPKA	-	Praha 3, Vinohradská, tel. 27 42 41
CARIOCA-ASTRA	-	Praha 1, Václavské nám. 4, tel. 24 01 05
KLÁŠTERNÍ VINÁRNA	-	Praha 1, Národní 8, tel. 29 48 613
LOBKOVICKÁ VINÁRNA	-	Praha 1, Vlašská 17, tel. 53 01 85
OPERA-GRILL	-	Praha 1, Divzdelní 24, tel. 26 55 08
U GOLEMA	-	Praha 1, Maislova 8, tel. 26 18 98
U MECENÁŠE	-	Praha 1, Malostranské nám. 10, tel. 53 38 81
U PASTÝŘKY	-	Praha 4, Bělehradská 4, tel. 43 40 93
U RUDOLFA II	-	Praha 1, Maislova 3, tel. 657 87
U TŘÍ HOUSLIČEK	-	Praha 1, Nerudova 12, tel. 53 50 11
U ZELENÉ ŽÁBY	-	Praha 1, U Radnice 8, tel. 26 18 15

HOSPODY A PIVNICE

ČERNÝ PIVOVAR	-	Praha 2, Karlovo nám. 15, tel. 656 41
U BONAPARTA	-	Praha 1, Nerudova 29, tel. 53 97 80
U DVOU KOČEK	-	Praha 1, Uhelný trh 10, tel. 26 77 29
U KALICHA	-	Praha 2, Na bojišti 12, tel. 29 60 17
U KAŠTANU	-	Praha 6, Bělohorská 147, tel. 35 28 82
U SUPA	-	Praha 1, Celetná 22, tel. 22 30 42
U SV. TOMÁŠE	-	Praha 1, Letenská 12, tel. 53 00 64
U ZLATÉHO TYGRA	-	Praha 1, Husova 17, tel. 26 52 19

ZAHRADNÍ RESTAURACE

BARRANDOV	-	Praha 5, nám. Kříženeckého 322, tel. 53 42 41
KAJETÁNKA	-	Praha 1, Hradčany, Kajetánská zahrada, tel. 53 47 00
MÁNES	-	Praha 1, Gottwaldovo nábř. 1, tel. 29 91 92
PRAHA EXPO 58	-	Praha 7, Letenské sady, tel. 37 45 46
SAVARIN	-	Praha 1, Na příkopě 10, tel. 22 20 66
U LORETY	-	Praha 1, Loretánské nám. 8, tel. 53 60 25

KAVÁRNY

ALFA	-	Praha 1, Václavské nám. 28, tel. 22 32 20
ARCO	-	Praha 1, Hybernská 16, tel. 24 45 25
BELVEDERE	-	Praha 7, Obránců míru 9, tel. 37 47 41
EVROPA	-	Praha 1, Václavské nám. 29, tel. 26 37 84
JALTA	-	Praha 1, Václavské nám. 45, tel. 26 46 79
PASÁŽ	-	Praha 1, Václavské nám. 5, tel. 22 13 51
SLAVIA	-	Praha 1, Národní 1, tel. 26 56 16

BARY A NOČNÍ PODNIKY

ADMIRÁL	-	Praha 5, Hořejší nábř., tel. 54 74 45
BARBERINA	-	Praha 1, Melantrichova 10, tel. 26 10 84
EMBASSY	-	Praha 1, Václavské nám. 5, tel. 22 25 52
LUCERNA	-	Praha 1, Štěpánská 61, tel. 24 61 53
MONICA	-	Praha 1, Charvátova 11, tel. 22 30 91
PARK-CLUB	-	Praha 7, Veletržní 20, tel. 38 07 07
TABARIN	-	Praha 1, Václavské nám. 16, tel. 24 05 23
TATRAN-BAR	-	Praha 1, Václavské nám. 22, tel. 24 82 13
TRILOBIT	-	Praha 5, Kříženeckého 322, tel. 53 44 32

KABARETY

JALTA DANCING REVUE	-	Praha 1, Václavské nám. 45, tel. 26 55 41
TABARIN DRUŽBA	-	Praha 1, Václavské nám. 16, tel. 24 05 23
TATRAN BAR	-	Praha 1, Václavské nám. 22, tel. 24 82 13
VARIETÉ PRAGA	-	Praha 1, Vodičkova 30, tel. 26 53 24

Lekce 9   *V restauraci*

COMMUNICATION GOALS:	To be able to deal with menus and to be able to order and pay for meals in a restaurant.
GRAMMAR GOALS:	1. Nominative and accusative plural of all nouns (except masculine animate nouns) and of adjectives and the demonstrative pronouns *ten/to*, *ta/to*, *to/to*.
	2. Constructions with *rád*.
ADDITIONAL MATERIAL:	1. Tape with unrestricted Czech.
	2. Overheard conversation.

Activity 1: LISTENING TO UNRESTRICTED CZECH

1. Where does the conversation take place?

2. Is the conversation normal or angry?

3. Did any problem arise?

4. What was the most important matter that was discussed?

5. List the parts you understood.

6. Find the following phrases:

> *Máte objednaný stůl, prosím?*
> *Musíte chvilku počkat.*
> *Kolik, prosím vás, vás je?*
> *Tak máte štěstí.*
> *Tady je jídelní lístek.*
> *My nejsme dietní jídelna.*
> *Tady se něco najde.*
> *Přírodní hovězí na houbách.*
> *Chcete k tomu salát nebo nějaký kompot?*
> *Co si dáte k pití?*
> *Máte nějakou minerálku?*
> *Polévku žádnou?*

Activity 2: TASK CONSIDERATION

Suppose you want to dine out at a restaurant that has been recommended to you, perhaps for a particular specialty. You will of course need to have some familiarity with typical Czech dishes, as well as information about the kinds of wine or beer available. Elicit information about menus, how to address the waiter or waitress, how to order, pay, tip, etc. Think of what questions you might want to ask about menu items: what they consist of and how they are prepared (baked, fried, etc.).

Imagine too that you are dining with a Czech couple. Plan some light table conversation: exchanging information on personal histories, and perhaps comparing Czech and American dishes, etc.

Activity 3:   SAMPLE DIALOGUE   (1)

Mr. Brown has invited his Prague friends Mr. and Mrs. Novák to dinner at a restaurant. His wife Julia Brown is the ambassador's secretary. Since she had a sudden change in her schedule, she couldn't be present. Now the Novaks are sitting at the table, and Mr. Brown is trying to find out about various dishes.

Brown: *Tak, co si dáme? České jídelní lístky jsou pro mě ještě problém. Doufám, že mi poradíte, pane Novák.*

Novák: *Samozřejmě, pane Brown. Nebojte se, nějak to vyřešíme. Podíváme se na jídelní lístek spolu, co říkáte?*

Brown: *Budu rád. Vidím, že tady mají velký výběr. Jsou tu polévky, ryby a drůbež, hotová jídla, minutky, nějaké speciality a saláty. Pane Novák, myslím, že nevím, co jsou hotová jídla a co jsou minutky.*

Novák: *Na hotová jídla nemusíte dlouho čekat, ale minutky se musí teprve připravit a proto to chvíli trvá.*

Brown: *A co nápoje a zákusky? Ty tady nikde nevidím.*

Novák: *Nápoje a zákusky nám doporučí servírka nebo vrchní. Aspoň doufám. Jaké maso máte rád, pane Brown? Hovězí, telecí nebo vepřové?*

Brown: *Já bych si dal hovězí nebo telecí.*

Novák: *Pokud se týká telecího, tak jsou tady smažené řízky a bramborový salát nebo místo salátu brambory.*

Brown: *Co jsou to "řízky", pane Novák?*

Novák: *Řízky, to je smažené maso, obalované ve strouhance.*

Brown: *Ale to není příliš dietní, že?*

Novák: *Bohužel ne. Jako všechna smažená jídla.*

Brown: *V tom případě bude lepší nějaké hovězí. A co svíčková na smetaně, to je hovězí nebo vepřové maso?*

Novák: *To je hovězí a k tomu jsou knedlíky a brusinky. To si dám já.*

Brown: *To vypadá dobře, tak to zkusím také. A co si dáte vy, paní Nováková?*

Nováková: *Asi grilované kuře a hranolky. To je moje oblíbené jídlo. Už jste jedl české houskové knedlíky, pane Brown?*

Brown: *Ano, už několikrát. Už jsem jedl některá typická česká jídla jako vepřovou pečeni, knedlíky a zelí, dokonce i švestkové knedlíky a musím říci, že jsou vynikající.*

Nováková: *Také musíte zkusit některé slovenské speciality jako halušky s brynzou a zbojnický guláš. Ale zapomněli jsme na polévku, pane Brown.*

Brown: *Máte pravdu. Jsou tady dva druhy. Hovězí s rýží a zeleninová. Já si dám hovězí s rýží. A vy?*

Nováková: *My také.*

Brown: *A co si dáme k pití?*

Nováková: *Já ráda piji červené víno a manžel má rád pivo.*

* * * * * * * * * * * * * * * * *

Brown: WELL, WHAT ARE WE GOING TO HAVE? CZECH MENUS ARE STILL A PROBLEM FOR ME. I HOPE YOU'LL ADVISE ME, MR. NOVÁK.

Novák: CERTAINLY, MR. BROWN. DON'T WORRY, WE'LL WORK IT OUT SOMEHOW. WE'LL HAVE A LOOK AT THE MENU TOGETHER, WHAT DO YOU SAY?

Brown: I'LL BE GLAD TO. I SEE THEY HAVE A WIDE CHOICE HERE. THERE ARE SOUPS, FISH AND POULTRY, *hotová jídla, minutky*, SOME SPECIALTIES, AND SALADS. MR. NOVÁK, I'M AFRAID I DON'T KNOW WHAT *hotová jídla* AND *minutky* ARE.

Novák: YOU DON'T HAVE TO WAIT FOR *hotová jídla*, BUT *minutky* MUST BE PREPARED AND THEREFORE IT TAKES AWHILE.

Brown: AND HOW ABOUT DRINKS AND DESSERTS? I DON'T SEE THEM ANYWHERE HERE.

Novák: THE WAITER OR THE WAITRESS WILL RECOMMEND DRINKS AND DESSERTS. AT LEAST I HOPE SO. WHAT KIND OF MEAT DO YOU LIKE, MR. BROWN? BEEF, VEAL, OR PORK?

Brown: I WOULD LIKE TO HAVE BEEF OR VEAL.

Novák: FOR VEAL, THEY HAVE FRIED *řízky* WITH POTATO SALAD, OR ELSE POTATOES INSTEAD OF THE SALAD.

Brown: WHAT IS *řízky*, MR. NOVÁK?

Novák: *Řízky* IS FRIED MEAT IN BREADCRUMBS.

Brown: IT ISN'T VERY LIGHT, IS IT?

Novák: UNFORTUNATELY IT ISN'T, LIKE ALL FRIED FOODS.

Brown: IN THAT CASE BEEF WILL BE BETTER. AND HOW ABOUT *svíčková* WITH CREAM SAUCE? IS THAT BEEF OR PORK?

Novák: IT'S BEEF, WITH DUMPLINGS AND CRANBERRIES. I'LL HAVE THAT.

Brown: IT LOOKS GOOD. I'LL TRY IT, TOO. AND WHAT ARE YOU GOING TO HAVE, MRS. NOVÁKOVÁ?

Nováková: PROBABLY BROILED CHICKEN AND FRENCH FRIES. IT'S MY FAVORITE DISH. HAVE YOU HAD CZECH ROLL DUMPLINGS YET, MR. BROWN?

Brown: YES, SEVERAL TIMES. I'VE HAD SOME TYPICAL CZECH DISHES, LIKE ROAST PORK, DUMPLINGS AND SAUERKRAUT, AND EVEN PLUM DUMPLINGS, AND I MUST SAY THEY ARE OUTSTANDING.

Nováková: YOU MUST ALSO TRY SOME SLOVAK SPECIALTIES, SUCH AS *halušky s brynzou* AND *zbojnický guláš*. BUT WE HAVE FORGOTTEN THE SOUP, MR. BROWN.

Brown: YOU'RE RIGHT. THERE ARE TWO KINDS HERE, BEEF SOUP WITH RICE AND VEGETABLE SOUP. I'LL HAVE THE BEEF SOUP WITH RICE. AND YOU?

Nováková: SAME FOR US.

Brown: AND WHAT ARE WE GOING TO DRINK?

Nováková: I LIKE RED WINE AND MY HUSBAND LIKES BEER.

3.a **What Did They Say?**

Your teacher will ask the questions given below. Try to answer from memory. If you can't remember, check back to the dialogue.

1. *Má pan Brown problémy s českým jídelním lístkem?*

2. *Kdo mu poradí?*

3. *Jaký výběr jídel mají v té restauraci?*

4. *Co nevidí pan Brown na jídelním lístku?*

5. *Která česká slova pan Brown nezná?*

6. *Na která jídla se musí dlouho čekat?*

7. *Kdo doporučí nápoje a zákusky?*

8. *Jaké maso má rád pan Brown?*

9. *Co jsou to "řízky"?*

10. *Jsou "řízky" dietní jídlo?*

11. *Co si dá pan Brown?*

12. *Které je oblíbené jídlo paní Novákové?*

13. *Která typická česká jídla už pan Brown jedl?*

14. *Jaké speciality doporučuje paní Nováková?*

15. *Které polévky jsou na jídelním lístku?*

16. *Jaké víno pije ráda paní Nováková?*

3.b **Work with the Dialogue**

3.b.1 Your teacher will repeat James Brown's lines from the sample dialogue for you. Repeat them until you can handle them fairly well with reasonably good pronunciation. Take turns with the other students in playing James Brown's part in the dialogue and your teacher taking the other part. Your teacher's responses will be close to those in the dialogue at first, but will vary later.

3.b.2 Try filling in the missing stems from memory. If you have difficulty, listen to the tape again. Refer to the transcript only as a last resort. Each blank indicates one letter.

B: *Tak, co si __áme? _ _ _ _ _é _ _ _ _ _ _ _í lístky jsou pro mě ještě problém.*
    _ _ _ _ám, že mi poradíte, pane Novák.

N: *Samozřejmě, pane Brown. Nebojte se, nějak to _ _ _ _ _íme. _ _ _ _ _áme se na jídelní lístek spolu, co _ _ _áte?*

B: *Budu rád. Vidím, že tady __ají velký výběr. Jsou tu polévky, ryby a drůbež, hotová _ _ _ _ _a, minutky, _ _ _ _ _ _é speciality a saláty. Pane Novák, _ _ _ _ _ím, že nevím, co jsou _ _ _ _ _á jídla a co jsou minutky.*

N: *Na hotová _ _ _ _ _a nemusíte dlouho čekat, ale _ _ _ _ _ _ _y se _ _ _í teprve připravit a proto to chvíli _ _ _á.*

B: *A co _ _ _ _ _ _e a zákusky? Ty tady nikde _ _ _ _ _ím.*

N: *Nápoje a _ _ _ _ _ _ _y nám doporučí servírka nebo _ _ _ _ _í.*
    Aspoň _ _ _ _ám. Jaké maso __áte rád, pane Brown? Hovězí, telecí nebo vepřové?

B: *Já bych si _ _ _l hovězí nebo telecí.*

N: *Pokud se týká _ _ _ _ _ího, tak jsou tady smažené _ _ _ _y a _ _ _ _ _ _ _ _ý salát nebo místo _ _ _ _ _u brambory.*

B: *Co jsou to "řízky", pane Novák?*
N: *Řízky, to je _ _ _ _ _ _é maso, obalované ve strouhance.*

6

B: Ale to není příliš _ _ _ _ _ _í, že?

N: Bohužel ne. Jako všechna smažená _ _ _ _ _a.

B: V tom případě bude lepši _ _ _ _ _ _é hovězí. A co svíčková na smetaně, to je
     _ _ _ _ _ _í nebo _ _ _ _ _ _é maso?

N: To je hovězí a k tomu jsou _ _ _ _ _ _ _y a brusinky. To si _ám já.

B: To vypadá dobře, tak to _ _ _ _ím také. A co si _áte vy, paní Nováková?

Ná: Asi _ _ _ _ _ _ _ _ _é kuře a hranolky. To je moje oblíbené _ _ _ _o. Už jste jedl
     české _ _ _ _ _ _ _é knedlíky, pane Brown?

B: Ano, už několikrát. Už jsem jedl některá _ _ _ _ _ _ _á česká jídla jako vepřovou
     pečeni, knedlíky a _ _ _ i. Dokonce i _ _ _ _ _ _ _ _ _é knedlíky a _ _ _ ím říci, že
     jsou vynikající.

Ná: Také _ _ _ íte zkusit některé slovenské _ _ _ _ _ _ _ _ _y jako halušky s brynzou a
     zbojnický guláš. Ale _ _ _ _ _ _ _li jsme na polévku, pane Brown.

B: Máte _ _ _ _ _ _u. Jsou tady dva druhy. Hovězí s rýží a _ _ _ _ _ _ _ _ _á. Já si
     dám hovězí s rýží. A vy?

Ná: My také.

B: A co si _áme k pití?

Ná: Já ráda piji _ _ _ _ _ _é víno a manžel má rád pivo.

3.b.3   Follow the same procedure as in 3.b.2, trying to fill in the missing endings from memory.
        Listen to the tape of the dialogue again if you can't remember. Refer to the transcript only as a
        last resort.

B: Tak, co si d_ _ _? Česk_ jídeln_ lístk_ jsou pro mě ještě problém. Douf_ _, že mi
     porad_ _ _, pane Novák.

N: Samozřejmě, pane Brown. Nebojte se, nějak to vyřeš_ _ _. Podív _ _ _ se na jídeln_
     lístek spolu, co řík_ _ _?

B: Bud_ rád. Vid_ _, že tady mají velk_ výběr. Jsou tu polévk_, ryb_ a drůbež, hotov_
     jídl_, minutk _, nějak_ specialit _ a salát _. Pane Novák, mysl_ _, že nev_ _, co jsou
     hotov_ jídl_ a co jsou minutk_.

N: Na hotov_ jídl_ nemus_ _ _ _ dlouho čekat, ale minutk_ se mus_ teprve připravit a
     proto to chvíl_ trv_.

B: A co nápoj_ a zákusk_? Ty tady nikde nevid_ _.

262

N: Nápoj_ a zákusk_ nám doporuč_ servírk_ nebo vrchní. Aspoň douf_ _. Jak_
    mas_ m_ _ _ rád, pane Brown? Hověz_, telec_ nebo vepřov_?

B: Já bych si dal hověz_ nebo telec_.

N: Pokud se týk_ telec_ _ _, tak jsou tady smažen_ řízk_ a bramborov_ salát nebo
    místo salát_ brambor_.

B: Co js_ _ to "řízk_", pane Novák?

N: Řízk_, to je smažen_ maso, obalovan_ ve strouhance.

B: Ale to není příliš dietn_, že?

N: Bohužel ne. Jako všechna smažen_ jídl_.

B: V tom případ_ bude lepší nějak_ hověz_. A co svíčková na smetan_, to je hověz_
    nebo vepřov_ maso?

N: To je hověz_ a k tomu jsou knedlík_ a brusink_. To si d_ _ já.

B: To vypad_ dobře, tak to zkus_ _ také. A co si d_ _ _ vy, paní Nováková?

Ná: Asi grilovan_ kuře a hranolk_. To je moje oblíben_ jídlo. Už jste jedl česk_ houskov_
    knedlík_, pane Brown?

B: Ano, už několikrát. Už jsem jedl někter_ typick_ česk_ jídl_ jako vepřov_ _
    pečen_, knedlík_ a zel_. Dokonce i švestkov_ knedlík_ a mus_ _ říci, že jsou
    vynikající.

Ná: Také mus_ _ _ zkusit někter_ slovensk_ specialit_ jako halušky s brynzou a
    zbojnick_ guláš. Ale zapomně_ _ jsme na polévk_, pane Brown.

B: M_ _ _ pravd_. Jsou tady dva druh_. Hověz_ s rýží a zeleninov_. Já si d_ _ hověz_
    s rýží. A vy?

Ná: My také.

B: A co si d_ _ _ k pití?

Ná: Já rád_ pij_ červen_ víno a manžel m_ rád pivo.

Activity 4:   SAMPLE DIALOGUE (2)

Brown: *Pane vrchní!*

Vrchní: *Co si budete přát?*

Brown: *Jako aperitiv třikrát karlovarskou becherovku.*

Vrchní: *A předkrm?*

Brown: *Bez předkrmu. Jednou grilované kuře a hranolky a dvakrát svíčkovou s knedlíkem.*

Vrchní: *Ano, prosím. A co budete pit?*

Brown: *Jaká červená vína máte?*

Vrchní: *Máme tady "Ludmilu", "Bicavèr" a "Cabernet".*

Brown: *Přineste nám "Ludmilu", jednu láhev a jedno velké pivo.*

Vrchní: *A jaké moučníky, prosím?*

Brown: *Jaké doporučujete?*

Vrchní: *Výborný je pražský dort nebo ořechové řezy.*

Brown: *Tak třikrát ořechové řezy a tři vídeňské kávy.*

Vrchní: *Ano, prosím, hned to bude.*

* * * * * * * * * * * * * * * *

Brown: WAITER!

Waiter: WHAT WILL YOU HAVE?

Brown: AS AN APERITIF, *karlovarská becherovka*, FOR THREE.

Waiter: AND FOR AN APPETIZER?

Brown: NO APPETIZER. ONE ORDER OF BROILED CHICKEN AND FRENCH FRIES, AND *svíčková* WITH DUMPLINGS FOR TWO.

Waiter: YES, THANK YOU. AND WHAT WILL YOU HAVE TO DRINK?

Brown: WHAT RED WINES DO YOU HAVE?

Waiter: WE HAVE *Ludmila*, *Bicavèr*, AND *Cabernet*.

Brown: BRING US A BOTTLE OF *Ludmila*, ONE BOTTLE AND ONE LARGE BEER.

Devátá lekce

Waiter:	AND WHAT WOULD YOU LIKE FOR DESSERT?
Brown:	WHAT DO YOU RECOMMEND?
Waiter:	THE PRAGUE TART AND THE NUT TART ARE BOTH DELICIOUS.
Brown:	WELL, NUT TART FOR THREE AND THREE VIENNA COFFEES.
Waiter:	FINE, I'LL BRING IT FOR YOU.

4.a   What Did They Say?

Your teacher will ask the questions given below. Try to answer from memory. If you can't remember, check back to the dialogue.

1. *Co budou mít jako aperitiv?*
2. *Jaký předkrm chtějí?*
3. *Která jídla si dají?*
4. *Jaká vína mají v restauraci?*
5. *Co budou pít po obědě?*
6. *Které zákusky doporučuje vrchní?*
7. *Jakou kávu budou pít?*

4.b   NARRATIVE

Kde se Novákovi stravují

Pan Novák, paní Nováková a jejich děti snídají vždycky doma. K snídani mají obyčejně bílou kávu, kakao nebo čaj a k tomu rohlíky, housky nebo nějaké jiné pečivo. Na svačinu dostanou děti chléb s máslem a sýrem a obědvají ve školní jídelně.

Pan Novák a jeho manželka pracují ve stejném podniku a oba se stravují v závodní jídelně. Večeře připravuje paní Nováková doma a jen někdy si zajdou na večeři do nějaké dobré restaurace.

Novákovi někdy pozvou hosty na sobotní nebo nedělní oběd, ale obyčejně jsou s tím starosti, protože v Praze je často nedostatek čerstvé zeleniny, masa a některých jiných potravin. V takovém případě musí paní Nováková shánět potraviny několik dní dopředu.

4.c   **Work with the Narrative**

4.c.1   First listen to the narrative straight through, noting down what you understood.

4.c.2   Then take turns reading the text aloud, paying particular attention to pronunciation.

4.c.3   When you are quite familiar with the text, your teacher will ask you the following questions. Try to answer them from memory. If you have difficulty with them, refer back to the narrative.

1. *Kde snídají Novákovi?*

2. *Co mají obyčejně na snídani?*

3. *Co dostanou děti na svačinu?*

4. *Kde obědvají jejich děti?*

5. *Pracují Novákovi ve stejném podniku?*

6. *V jaké jídelně se stravují?*

7. *Která jídla připravuje paní Nováková doma?*

8. *Zajdou si Novákovi často někam na večeři?*

9. *Mají Novákovi často hosty na nedělní oběd?*

10. *Jsou v Praze problémy pokud se týká potravin?*

11. *Kterých potravin je v Praze často nedostatek?*

12. *Co musí paní Nováková v takovém případě udělat?*

NOTES

Nebojte se.	-	Don't worry.
Já bych si dal ...	-	I would like to have ...
V tom případě ...	-	In that case ...
K tomu jsou knedlíky.	-	Dumplings come with it.
Zapomněli jsme na polévku.	-	We forgot about the soup.
Co si dáme k pití?	-	What are we going to drink?

Karlovarská becherovka.	- A special alcoholic liqueur of herbs, made in Carlsbad.
Svíčková s knedlíkem.	- A Czech beef dish with dumplings.
Máte pravdu.	- You are right.
Velké pivo.	- A "large beer." (0.5 liter)
Malé pivo.	- A "small beer." (0.3 liter)
K snídani mají ...	- They have ... for breakfast.
Obyčejně jsou s tím starosti.	- There are usually problems with this.

Activity 5: STRUCTURE AWARENESS I

5.a Reverse Drill

The following sentence sets contain nominative and accusative plural forms of demonstratives, adjectives, and some noun types (masculine animate accusatives will be dealt with later). Listen and try to recognize the difference between the singular and plural forms.

	singular	plural
1.	*Na velvyslanectví je* **moderní kancelář.**	*Na velvyslanectví jsou* **moderní kanceláře.**
2.	*Mám rád* **hovězí polévku.**	*Mám rád* **hovězí polévky.**
3.	*Poznáte tam* **pěknou hospůdku** *a* **restauraci.**	*Poznáte tam* **pěkné hospůdky** *a* **restaurace.**
4.	*V té vinárně dostanete* **kvalitní jídlo.**	*V té vinárně dostanete* **kvalitní jídla.**
5.	*Líbí se mi* **ten pěkný zimní stadión.**	*Líbí se mi* **ty pěkné zimní stadióny.**
6.	*V Praze mají* **výborný symfonický orchestr.**	*V Praze mají* **výborné symfonické orchestry.**
7.	*Nebudete tam mít* **žádný problém.**	*Nebudete tam mít* **žádné problémy.**
8.	*Ona nemá ráda* **smaženou rybu.**	*Ona nemá ráda* **smažené ryby.**

267

12

9. *Tady vidíte* **typickou moderní čtvrť.**   *Tady vidíte* **typické moderní čtvrtě.**

10. *Mají tam také* **dobré červené víno.**   *Mají tam také* **dobrá červená vína.**

11. *Na jídelním lístku nevidím* **moučník** *a* **aperitiv.**   *Na jídelním lístku nevidím* **moučníky** *a* **aperitivy.**

12. *Vedle mostu stojí* **vysoká budova.**   *Vedle mostu stojí* **vysoké budovy.**

13. *Mám pro pana Browna* **důležitou informaci.**   *Mám pro pana Browna* **důležité informace.**

14. *Pro hosty připravíme* **okružní jízdu** *po Praze.*   *Pro hosty připravíme* **okružní jízdy** *po Praze.*

15. *Do této kanceláře dáme* **elektrický psací stroj.**   *Do této kanceláře dáme* **elektrické psací stroje.**

16. *Na rohu ulice stojí* **vysoká věž.**   *Na rohu ulice stojí* **vysoké věže.**

17. *Koupím do bytu* **lepší křeslo** *a* **gauč.**   *Koupím do bytu* **lepší křesla** *a* **gauče.**

18. *Praha potřebuje* **nové sídliště.**   *Praha potřebuje* **nová sídliště.**

19. *Přinesu vám* **seznam** *a* **navštívenku.**   *Přinesu vám* **seznamy** *a* **navštívenky.**

20. *V této čtvrti není* **velké parkoviště.**   *V této čtvrti nejsou* **velká parkoviště.**

13

5.b   GRAMMAR NOTES

**5.b.1   Nominative and accusative plural endings
Nouns (1)**

General

Leaving masculine animate nouns out of consideration for the moment, we can see that three different endings predominate in both cases:

- **y**   - **e**   - **a**

For example:

nominative plural	accusative plural
V této restauraci jsou dobré obědy.	*Chodíme na obědy do restaurace.*
Přijdou také manželky diplomatů.	*Znám jenom některé manželky diplomatů.*
V kanceláři jsou nové psací stroje.	*Budeme potřebovat nové psací stroje.*
Nové židle jsou v té druhé kanceláři.	*Tady nenajdete žádné nové židle.*
Pražská divadla mají dobré programy.	*Znáte některá malá divadla v Praze?*

5.b.2   Specifics

1.   Hard nouns, both masculine and feminine, have the ending -**y** in both nominative and accusative plural: *obědy, manželky.*

Soft nouns in the same categories as above have the ending -**e**: *psací stroje, židle, kanceláře.*

2.   Hard neuter nouns have the ending -**a** in both nominative and accusative plural: *divadla.*

Soft neuter nouns ending in -**e, ě, -í** (in the nominative singular) have these same endings in the nominative and accusative plural: *parkoviště, představení.*

3.   Feminine nouns ending in -**ost** (in the nominative singular) have the ending -**i** in the nominative and accusative plural.

5.b.3 **Nominative and accusative plural endings**
Adjectives, demonstratives

General

Adjectives show three different endings:

-é   -á   -í

The demonstratives have two forms:

ty   *ta*

Specifics

	ty	*pěkné*	*obrazy*
		pěkné	*stroje*
Jsou tam		*pěkné*	*ženy*
	ty	*pěkné*	*židle*
Uvidíte tam		*pěkné*	*kanceláře*
		pěkné	*místnosti*
	ta	*pěkná*	*města*
		pěkná	*hřiště*
		pěkná	*náměstí*
	ty	*moderní*	*obrazy*
		moderní	*stroje*
Jsou tam		*moderní*	*ženy*
	ty	*moderní*	*židle*
Uvidíte tam		*moderní*	*kanceláře*
		moderní	*místnosti*
	ta	*moderní*	*města*
		moderní	*hřiště*
		moderní	*náměstí*

5.c   **Tryout**

5.c.1   Read each of the following sentences aloud, putting the nouns, adjectives, and demonstratives in singular and then in plural forms.

Start with the nouns only if you wish, then include the adjectives, and finally the demonstratives.

1. *Nebudete tam mít (žádná sekretářka).*

2. *Mám rád (zeleninový salát).*

3. *Poznáte tam (zajímavá osobnost).*

4. *V této restauraci dostanete (pražská specialita).*

5. *Mají tam také (dobré červené víno).*

6. *V této čtvrti nenajdete (větší obchodní dům).*

7. *Musíte zajistit (vstupenka) na ten zápas.*

8. *Přinesu vám (zajímavá kniha).*

9. *V tomto městě nenajdete (moderní knihovna).*

10. *Ona nemá ráda (tato malostranská ulice).*

11. *Koupíme tam (kvalitní rádio) a (magnetofon).*

12. *Uvidíte tam (zajímavá věc).*

13. *Dejte do koše (ten starý papír).*

14. *Mám pro pana Nováka (ta adresa) a (to telefonní číslo).*

15. *Jezdí tam jenom (autobus) a (tramvaj).*

16. *Dáme sem ještě (nějaká maličkost).*

17. *Potřebujeme (nový česko-anglický slovník).*

18. *Pan Johnson připravuje (kulturní konference).*

19. *Chodíte často na (opera) nebo (koncert)?*

20. *Často píše (anglický dopis).*

5.c.2   Read the following sentences aloud, supplying the appropriate nominative/acccusative plural forms.

A	B		C	
V kanceláři jsou 2, 3, 4	*psací*	*tužka*	*stolek*	
	nový	*stroj*	*obraz*	
Líbí se mi ty (ta)	*elektrický*	*knihovna*	*kostel*	
	kazetový	*stůl*	*muzeum*	
Budou tam také	*moderní*	*křeslo*	*věž*	
	kvalitní	*slovník*	*ulice*	
V této ulici jsou	*obyčejný*	*rádio*	*hospoda*	
	pěkný	*telefon*	*obchod*	
Zajímají ho	*starý*	*adresář*	*park*	
	historický	*budova*	*hřiště*	
Máme tady 2, 3, 4	*veřejný*	*divadlo*	*stadión*	
	zimní	*vinárna*		
Potřebujeme 2, 3, 4	*český*	*prodejna*		
	americký	*kartotéka*		
Zajímáme se o	*anglický*	*magnetofon*		
	oblíbený	*parkoviště*		
Oni chtějí	*velký*	*maličkost*		
	zajímavý	*ministerstvo*		
Musíme koupit ty (ta)	*dobrý*	*fotografie*		
	různý	*restaurace*		
	vynikající	*předkrm*	*večeře*	
	dobrý	*brambor*	*oběd*	
Na jídelním lístku jsou	*obyčejný*	*snídaně*	*salát*	
	kvalitní	*řízek*	*svačina*	
Mají tam	*lepší*	*knedlík*	*ryba*	
	nejlepší	*moučník*	*houska*	
V té restauraci	*vepřový*	*dort*	*rohlík*	
dostanete	*hovězí*	*hranolek*	*řez*	
	telecí	*sýr*	*káva*	
Objednám si	*bílý*	*nápoj*	*čaj*	
	červený	*guláš*		
Dnes si dáme	*český*	*jídlo*		
	nějaký	*specialita*		
V tomto obchodě mají	*oblíbený*	*víno*		
	zeleninový	*maso*		
	výborný	*hovězí*		
	grilovaný	*vepřové*		
	dietní	*telecí*		
	čerstvý	*chléb*		

5.c.3   Form sentences by using items from each of the columns below.

A	B	C	D	
			fotografie	škola
			mapa	budova
		malý	pohovka	ulice
V kanceláři je (jsou)	*jeden*	nový	obálka	cesta
	jedna	český	maličkost	pošta
Je (jsou) tam také	*jedno*	černý	křeslo	kancelář
		obyčejný	auto	místnost
V této čtvrti je (jsou)	B★	pěkný	trafika	zastávka
		zajímavý	židle	čtvrť
Budu potřebovat	*dva*	dobrý	magnetofon	parkoviště
	dvě	různý	stůl	věž
Přineste mi	*tři*	psací	rádio	muzeum
	čtyři	úřední	slovník	divadlo
Koupíme si		moderní	papír	kino
	B★★	lepší	adresář	ministerstvo
Ukážeme vám		kvalitní	obraz	letiště
	pár	konferenční	telefon	oddělení
Musíme zajistit	*hodně*	zimní	pozvání	hřiště
	málo	historický	pozvánka	kostel
Najdete tam	*mnoho*	známý	dopis	chrám
	dost	velký	tužka	vchod
Můžete koupit také	*několik*	výborný	kartotéka	salonek
	spousta	typický	okno	restaurace
V této ulici je (jsou)	*řada*	slovenský	vstupenka	vinárna
	5 - up	americký	knihovna	hospoda
		školní	stroj	hospůdka
			památka	jídelna
			prodejna	obchod
			stanice	

Form sentences from the lists above according to the following combination of columns, supplying appropriate nominative/accusative singular or plural, or genitive plural forms.

A+B	+ D	*V kanceláři je jeden stroj.*
A+B	+ C+D	*V kanceláři je jeden nový stroj.*
A+B★	+ D	*V kanceláři jsou dva stroje.*
A+B★	+ C+D	*V kanceláři jsou dva nové stroje.*
A+B★★	+ D	*V kanceláři je mnoho strojů.*
A+B★★	+ C+D	*V kanceláři je deset nových strojů.*

5.c.4   Complete the following sentences by using the appropriate form of the words in parentheses.

A: *V našem oddělení musíme zařídit několik _____*
     (nová kancelář). Jaké zařízení tam mohu dostat?

B: *Máme tady čtyři _____ (nový psací*
     stůl), pár _____ (moderní křeslo) a _____
     (židle).

A: *Mohu také dostat dva _____*
     (elektrický psací stroj) a tři nebo čtyři _____
     _____ (malý kazetový magnetofon)?

B: *Samozřejmě, máme tady dost _____ (psací stroj) a*
     _____ (magnetofon). Budete asi také potřebovat pár
     _____ (obraz) nebo několik _____
     _____ (velká barevná fotografie), že?

A: *Ano. Děkuji vám. To bude asi všechno.*

B: *Příští měsíc dostaneme také pár _____*
     (moderní knihovna). Budete také nějakou chtít?

A: *Ano, budu. Potřebuji dvě _____ (knihovna) do této kanceláře.*

5.c.5

A: *Kolik zaměstnanců _____ (pracovat - fut.) v této*
     kanceláři?

B: *Myslím, že tady _____ (být - fut.) asi deset lidí, ale _____*
     (být) tady jen sedm psacích stolů.

A: *Ale nějaké stoly _____ (být) v té druhé kanceláři, že?*

B: *Ano, tam _____ (být) deset stolů a _____*
     (pracovat) tam jen osm lidí.

A: *To je dobře. Tak tam _____ (být) dva stoly volné. A co židle?*

B: *Těch _____ (být) tady dost. Ale _____ (nebýt) tady žádná*
     křesla. Ale křesla nepotřebujeme nutně.

5.c.6   Depending on the meaning, rewrite the following sentences, changing the subjects and objects from singular to plural.

1. *Pan konsul má v kanceláři nový psací stůl a moderní křeslo.*

    _____

2. *Můžete mi doporučit nějakou dobrou hospůdku nebo vinárnu?*

    _____

3. *V této ulici je zajímavá historická budova a kostel.*

    _____

4. *Budeme potřebovat česko-anglický a anglicko-český slovník.*

    _____

5. *Do této místnosti dáme barevnou fotografii Ameriky, mapu a ještě nějakou maličkost.* _____

    _____

6. *V restauraci "Na růžku" dostanete typické české jídlo.*

    _____

7. *V Praze se často koná nějaká konference.*

    _____

8. *Musíme si zajistit vstupenku na ten hokejový zápas.*

    _____

9. *Doufám, že v Národním divadle uvidíme zajímavé představení.*

    _____

10. *Na Vinohrady jezdí kromě metra tramvaj a autobus.*

    _____

11. *Na programu Československé televize můžete také najít anglický nebo americký film.* _____

    _____

20

12. *Budu potřebovat nějakou obálku a úřední papír.*

_____

13. *Není tady žádné hřiště a také tady není žádná zahrada.*

_____

14. *V této ulici neuvidíte žádný velký obchod.*

_____

15. *Na oběd chodí pan Stárek do restaurace, ale večeři připravuje jeho manželka doma.* _____ _____

_____

16. *Chtějí si dát grilovanou rybu a nějaký moučník.*

_____

17. *V této prodejně si můžete koupit kvalitní rádio a také americký kazetový magnetofon.* _____

_____

18. *V této čtvrti je nový zimní stadión a nějaké letiště.*

_____

19. *Na jídelním lístku je jenom vepřový guláš, ale žádná polévka.*

_____

20. *Kam dáme tu starou židli a ten stůl?*

_____

Devátá lekce

Activity 6: STUCTURE AWARENESS II

6.a   Reverse Drill

6.a.l   Listen to your teacher who will form sentences using items from each column below.
Then form sentences using these same items.

A	B	C
Já Ty On Ona Slečna Koutná Pan Styles Jejich syn Paní Nová	mít rád (ráda) nemít rád (ráda) nerad nerada	dobrá jídla chléb s máslem vepřový guláš dietní speciality smaženou rybu červené víno zeleninové polévky vídeňskou kávu karlovarskou becherovku staré restaurace tu americkou zpěvačku ty nové studentky toho starého člověka nedělní obědy malostranské ulice velké orchestry sobotní večeře moderní kostely ty večírky

6.a.2   Follow the same procedures as above.

A	B	C	D
Já Ty On Ona Jejich dcera Pan Green Jeho syn	rád ráda nerad nerada	chodit psát pracovat jezdit zajít si vracet se trávit bydlet mluvit jít připravovat jíst vařit nakupovat	do divadla dopisy v sobotu metrem do vinárny z práce domů soboty na chatě ve městě o práci na ten večírek večeře doma v restauraci obědy v této prodejně

6.a.3 Follow the same procedure as above.

A	B	C
Já *Ty* *On* *Ona* *Pan Jasný* *Slečna Stará*	 *být rád, že* *být ráda, že* *nebýt rád, že* *nebýt ráda, že*	*vás vidím* *znám pana velvyslance* *mohu jít dnes do kina* *nemusím jít do práce* *jste také tady* *tam nebude pan Mills* *se můj syn učí česky* *má ten magnetofon* *mluvíte česky* *se zajímají o kulturu* *on pracuje v tomto oddělení* *se na to podíváme spolu*

6.b **GRAMMAR NOTES**

Constructions with **rád**:

This form is used in three different constructions.

6.b.1 Verb **mít** (to have) + **rád**

> *Pan Novák* **má rád** *červené víno.*
> Mr. Novák likes red wine.

> *Ona* **nemá ráda** *večírky.*
> She doesn't like parties.

This construction has the following components:

	personal pronoun	verb **mít**	**rád** **ráda**	accusative (sg. or pl.)
male subject	*já* *ty, vy* *on*	*mám* *máš máte* *má*	*rád*	*víno* *hokejové zápasy* *americké filmy*
female subject	*já* *ty, vy* *ona*	*mám* *máš máte* *má*	*ráda*	*dobré knihy* *opery* *toho člověka*

Devátá lekce

This construction can also imply deeper emotional attachment, e.g.:

Mám rád *Prahu.*   I love Prague.

On **má rád** *tu ženu.*   He loves that woman.

This verb cannot be used to express superficial attraction, e.g., I like your dress. This meaning is expressed by a different verb. The negative is, of course, formed by adding the negative particle **ne** to the verb **mít**.

6.b.2   **Rád** + verb construction

Paní Brownová **ráda** *vaří večeře.*
Mrs. Brown likes to cook supper.

On **nechodí** *rád do kina.*
He doesn't like to go to the movies.

This construction consists of the following components:

	personal pronoun	verb	*rád* *ráda*	
male speaker	*já* *ty, vy* *on*	*chodím* *chodíš (-íte)* *chodí*	*rád*	*do divadla* *na hokej* *do práce*
female speaker	*já* *ty, vy* *ona*	*chodím* *chodíš (-íte)* *chodí*	*ráda*	*do školy* *na procházky* *na Malou Stranu*

The negative particle is usually added to the verb. However, it may be added to the **rád** form. In this case the vowel is short: **nerad.**

Já **rád** *chodím.* - *Já* **nechodím** *rád.* - *Já* **nerad** *chodím.*

The word order in this construction can vary:

Já **rád** *chodím.*   -   *Já chodím* **rád.**
Já **nerad** *chodím.*   -   *Já chodím* **nerad.**

The construction with **nerad** is slightly more emphatic than the construction with the negated verb.

6.b.3   Verb **být** (to be) + *rád*

Jsem rád, *že vás vidím.*
I'n glad to see you.

Nejsem ráda, *že on taky přijde.*
I'm not glad that he will come, too.

This construction expresses the fact that you are glad or pleased that something happens or doesn't happen. What follows is the conjunction **že**, ("that") preceded by a comma when written, and an inflected verb form (but not the infinitive, as in English).

6.c **Tryout**

6.c 1   Following your teacher's instructions, try to form sentences by using elements from each
of the following frames:

A	B		C
Já			*hovězí maso*
			české knedlíky
Ty			*grilovaná masa*
			kvalitní sýry
On	*mít rád (ráda)*		*pivo po obědě*
			bílé víno
Ona	*nemít rád (ráda)*		*smažené řízky*
			zákusky a dorty
Slečna Koutná	*(nerad)*		*americké filmy*
			historické filmy
Pan Styles	*(nerada)*		*krátké procházky*
			velká letiště
Jejich syn			*toho moderního zpěváka*
			hokejové zápasy
Paní Nová			*toho českého malíře*
			ten program v televizi
			historické budovy

6.c.2 A	B	C	D
		pít	*dobré víno*
		vidět	*moderní obrazy*
		připravovat	*program na večírky*
Já		*slyšet*	*ty informace*
		vypadat	*pěkně*
Ty	*rád*	*kupovat*	*potraviny*
		dostávat	*dopisy*
On	*ráda*	*snídat*	*v restauraci*
		přestupovat	*v metru*
Ona		*stát*	*v autobuse*
		platit	*ve vinárně*
Jejich dcera	*nerad*	*vařit*	*různé speciality*
		chodit	*na americké filmy*
Pan Green	*nerada*	*dostávat*	*pozvánky*
		zajít si	*na skleničku vína*
Jeho syn		*učit se*	*česky*
		číst	*historické knihy*
		psát	*dopisy česky*
		chodit	*na procházky*
		spěchat	*do práce*
		vzpomínat	*na to představení*
		doporučovat	*různé speciality*

6.c.3

A	B	C
Já Ty On Ona Pan Jasný Slečna Plachá	být rád, že být ráda, že nebýt rád, že nebýt ráda, že	ten večírek je v neděli dostaneme nové zařízení nemusíme přestupovat si to také koupíte ten program připraví ona to zajistíte vy zamluvíte ty lístky pan Glenn přijede do Prahy mi to ukážete vy se tady vaří dobře jim chutná české jídlo si můžeme popovídat bydlím v nové čtvrti píšete ten dopis anglicky trávíš volný čas domu jezdíš do práce autem mi to vyhovuje je tady málo lidí děti chodí už do školy ho také znám to říkáte vy to nepotřebujete

6.c.4   Complete the following sentences, using the appropriate form of the words in parentheses.

A: Dobrý den, slečno Moučková, _____ (být rád), že už jste tady.

B: Dobrý den, pane Koutný, _____ (být rád), že vás vidím.

A: _____ (Chodit rád) na obědy do restaurace?

B: Ne, _____ (nechodit rád), ale tuto restauraci

        _____ (mít rád), tady vaří dobrá jídla. Co si dáme? Co
·   doporučujete?

A: Já _____ (mít rád) smažené řízky a brambory. A vy?

B: Já řízky _____ (nemít rád), nejsou dietní. Já bych
si dala hovězí na zelenině.

A: A co budeme pít? _____ (Mít rád) bílé víno?

B: Ano, _____ (mít rád) bílé víno.

6.c.5   Write the following sentences in Czech.

1.   Do you like spicy food?

   _____

2.   My wife likes operas, but I don't like operas much.

   _____

3.   Our son likes to drive, and he is a good driver.

   _____

4.   Mr. Malík likes to spend weekends at home.

   _____

5.   I'm glad you're coming to that party too.

   _____

6.   My husband likes to drop in for a beer at that restaurant.

   _____

7.   I'm glad to see you here, Mr. Novotný.

   _____

8.   She doesn't like fried food, because it isn't light.

   _____

9.   He likes to have a glass of white wine after dinner, but he doesn't like beer.

   _____

10.   My husband likes to cook, but he doesn't like shopping.

   _____

11.   She loves old historical cities, doesn't she?

   _____

12.   I'm glad that our daughter doesn't have any problems at school.

   _____

13. Do you like Slovak specialities? They are quite good, aren't they?

_____

14. I don't like writing official letters.

_____

15. His wife is glad that she doesn't have to go there.

_____

16. I like to walk to work, since it's not far.

_____

17. He is a very nice person. I'm glad he works in our department.

_____

18. Why don't you like to go there?

_____

19. Are you glad that your apartment is close to the Embassy?

_____

20. I'm glad that I can help you.

_____

Activity 7: LEXICAL DRILLS

Combine items from the two columns below into sentences and write them down. Your teacher will then provide you with oral versions of these sentences.

Myslím, že si dám	*smažený řízek a brambory*
Dáte si také	*hovězí polévka*
Já bych si dnes dal	*vepřový guláš a knedlík*
Jíte ráda	*zeleninový salát*
Musíte také zkusit	*vepřová pečeně*
Už jste jedl	*nějaké dietní jídlo*
Na večeři budeme mít	*telecí a hranolky*
	kuře s rýží
	čerstvý zákusek
	typické české jídlo
	svíčková a brusinky

Budeme pít	*černá káva*
Po obědě si dáme	*sklenička vína*
	láhev bílého vína
	vídeňská káva
	světlé pivo

Na večeři pozveme	*pan konzul*
	pan velvyslanec
	americký zaměstnanec
	několik přátel
	také děti pana Greena
	slečna Novotná
	paní Šťastná

V Praze je často nedostatek	*vepřové maso*
	čerstvá zelenina
	některé potraviny
	čerstvé ryby
	drůbež
	telecí maso
	zeleninové jídlo
	kvalitní nábytek
	některé maličkosti

Activity 8: **CONVERSATIONAL DRILL**

8.a   Your group is planning a party. Find out what people like or do not like to eat and drink and agree on a menu.

(accusative sg. or pl. with *rád* constructions)

Co máte rád? Vy nemáte rád knedlíky? Máte také rád dietní jídla? Co pijete rád? Pijete rád bílé nebo červené víno? Ona nepije ráda pivo, že?

8.b   Instead of having a party, the group decides to go to a restaurant. Find out what kind of restaurants members of the group frequently go to.

(genitive pl. or sg.)

Do jakých restaurací chodíte? Chodíte také do nějaké vinárny? On nikdy nechodí do hospody?

8.c   What is the name of the restaurant and where it is located?

(nominative and locative sg.)

Jak se jmenuje ta vinárna? Jmenuje se "Na růžku"? Kde je? To není na Malé Straně, že? Ve které čtvrti je ta restaurace?

8.d   What do they usually order there?

(nominative and accusative sg. and pl.)

Co tam jíte? Co si tam můžete dát? Mají tam nějaké speciality? Vaří tam také dietní jídla?

8.e   Find out from your teacher what people have for breakfast, lunch, and dinner in Czechoslovakia.

(accusative sg. and pl., locative sg. and conjugation of verbs)

Co jedí k snídaní? Mají rohlíky každý den? Co mají na oběd? Kde snídají a co večeří?

8.f   Find out what members of your group like to do after work.

(*rád* constructions and conjugation of verbs)

Chodíte rád do divadla?   Čtete   ráda historické knihy? Chodí jeho manželka také ráda na hokejové zápasy?

Activity 9: SPEAKING ACTIVITY

9.a   Your teacher will play the role of a waiter or waitress in a Prague restaurant. Play the role of a newly arrived Embassy employee who is having dinner at a restaurant with a friend.

    a.   Order a complete dinner for yourself and your friend. Find out what specials are available. Get the waiter/waitress to recommend a dessert and ask for an explanation of what it is.

    b.   You ordered quite a while ago and nothing has been brought yet. Find out what has happened and tell the waiter/waitress that if it is not served very soon you will have to leave.

    c.   The food is cold and you want to to send it back.

    d.   Your friend, who doesn't speak Czech, is allergic to mushrooms and eggs. Find out which dishes do or do not contain these items.

    e.   You think you have been overcharged. Ask the waiter/waitress to account for all items on the receipt.

9.b   You will be given menus to study at home. The next day, find out about any items you are not sure of from your teacher .

            What kind of meat is it?

            How is it prepared?

            Is it a Czech national dish?

Activity 10: OVERHEARD CONVERSATION

10.a   Complete the sentences given below by including the words in parentheses with the appropriate ending.

        Then listen to the dialogue and compare those sentences with the ones you have just completed.

    1.   *Podíváme se na ten* _____ *(jídelní lístek) spolu, že ano?*

    2.   *Vidím, že tu mají dost* _____ *(velký výběr).*

    3.   *Snad bych si dal* _____ *(nějaké hovězí).*

    4.   *Tady jsou* _____ *(smažený řízek).*

5. *Řízky, pane Johnson, to je _____ (smažené maso).*

6. *Já si dám _____ (kuře) a _____*
    (brambory).

7. *Jedl jste už ___ _____ (knedlík) vy, tady v Praze?*

8. *To bylo vlastně_____ (první*
    české jídlo), _____ (který) jsem ochutnal.

9. *Měl byste také zkusit _____*
    (nějaká slovenská specialita).

10. *Můj manžel, ten má rád _____ (plzeňský).*

10.b   Listen to the dialogue once again and try to complete the following sentences.

1. *Vidím, že tady mají _____ _____ .*

2. *Co to jsou minutky, _____ _____ ?*

3. *Tak dobrý biftek   . _____ .*

4. *Zase nevím, co jsou to řízky, _____ .*

5. *Tak to já bych radši _____ .*

6. *To bylo vlastně první české jídlo, _____ .*

7. *Bylo to všechno výborné, _____ .*

8. *A co polévku, _____ ?*

9. *Já si dám _____ .*

10. *Já dávám přednost _____ .*

10.c   Answer the following questions on the dialogue.

1. *Kdo poradí panu Johnsonovi s jídelním lístkem?*

    _____

2. *Která jídla jsou na jídelním lístku?*

    _____

3.   *Které slovo pan Johnson nezná?*

_____

4.   *Jak dlouho se musí čekat na minutky?*

_____

5.   *Co si objednal pan Johnson?*

_____

6.   *Co si chce objednat paní Pokorná?*

_____

7.   *Které bylo první české jídlo, které pan Johnson ochutnal?*

_____

8.   *Jakou polévku si dá paní Pokorná?*

_____

9.   *Jaké víno má paní Pokorná raději?*

_____

10.   *Jaké pivo má rád manžel paní Pokorné?*

_____

_____

10.d   Check your overall understanding of the overheard conversation by answering these questions.

1.   Do you think the menu is expensive?

_____
_____

2.   Why are Czech menus difficult to understand?

_____
_____

3.   Have you noticed anything different in the format of Czech menus from what you are accustomed to?

_____
_____

4. Do you think Czech dishes are quite heavy? Which ones?

    _____

    _____

5. Do you think Mr. Johnson likes Czech national dishes?

    _____

    _____

6. What are the basic kinds of specialties in Czech restaurants?

    _____

    _____

7. Which kind of meal discussed here is spicy?

    _____

    _____

8. Do you think soup is a part of the meal in Czechoslovakia more often than in the U. S.?

    _____

    _____

9. Does Mrs. Pokorná have a diet problem?

    _____

    _____

10. Where is the best-known brewery in Czechoslovakia?

    _____

    _____

READING

I.   Match the words in the columns to the right with the corresponding Czech words in the text. Give as many details as you can of what each news item is about.

Maršál S. Achromejev náčelníkem generálního štábu vojsk SSSR

MOSKVA 6. Září (ČTK) · Rada ministrů SSSR jmenovala maršála Sovětského svazu Sergeje Achromejeva náčelníkem generálního štábu ozbrojených sil SSSR a prvním náměstkem ministra obrany SSSR.

Maršál Sovětského svazu Nikolaj Ogarkov byl uvolněn z funkce náčelníka generálního štábu ozbrojených sil SSSR a prvního náměstka ministra obrany SSSR v souvislosti s přechodem na jinou práci.

was relieved
armed forces
work
defense
shift
other
connection
chief

II.   Do the same with this continuation of the text.

Sergej Achromejev se narodil roku 1923 v rolnické rodině. V sovětské armádě je od roku 1940, aktivně se zúčastnil Velké vlastenecké války. V roce 1952 ukončil Vojenskou akademii tankových vojsk a v roce 1967 absolvoval Vojenskou akademii generálního štábu. Po válce byl velitelem pluku, divize a později armády a rovněž náčelníkem štábu vojenského okruhu. V posledních deseti letech působil jako zástupce a první zástupce náčelníka generálního štábu ozbrojených sil SSSR. Je členem ÚV KSSS, poslancem Nejvyššího sovětu SSSR a hrdinou Sovětského svazu.

he graduated
district
he took part in
farming
commander
deputy
family
he worked, he served
patriotic
hero
he finished
member

III.   Circle the appropriate form of the word to make a meaningful Czech sentence. Identify
the ending of each form.

1.   S. Achromejev se narodil   roky   rolnická rodina
                               roce 1923 v   rolnickou rodinu .
                               roku   rolnické rodině

2.   Po válce byl velitelem   pluku   armáda
                           pluky, divize a později   armádě .
                           pluk   armády

3.   Od   roce   1940 se aktivně zúčastnil   Velké vlastenecké války
       roku   Velká vlastenecká válka .
       roky   Velkou vlasteneckou válku

4.   V roce 1952 ukončil   Vojenskou akademii
                         Vojenská akademie   tankových vojsk .
                         Vojenské akademie

5.   V   posledního / poslední / posledních   deseti letech působil jako zástupce.

6.   Rada ministrů   jmenovali / jmenovala / jmenoval   maršála Achromejeva náčelníkem generálního štábu .

7.   Maršál Ogarkov byl uvolněn z funkce   náčelníka / náčelník / náčelníkovi .

294

37

Devátá lekce

VOCABULARY LIST

aperitiv m.	-	aperitif
aspoň	-	at least
bát se (III - imp.)	-	to be afraid, worry
becherovka f.	-	special herbal liqueur
Bicavèr m.	-	Hungarian red wine
bílý	-	white
bohužel	-	unfortunately, sorry
brambor m.	-	potato
brusinky f. (pl.)	-	cranberries
brynza f.	-	cottage cheese (sheep)
Cabernet m.	-	red wine
čekat (I - imp.)	-	to wait, expect
čerstvý	-	fresh
červený	-	red
dietní	-	light (meal)
dopředu	-	ahead, in advance
drůbež f.	-	poultry
druh m.	-	kind, sort
dvakrát	-	two times
grilovaný	-	broiled, barbecued
guláš m.	-	goulash
halušky f. (pl.)	-	a kind of pasta
hned	-	right away
houska f.	-	bun, roll
houskový	-	with bread cubes
hovězí	-	beef (adj.)
hranolky m. (pl.)	-	French fries
chléb m.	-	bread (dark)
chvíle f.	-	while
jednou, jedenkrát	-	once
jídelna f.	-	cafeteria
jídelní lístek m.	-	menu
jídlo n.	-	dish, meal
kakao n.	-	cocoa, chocolate milk
karlovarský	-	Carlsbad (adj.)
káva f.	-	coffee
knedlík m.	-	dumpling
kuře n.	-	chicken
láhev f.	-	bottle
Ludmila f.	-	a brand of Czech wine
máslo n.	-	butter
maso n.	-	meat
minutka f.	-	a meal to be made for you
nápoj m.	-	beverage
nedostatek m.	-	shortage
nedělní	-	Sunday (adj.)
nikde	-	nowhere
obalovaný	-	breaded
obědvat (I - imp.)	-	to dine
objednat (I - perf.)	-	to order
obyčejně	-	usually
ořechový	-	nut (adj.)

295

pečeně f.	-	roast meat
pečivo n.	-	baked goods
pití n.	-	drinking
pivo n.	-	beer
platit (III - imp.)	-	to pay
polévka f.	-	soup
potraviny f. (pl.)	-	foodstuffs
problém m.	-	problem
prodejna f.	-	shop
předkrm m.	-	hors d'oeuvres
příliš	-	too
přinést (II - perf.)	-	to bring
připravit (III - perf.)	-	to cook, prepare
rohlík m.	-	roll, crescent
ryba f.	-	fish
rýže f.	-	rice
řez m.	-	a piece of tart
řízek m.	-	Wiener schnitzel
salát m.	-	salad (or lettuce)
servírka f.	-	waitress
shánět (III - imp.)	-	to hunt (for things)
slovenský	-	Slovak (adj.)
smažený	-	fried
smetana f.	-	crearn
snídat (I - imp.)	-	to have breakfast
snídaně f.	-	breakfast
sobotní	-	Saturday (adj.)
specialita f.	-	specialty
spolu	-	together
stejný	-	the same
stravovat se (II - imp.)	-	to have meals
strouhanka f.	-	breadcrumbs
svačina f.	-	snack
svíčková f. (adj.)	-	a kind of beef dish
sýr m.	-	cheese
školní	-	school (adj.)
švestkový	-	plum (adj.)
takový	-	such
telecí	-	veal (adj.)
trvat (I - imp.)	-	to last, take time
typický	-	typical
vepřový	-	pork (adj.)
vídeňský	-	Vienna (adj.)
vrchní m. (adj.)	-	waiter
výběr m.	-	choice
vynikající	-	outstanding
vyřešit (III - perf.)	-	to solve, make out
vždycky	-	always
zákusek m.	-	dessert
závodní jídelna f.	-	company cafeteria
zbojnický	-	robber (adj.)
zelenina f.	-	vegetables
zelí n.	-	cabbage, sauerkraut
zkusit (III - perf.)	-	to try, taste

SUPPLEMENT

Jídelní lístek

Studené předkrmy

	Vejce obložená	4.70
	Olejovky s cibulkou a citrónem	5.40
100g	Tresčí játra s cibulkou a citrónem	8. --
100g	Uherský salám s okurkou	13. --
100g	Pražská šunka s okurkou a máslem	11.80
95g	Losos s máslem, citrónem, toasty	16.80
	Kaviár s máslem, citrónem, toasty	25.20

Polévky

Slepičí s masem a nudlemi	4.60
Bouillon s vejcem	2.80
Hovězí vývar s játrovými knedlíčky a nudlemi	5.40
Zeleninová	3.30
Boršč	6.20
Gulášová	3.70

Hotová jídla

200g	Kachna pečená s knedlíkem a hlávkové zelí	15.60
250g	Kuře nadívané, na másle, s bramborem, tomatový salát	15.20
100g	Hovězí, rajská omáčka, knedlík	10.50
100g	Anglický rostbíf s bramborem, tatarská omáčka	11.40
100g	Zbojnická pečeně s rýží	10.8?
100g	Mexický guláš	7.50
150g	Vepřová pečeně, knedlík, kyselé zelí	11.40
150g	Smažený karbenátek, brambor, okurkový salát	7.60
150g	Vepřový řízek, bramborový salát	12.70
200g	Grilované kuře, smažené hranolky, hlávkový salát	13.20
150g	Španělský ptáček, rýže, hlávkový salát	12.90
150g	Vepřové uzené, bramborový knedlík, zelí	11.50

Jídla na objednávku (20 - 30 minut)

250g	Kuře na žampionech s rýží	17.00
150g	Smažený telecí řízek, brambor, míchaný salát	15.80
150g	Svíčkové řezy se šunkou, vejcem, opék. brambor, obloha	19.30
150g	Tatarský biftek s vejcem a toasty	20.60
150g	Pařížský telecí řízek, vlašský salát, kompot	22.10
200g	Pstruh na másle	23.50
150g	Smažený kapr, bramborový salát	16.00
150g	Srbské ražniči obložené, opékaný brambor	17.20
300g	Tajemství šéfkuchaře, pro 2 osoby	43.80

Moučníky

Ananas se šlehačkou	8.60

	Palačinky s jahodami a šlehačkou	10.20
	Ořechová roláda	4.20
	Jablkový závin	3.80

Nápojový lístek

Aperitivy

5 cl	Slivovice Jelínek, 5letá	15.00
5 cl	Becherovka	11.00

Bílá vína

1 l	Pražský výběr	41.00
1 l	Romance	41.00
2 dl	Pražský výběr	8.20
2 dl	Romance	8.20
0.7 l	Liebfraumilch	88.20
0.7 l	Schwartze Katze	88.40

Červená vína

1 l	Svatý Václav	46.00
1 l	Vavřinecké	46.00
0.7 l	Cabernet	44.10
0.7 l	Bicavèr	58.70

Destiláty

5 cl	Borovička	12.50
5 cl	Myslivecká starorežná	11.00
5 cl	Fernet stock	12.50
5 cl	Starorežná, Prostějovská	10.00

Piva

0.5 l	Plzeňský Prazdroj 12°	5.40
0.5 l	Budějovický Budvar 12°	5.20

Nealkoholické nápoje

0.33	Coca-Cola	6.80
0.25	Tonic River	6.40
2 dl	Orange juice	4.80
0.33	Minerální voda	1.20

Teplé nápoje

7 g	Káva turecká	4.00
7 g	Káva mocca	4.00
2 g	Čaj Club	2.20
2 g	Čaj Pickwick s citrónem	3.00

Lekce 10 *Mluvíme o sobě*

COMMUNICATION GOALS:		1.	To be able to elicit information from acquaintances about personal histories.
		2.	To be able to answer questions on the same topic.
GRAMMAR GOALS:		1.	Past tense (its forms and use).
		2.	Past tense - Irregular forms. Past tense forms occurring with quantifiers and numbers above 5.
		3.	Syntax - word order.
		4.	Possessive pronouns.
ADDITIONAL MATERIAL:		1.	Tape with unrestricted Czech.
		2.	Overheard conversation.

297

Activity 1: LISTENING TO UNRESTRICTED CZECH

1. What did the conversation sound like - was it good-natured haggling or two friends meeting after a long time?

2. Who is asking the questions?

3. What do you think they are talking about?

4. List the parts you think you understood.

5. List a couple of words you picked up but do not know the meaning of.

6. Find the following phrases on tape:

   To ti teda povím.
   U nás stárnou jenom děti.
   To je taková naše zásada.
   Ty jsi chodil s tou Květou, viď?
   Když jsme byli na tom táboře.
   Já jsem tam byl jako kuchař.
   To není tvoje žena?
   Já jsem si vzal Boženku.
   Ona je velice šikovná jako účetní.
   Co dělá ta Květa, nevíš?
   Ona dělala něco u toho filmu?
   Potom přešla z Barrandova na tu Kolibu.
   Takže ta dělala zvukovou techničku.
   To ti je kariéra, co?
   Mně by se to nelíbilo.

   Guess what they mean from the context.

Activity 2: TASK CONSIDERATION

There are occasions when you are with people you have just recently met, and the conversation naturally turns to an exchange of personal histories. Such conversations don't need to go into great detail, but constitute a sort of polite mutual introduction or "ice breaker".

Imagine yourself at a social occasion shortly after your arrival in Prague talking with an employee of the Embassy and his or her spouse, both of whom you have just recently met. Think of what questions (in English or Czech) you might ask them in this situation. Your teacher will write them on the board. When you have a good useful set, practice saying them in Czech.

Activity 3: **SAMPLE DIALOGUE (1)**

After dinner over wine, conversation turns to families and personal histories.

Brown: *Jsem rád, že si můžeme popovídat u skleničky vína. Ještě nikdy jsem nepil "Ludmilu", je opravdu dobrá.*

Novák: *Jsem rád, že vám chutná. Je to víno z mého rodiště.*

Brown: *Jestli se nemýlím, "Ludmila" je z Mělníka. Takže vy jste se narodil v Mělníku, pane Novák, že?*

Novák: *Ano, narodil jsem se tam a chodil jsem tam do základní školy.*

Brown: *A co vy, paní Nováková? Vy jste také odtamtud?*

Nováková: *Ne, nejsem. Já jsem se narodila na Moravě, blízko Olomouce a manžela jsem poznala během studia na střední technické škole v Mělníku.*

Brown: *To je zajímavé. Chodili jste do stejné třídy?*

Novák: *Ne. Manželka je o pár let mladší, byla v jiné třídě.*

Brown: *Ve kterém roce jste maturoval?*

Novák: *Já jsem maturoval v roce 1966 a potom jsem studoval na vysoké škole v Praze.*

Brown: *Vy jste tam také studovala, paní Nováková?*

Nováková: *Ne, já jsem na vysoké škole nestudovala. Po studiu na střední škole jsem začala pracovat v národním podniku Mototechna. Manžel přišel do stejného podniku o několik let později a krátce potom jsme se vzali.*

* * * * * * * * * * * * * * * * *

Brown: I'M GLAD WE COULD GET TOGETHER FOR A DRINK. I HAVE NEVER DRUNK "LUDMILA". IT'S REALLY GOOD.

Novák: I'M GLAD YOU LIKE IT. IT'S WINE FROM MY BIRTHPLACE.

Brown: IF I'M NOT MISTAKEN, "LUDMILA" IS FROM MĚLNÍK. SO YOU WERE BORN IN MĚLNÍK, MR. NOVÁK, IS THAT RIGHT?

Novák: YES, I WAS BORN THERE AND WENT TO ELEMENTARY SCHOOL THERE.

Brown: AND HOW ABOUT YOU, MRS. NOVÁK? DO YOU COME FROM THERE, TOO?

Nováková: NO, I DON'T. I WAS BORN IN MORAVIA, CLOSE TO OLOMOUC, AND I MET MY HUSBAND DURING MY STUDIES AT THE TECHNICAL HIGH SCHOOL IN MĚLNÍK.

Brown: THAT'S INTERESTING. WERE YOU IN THE SAME CLASS?

Novák: NO, WE WEREN'T. MY WIFE IS A COUPLE OF YEARS YOUNGER. SHE WAS IN A DIFFERENT CLASS.

Brown: WHEN DID YOU GRADUATE?

Novák: I GRADUATED IN 1966 AND THEN I STUDIED AT THE UNIVERSITY OF PRAGUE.

Brown: DID YOU ALSO STUDY THERE, MRS. NOVÁK?

Nováková: NO, I DIDN'T STUDY AT THE UNIVERSITY. AFTER MY HIGH-SCHOOL STUDIES I STARTED WORKING IN THE NATIONAL ENTERPRISE "MOTOTECHNA". MY HUSBAND CAME TO THE SAME COMPANY SEVERAL YEARS LATER AND SHORTLY AFTER THAT WE GOT MARRIED.

3.a   What Did They Say?

Your teacher will ask you these questions. Try to answer from memory. If you can't remember, check back to the dialogues for the answer.

1. *Kde se narodil pan Novák?*

2. *Je paní Nováková také odtamtud?*

3. *Kdy se Novákovi poznali?*

4. *Ve kterém roce maturoval pan Novák?*

5. *Studovala jeho manželka také na vysoké škole?*

6. *Kde začala paní Nováková pracovat?*

7. *Kdy se Novákovi vzali?*

3.b   Work with the Dialogue

3.b.1   Your teacher will repeat James Brown's lines from the sample dialogue for you to repeat. When you can repeat them fairly well and your pronunciation is reasonably good, take turns with other students in playing James Brown's part in the dialogue. Your teacher's responses will be close to those in the dialogue at first, but will vary more as time goes on.

3.b.2   Try to fill in the missing stems from memory. If you can't remember, listen to the tape again. Refer to the transcript only as a last resort.

B: *Jsem rád, že si _ _ _eme popovídat u skleničky _ _ _a. Ještě nikdy jsem _ _ _ _l "Ludmilu", je opravdu _ _ _ _á.*

N: *Jsem rád, že vám _ _ _ _ _á. Je to víno z _ého rodiště.*

B: *Jestli se _ _ _ _ _ím, "Ludmila" je z _ _ _ _ _ _a. Takže vy jste se _ _ _ _ _ _l v Mělníku, pane Novák, že?*

N: *Ano, _ _ _ _ _ _l jsem se tam a _ _ _ _ _l jsem tam do základní _ _ _ _y.*

B: *A co vy, paní Nováková? Vy jste také odtamtud?*

Ná: *Ne, nejsem. Já jsem se _ _ _ _ _ _la na _ _ _ _ _ě, blízko Olomouce a _ _ _ _ _ _a jsem _ _ _ _ _la během studia na _ _ _ _ _ _í technické _ _ _ _e v Mělníku.*

B: *To je zajímavé. _ _ _ _ _li jste do stejné _ _ _ _y?*

N: *Ne. Manželka je o pár let _ _ _ _ _í, _ _la v jiné třídě.*

B: *Ve kterém roce jste _ _ _ _ _ _ _ _l?*

N: *Já jsem _ _ _ _ _ _ _ _l v roce 1966 a potom jsem _ _ _ _ _ _l na _ _ _ _ _é škole v _ _ _ _e.*

B: *Vy jste tam také _ _ _ _ _ _ _la, paní Nováková?*

Ná: *Ne, já jsem na _ _ _ _ _é škole _ _ _ _ _ _ _ _la. Po studiu na _ _ _ _ _ _í škole jsem _ _ _ _la pracovat v národním _ _ _ _ _u Mototechna. Manžel _ _ _ _ _l do stejného _ _ _ _ _ _u o několik let později a krátce potom jsme se _ _ _li.*

3.b.3   Follow the same procedure as in 3.b.2. Try to fill in the missing endings from memory. Listen to the tape again if you can't remember them. Look at the transcript only as a last resort.

B: *Js_ _ rád, že si můž_ _ _ popovídat u skleničk_ vín_. Ještě nikdy js _ _ nepi_ "Ludmil_", je opravdu dobr_.*

N: *Js_ _ rád, že vám chutn_. Je to víno z m_ _ _ rodišt_.*

B: *Jestli se nemýl_ _, "Ludmila" je z Mělník_. Takže vy jste se narodi_ v Mělník _, pane Novák, že?*

N: *Ano, narodi_ jsem se tam a chodi_ jsem tam do základn_ škol_.*

B: *A co vy, paní Nováková? Vy js_ _ také odtamtud?*

Ná: Ne, nejs_ _. Já jsem se narodi_ _ na Morav_, blízko Olomouc_ a manžel_ jsem pozna_ _ ⱨhem studi_ na středn_ technick_ škol_ v Mělník_.

B: To je zajímav_. Chodi_ _ js_ _ do stejn_ tříd_?

N: Ne. Manželka je o pár let mladš_, by_ _ v jin_ tříd_.

B: Ve kter_ _ roc _ js_ _ maturova_?

N: Já js_ _ maturova_ v roce 1966 a potom jsem studova_ na vysok_ škol_ v Praz_.

B: Vy js_ _ tam také studova_ _, paní Nováková?

Ná: Ne, já js_ _ na vysok_ škol_ nestudova_ _. Po studi _ na středn_ škol_ jsem zača_ _ pracovat v národn_ _ podnik_ Mototechna. Manžel přiše_ do stejn_ _ _ podnik_ o několik let později a krátce potom js_ _ se vza_ _.

Activity 4: SAMPLE DIALOGUE (2)

Novák: **A co vy, pane Brown? Ze které části Ameriky jste vy?**

Brown: **Já jsem z Pennsylvánie. Narodil jsem se nedaleko Allentownu a potom jsme se přestěhovali do Pittsburgu. Tam jsem studoval nejdříve na střední škole a potom na Alleghenské univerzitě.**

Novák: **Jaký obor jste studoval?**

Brown: **Studoval jsem mezinárodní právo a světovou historii.**

Novák: **A potom jste začal pracovat na ministerstvu zahraničních věcí?**

Brown: **Ne, potom jsem byl dva roky v armádě. První rok jsem sloužil v Německu a potom ve Spojených státech.**

Novák: **A kde jste poznal svou manželku?**

Brown: **Ve Washingtonu, když jsem začal pracovat na ministerstvu zahraničí jako odborník pro východoevropské státy. Na Americké velvyslanectví jsem přišel nedávno. Ale to už víte, že?**

Nováková: **Ano. A co vaši rodiče? Bydli váš otec a matka ještě v Pittsburgu?**

Brown: **Ne. Když otec zemřel, matka se odstěhovala do Washingtonu a žije tam u mé sestry.**

Nováková: **Ale, já jsem nevěděla, že máte sestru. Máte také bratra?**

Brown: **Ne, mám jen sestru.**

Nováková: *Také pracuje na ministerstvu zahraničí?*

Brown: *Ne. Je vdaná, má dvě malé děti a proto je doma.*

Nováková: *A jak se vám líbí Praha?*

Brown: *Praha se mi velmi líbí, je to pěkné historické město.*

* * * * * * * * * * * * * * * * *

Novák: AND HOW ABOUT YOU, MR. BROWN? WHAT PART OF AMERICA ARE YOU FROM?

Brown: I'M FROM PENNSYLVANIA. I WAS BORN NOT FAR FROM ALLENTOWN AND THEN WE MOVED TO PITTSBURGH. I WENT TO HIGH SCHOOL THERE AND THEN TO ALLEGHENY UNIVERSITY.

Novák: WHAT DID YOU STUDY?

Brown: I STUDIED INTERNATIONAL LAW AND WORLD HISTORY.

Novák: AND THEN YOU STARTED WORKING FOR THE STATE DEPARTMENT?

Brown: NO. I WAS IN THE ARMY FOR TWO YEARS. THE FIRST YEAR I WAS STATIONED IN GERMANY AND THEN IN THE U.S.

Nováková: AND WHERE DID YOU MEET YOUR WIFE?

Brown: IN WASHINGTON, WHEN I STARTED WORKING AT THE STATE DEPARTMENT AS A SPECIALIST FOR EASTERN EUROPE. I ARRIVED AT THE EMBASSY IN PRAGUE NOT LONG AGO. BUT YOU ALREADY KNOW THAT, DON'T YOU?

Nováková: YES, WE DO. AND HOW ABOUT YOUR PARENTS? DO YOUR FATHER AND MOTHER STILL LIVE IN PITTSBURGH?

Brown: NO, THEY DON'T. AFTER MY FATHER DIED MY MOTHER MOVED TO WASHINGTON AND NOW SHE LIVES WITH MY SISTER.

Nováková: OH, I DIDN'T KNOW THAT YOU HAD A SISTER. DO YOU HAVE A BROTHER, TOO?

Brown: NO, I DON'T. I ONLY HAVE A SISTER.

Nováková: DOES SHE ALSO WORK AT THE STATE DEPARTMENT?

Brown: NO SHE DOESN'T. SHE IS MARRIED AND HAS TWO LITTLE CHILDREN, SO SHE'S AT HOME.

Nováková: AND HOW DO YOU LIKE PRAGUE?

Brown: I LIKE PRAGUE VERY MUCH. IT'S A NICE, HISTORICAL CITY.

4.a   **What Did They Say?**

Your teacher will ask you these questions. Try to answer from memory. If you can't remember, check back to the dialogues for the answer.

1. *Odkud je pan Brown?*

2. *Kdy se jeho rodiče přestěhovali do Pittsburgu?*

3. *Jaký obor studoval pan Brown na vysoké škole?*

4. *Na které universitě studoval?*

5. *Kdy byl pan Brown v armádě?*

6. *Sloužil pan Brown také v zahraničí?*

7. *Kde začal pan Brown pracovat?*

8. *Kde poznal pan Brown svou manželku?*

9. *Kdy přišel na Americké velvyslanectví do Prahy?*

10. *Kdy se přestěhovala jeho matka do Washingtonu?*

11. *Je sestra pana Browna svobodná nebo vdaná?*

12. *Kolik dětí má jeho sestra?*

13. *Kde pracuje sestra pana Browna?*

4.b   **Work with the Dialogue**

4.b.1   Try to fill the missing stems from memory. If you can't remember, listen to the tape again. Refer to the transcript only as a last resort.

N: A co vy, pane Brown? Ze _ _ _ _é _ _ _ _i Ameriky jste vy?

B: Já jsem z Pennsylvánie. _ _ _ _ _ _ _ _l jsem se nedaleko Allentownu a potom jsme se
_ _ _ _ _ _ _ _ _ _li do Pittsburgu. Tam jsem _ _ _ _ _ _ _l nejdříve na
_ _ _ _ _ _í _ _ _ _ e a potom na Allenghenské _ _ _ _ _ _ _ _ě.

N: Jaký obor jste _ _ _ _ _ _ _l?

B: Studoval jsem _ _ _ _ _ _ _ _í _ _ _ _o a světovou _ _ _ _ _ _ _i.
N: A potom jste _ _ _ _ _l pracovat na _ _ _ _ _ _ _ _ _ _u zahraničních věcí?

B: *Ne, potom jsem _ _l dva roky v _ _ _ _ _ě. První rok jsem _ _ _ _ _ _l v Německu a potom ve Spojených státech.*

Ná: *A kde jste _ _ _ _ _l svou manželku?*

B: *Ve _ _ _ _ _ _ _ _ _ _ _u, když jsem _ _ _ _l pracovat na _ _ _ _ _ _ _ _ _ _ _ _u _ _ _ _ _ _ _ _í jako odborník pro východoevropské _ _ _ _y. Na _ _ _ _ _ _ _é velvyslanectví jsem _ _ _ _ _ _l nedávno, ale to už _íte, že?*

Ná: *Ano. A co vaši rodiče? _ _ _ _í váš otec a matka ještě v _ _ _ _ _ _ _ _ _u?*

B: *Ne. Když otec _ _ _ _ _ _l, matka se _ _ _ _ _ _ _ _ _ _ _la do Washingtonu a žije tam u mé _ _ _ _ _ _y.*

Ná: *Ale, já jsem _ _ _ _ _ _ _la, že máte sestru. Máte také _ _ _ _ _ _a?*

B: *Ne, mám jen _ _ _ _ _ _u.*

Ná: *Také pracuje na _ _ _ _ _ _ _ _ _ _ _u _ _ _ _ _ _ _ _í?*

B: *Ne. Je vdaná, má dvě _ _ _é děti a proto je doma.*

Ná: *A jak se vám _ _ _ _í Praha?*

B: *Praha se mi velmi _ _ _í, je to _ _ _ _ _é _ _ _ _ _ _ _ _ _ _é město.*

4.b.2   Follow the same procedure as in 4.b.1. Fill in the missing endings from memory. Listen to the tape again if you can't remember them. Look at the transcript only as a last resort.

N: *A co vy, pane Brown? Ze kter_ část_ Amerik_ js_ _ vy?*

B: *Já js_ _ z Pennsylváni _. Narodi_ js_ _ se nedaleko Allentown_ a potom jsme se přestěhova_ _ do Pittsburg _. Tam jsem studova_ nejdříve na středn_ škol_ a potom na Alleghensk_ universit_.*

N: *Jak_ obor jste studov_?*

B: *Studova_ jsem mezinárodn_ práv_ a světov_ _ _ histori_.*

N: *A potom js_ _ zača_ pracovat na ministerstv_ zahraničn_ _ _ věc_?*

B: *Ne, potom jsem byl dv_ rok_ v armád_. Prvn_ rok js_ _ slouži_ v Německ_ a potom ve Spojených státech.*

Ná: *A kde jste pozna_ svou manželk_?*

B: *Ve Washington_, když jsem zača_ pracovat na ministerstv_ zahranič_ jako odborník pro východoevropsk_ stát_. Na Americk_ velvyslanectv_ jsem přiše_ nedávno, ale to už v_ _ _, že?*

Ná: *Ano. A co vaši rodič_? Bydl_ váš otec a matka ještě v Pittsburgh_?*

B: Ne. Když otec zemře_, matka se odstěhova_ _ do Washington_ a žij_ tam u mé sestr_.

Ná: Ale, já jsem nevědě_ _, že m_ _ _ sestr_. M_ _ _ také bratr_?

B: Ne, m_ _ jen sestr_.

Ná: Také prac_ _ _ na ministerstv_ zahranič_?

B: Ne. Je vdan_, má dv_ mal_ děti a proto je doma.

Ná: A jak se vám líb_ Praha?

B: Praha se mi velmi líb_, je to pěkn_ historick_ město.

4.c **NARRATIVES**

Jan Amos Komenský (Comenius)

Komenský se narodil 28. března 1592 v Nivnici u Uherského Brodu. Studoval v Přerově a potom na univerzitě v Herbornu a Heidelberku v Německu. Byl to vynikající teolog a pedagog. Jako pedagog pracoval v Polsku, Maďarsku, Anglii a v Holandsku. Napsal mnoho knih o teologii a metodologii vyučování. Pedagogové na celém světě vzpomínají na Komenského jako na "Učitele národů".

Den jeho narození, 28. březen, se v Československu slaví jako "Den učitelů".

Antonín Dvořák

Antonín Dvořák byl vynikající hudební skladatel, který se narodil 8. září 1841 v Nelahozevsi. Několik let pracoval jako dirigent v New Yorku. Složil řadu oper a symfonií. Jeho nejznámější symfonie se jmenuje "Z nového světa", kterou složil v Americe. Známé a oblíbené jsou také jeho "Slovanské tance". Z Ameriky se vrátil Dvořák do Prahy, kde zemřel v roce 1904.

Karel Čapek

Karel Čapek byl pravděpodobně nejznámější český novinář, spisovatel a dramatik. Narodil se jako syn lékaře v roce 1890 a zemřel v prosinci 1938. Jeho nejlepší dílo, hra "R.U.R", má anglické jméno, které zní "Rossum's Universal Robots". Jeho romány "Krakatit" a "Válka s mloky" se překládaly do mnoha světových jazyků a zná je celý kulturní svět. Tato díla K. Čapka ukazovala na rostoucí problémy moderního světa a nebezpečí totalitního systému.

Tomáš Garrigue Masaryk

T.G.M. byl nejvýznamnější český politik, filosof a diplomat. Napsal řadu filozoficko-politických knih, které měly velký význam pro budování nového Československého státu. T. G. Masaryk a americký prezident Wilson připravili podmínky pro vytvoření samostatného Československa v roce 1918. Ve stejném roce se Masaryk stal prvním prezidentem Československé republiky a národ o něm mluvil jako o "Prezidentu Osvoboditeli". T. G. M. se narodil 7. března 1850 a žil do roku 1937, kdy 14. září zemřel.

4.d   Work with the Narratives

4.d.1   Listen to the tape (one narrative at a time). Write down items you are not quite sure of and check them with your teacher.

4.d.2   Take turns in reading the narratives, paying special attention to pronunciation.

4.d.3   When you are familiar with the text, your teacher will ask you these questions. Try to answer them from memory. Refer back to the narratives if you have difficulty.

1. *Kdo byl Komenský?*
2. *Kdy a kde se narodil?*
3. *Kde studoval?*
4. *O čem psal ve svém díle?*
5. *Kdy se slaví v Československu "Den učitelů"?*

---

1. *Kdo se narodil v Nelahozevsi?*
2. *Proč je Dvořák známý v Americe?*
3. *Jak se jmenuje jeho nejznámější symfonie?*
4. *Kde tu symfonii složil?*
5. *Ve kterém roce Dvořák zemřel?*

---

1. *Jak se jmenuje nejlepší dílo K. Čapka?*
2. *Byl Karel Čapek jen dramatik?*
3. *Které jeho romány zná celý kulturní svět?*
4. *Na co ukazovala jeho díla?*
5. *Do jakých jazyků se překládaly jeho knihy?*

1. *Kdo byl prvním prezidentem Československé republiky?*
2. *Ve kterém roce se stal Masaryk prezidentem?*
3. *Jaké jeho knihy měly význam pro budování Československého státu?*
4. *Co připravili W. Wilson a Masaryk?*
5. *Do kterého roku žil Masaryk?*

4.d.4   Apply the above texts to other famous writers, composers, etc., e.g.:

George Gershwin byl vynikající hudební skladatel, ...

4.d.5   For homework prepare a short talk about a famous American.

NOTES

Jsem rád, že vám chutná.	-	I am glad you like it. (Food or drinks only)
Vy jste také odtamtud?	-	Are you from there, too?
Jestli se nemýlím.	-	If I am not mistaken.
Manželka je o pár let mladší.	-	My wife is a couple of years younger.
Krátce potom jseme se vzali.	-	Shortly after that we got married.
O několik let později.	-	Several years later.
Ministerstvo zahraničí.	-	Foreign Ministry (Department of State)
Ve Spojených státech.	-	In the United States.
Stal se prvním prezidentem.	-	He became the first president.
O sobě.	-	About ourselves.
Ve svém díle.	-	In his work.

Activity 5:   **STRUCTURE AWARENESS I**

5.a   **Reverse Drill**

5.a.1   Listen to your teacher, who will form sentences using items in the columns below. Then try it yourself.

A	B
On *Paní Nováková* *Můj přítel* *Já* (male) *Ty* (female) *Ty* (male) *Já* (female) *My* (males) *Oni* *My* (females) *Můj bratr* *Ony* *Moje sestry* *Vy* (polite - male) *Vy* (polite - female) *Vy* (males and females)	*potřebovat elektrický psací stroj* *myslet, že večírek bude v sobotu* *slyšet, že on tam nebude* *zajímat se o film a divadlo* *pracovat také v tom podniku* *děkovat za pozvání* *říkat, že to bude zajímavé* *doufat, že oni přijedou do Prahy* *přestupovat na Vinohradské třídě* *trávit soboty na chatě* *těšit se na ten večírek* *vypadat docela dobře* *bát se, že nepřijdou* *platit za oběd* *stravovat se v restauraci* *shánět některé potraviny* *maturovat v roce 1975* *studovat na střední škole* *zajistit vstupenky na koncert* *podívat se na ty obrazy* *vidět tu operu v sobotu* *sloužit v armádě* *stát na rohu ulice* *zamluvit stůl v restauraci* *cítit se velmi dobře* *pracovat na ministerstvu* *chodit do školy*

5.b   **GRAMMAR NOTES**

Past tense

5.b.1   A number of new verb forms have occurred in this lesson that referred to events which took place in the past. These past tense verb forms are marked by a suffix, for example:

Novák: *Já jsem* **maturoval** *v roce 1966.*
I graduated in 1966.

The verb here refers to a man (Novák), and this is reflected in the masculine ending *-l*.

*Vy jste tam také **studovala**, Paní Nováková?*
Did you also study there, Mrs. Novák?

Here the verb refers to Mrs. Novák, and the verb ending is *-la*.

These endings of course don't only occur when a man or a woman is being referred to. They also occur when a masculine or feminine noun is the subject, e.g.:

*Ten **magnetofon** fungoval dobře.*
That tape recorder worked well.

***Konference** se konala v hotelu Imperial.*
The confe:ence took place at the Imperial hotel .

5.b.2   The complete past tense construction for most persons consists of the past tense verb form and the corresponding form of the verb ***být*** (as in the first two examples above). However, for 3rd person the past tenses verb form occurs alone. Here is the pattern:

singular	(referring to a man)	(referring to a woman)
1st pers.	*já jsem maturoval*	*já jsem maturovala*
2nd pers.	*ty jsi maturoval*	*ty jsi maturovala*
3rd pers.	*on maturoval* ·	*ona maturovala*

The neuter ending is *-lo*, as in:

*Auto přije**lo**.*
The car came.

5.b.3   When the subject is plural, a further distinction is made in addition to the three-way masculine/feminine/neuter divisions. In the masculine, a distinction is made indicating whether the subject is animate or inanimate.

-li   masc. animate pl.

-ly   masc. inanimate pl., feminine pl.

-la   neuter pl.

Examples:

masc. animate pl.:

*Pan Novák a pan Brown studova**li** na université.*
Mr. Novák and Mr. Brown studied at the university.

masc. inanimate pl.:

> *Magnetofony fungovaly dobře.*
> The tape recorders worked well.

feminine pl.:

> *Paní Nová a slečna Veselá studovaly na střední škole.*
> Mrs. Nová and Ms. Veselá went to high school.

neuter pl.:

> *Auta přijela na parkoviště.*
> The cars came to the parking lot.

When there are two animate subjects in a sentence, one masculine and one feminine, along with a verb in the past tense, the verb ending is the masculine form, e.g.:

> *Pan Novák a paní Nováková studovali v Mělníku.*
> Mr. Novák and Mrs. Novák studied in Mělník.

The verb construction is made negative by adding **ne**- to the -**l**- form.

> *Sestra nestudovala na střední škole.*
> My sister didn't go to high school.

In the polite "you" verb construction in the past, the gender of the subject is indicated.

> *Vy jste studoval v Pittsburghu?*
> Did you (masc.) study in Pittsburgh?

> *Vy jste studovala v Pittsburghu?*
> Did you (fem.) study in Pittsburgh?

5.c **Tryout**

5.c.1 Try to fill in as many past tense forms as you can in the following sentences.

V Praze _____ (konat se) československo-americká kulturní konference. Vedoucím delegace _____ (být) spisovatel pan J.B. Hopkins.

Pan Brown a slečna Veselá _____ (muset) zařídit hodně věcí. Kromě ubytování, které _____ (zajistit) slečna Veselá, _____ (připravit) také program na jejich volné dny po konferenci. V Národním divadle _____ (vidět) hosté operu Bedřicha Smetany "Prodaná nevěsta", která se jim velmi _____ (líbit). Delegace _____ (zajímat se) o historické památky a proto jim připravili okružní jízdu po staré Praze. Hosté _____ (podívat se) na Pražský hrad, Malou Stranu a Vyšehrad.

_____ (Stravovat se) v hotelu, ve kterém _____
(bydlet). Ten hotel _____ (jmenovat se) International. Po
konferenci _____ (konat se) večírek, na který pan Brown
_____ (pozvat) také československou delegaci.

Delegace _____ (cítit se) na večírku dobře, _____
(zkusit) některé typické české a slovenské speciality a _____ (pít) dobré
víno z Mělníka.

_____

5.c.2   Fill in as many past tense forms as you can in the following sentences.

A: Kde jste _____ (být) v sobotu a v neděli, paní Smutná?

B: _____ (Být) na chatě. _____ (Těšit se) na to celý
      týden. A co _____ (dělat) vy, pane Novotný?

A: V sobotu _____ (muset) jít do práce a neděli _____
      (trávit) doma. Také _____ (těšit se), že někam pojedu, ale
      _____ (nemoci).

B: Co _____ (dělat) vaše paní? __ _____ (jet) také do práce?

A: Ne, manželka v sobotu _____ (nepracovat). _____
      (Jet) do Kolína, má tam sestru.

B: _____ (Být) tam celou sobotu a neděli?

A: Ne, v neděli tam _____ (nebýt), _____ (přijet) domů v
      sobotu ve dvanáct hodin a potom _____ (dívat se) na televizi
      na operu Rusalka od Dvořáka.

_____

A: Kde _____ (narodit se), slečno Petrová?

B: _____ (Narodit se) ve Vsetíně na Moravě a _____
      (žít) tam asi deset let.

A: _____ (Chodit) tam do školy?

B: Ano, _____ (chodit) tam do základní školy, ale potom
      _____ (studovat) v Ostravě na technické škole. Moji rodiče se
      potom také _____ (přestěhovat) do Ostravy a _____
      (bydlet) tam do roku 1980.

A: *Ve kterém roce _____ (maturovat)?*

B: *_____ (Maturovat) v roce 1978.*

A: *A kde _____ (studovat) váš bratr?*

B: *Můj bratr _____ (zajímat se) o technické obory a proto _____ (studovat) na Vysoké škole technické v Praze.*

A: *A kde pracuje teď?*

B: *On teď nepracuje, _____ (muset) jít na rok do armády.*

Activity 6: STRUCTURE AWARENESS II

6.a   **Reverse Drill**

6.a.1   Listen to your teacher, who will form sentences using items in the columns below. Then try it yourself.

A	B
On Paní Novotná Ty (male) Můj přítel Pan Nový a jeho manželka Já (male) Ty (female) Já (female) My (males) Moje sestry Vy (polite-male) Vy (polite-female)	*mít dost času* *chtít také jet do Ameriky* *psát dopisy každý den* *znát pana Browna z New Yorku* *jít večer do kina* *žít v malém městě* *moci se na to podívat* *být v zahraničí* *dát ten stroj do kanceláře* *přinést zajímavé knihy* *přijít do práce už v sedm hodin* *uhnout na náměstí doleva* *zahnout na rohu ulice doprava* *proštípnout lístek v tramvaji* *najít ten slovník v knihovně* *sejít se s panem Novákem ve vinárně* *zajít si na oběd do restaurace*

6.a.2   Listen to your teacher, who will form sentences using items in the columns below. Then try it yourself.

A	B
Několik autobusů *Mnoho lidí* *Pár dětí* *Hodně studentek* *Řada tramvají* *Mnoho pracovníků* *Pět studentů* *Asi deset dětí* *Spousta studentů* *Hromada dělníků* *Kolik ...*	*stát na zastávce* *jezdit na Malou Stranu* *přinést zajímavé knihy* *přijet do Prahy z Ostravy* *zajít si na skleničku vína* *bydlet v moderní čtvrti* *studovat na vysoké škole* *moci zahnout doprava* *vracet se z chaty* *spěchat domů* *se dostat do Prahy už v sobotu* *mít problémy* *jít pěšky* *se stravovat v závodní jídelně* *trávit večery doma* *chtít jít do divadla* *chodit na ministerstvo kultury* *psát dopisy anglicky a německy* *zajímat se o kulturu a divadlo* *sejít se u muzea* *odstěhovat se na Slovensko* *zajistit si vstupenky na film* *přijet na hlavní nádraží*

6.b   **GRAMMAR NOTES**

Past tense - Irregular forms and agreement

6.b.1   Some verbs have forms that are different from those of most verbs in Czech. These are called "irregular" verbs. It may seem to you that you have already encountered a lot of irregular verbs in Czech, but this is a consequence of the way languages develop. Irregularities are present only in the most common verbs, since words used less commonly revert to a regular pattern. Irregularities are perhaps most noticeable in the past tense forms. (This is found in English also: e.g. "break" - "broke", while most verbs follow the pattern "visit" - "visited".)

Since these forms can't be predicted, they have to be learned for each irregular verb. Here are some of the types of irregular past tense forms, listed after the corresponding infinitive:

1.	*mít*	-	*měl*
	chtít	-	*chtěl*

Here the past form has a different vowel from that of the infinitive.

2.	*být*	-	*byl*
	dát	-	*dal*

In these examples the vowel is the same in the two forms, but the vowel in the past is short while the vowel in the infinitive is long.

3.	*číst*	-	*četl*

The past stem often differs in several respects from the infinitive. Here in addition to vowel change, the consonant also changes:

		masc.	fem.	neuter	
4.	*jít* -	*šel*	*šla*	*šlo*	singular forms
		šli	*šly*	*šla*	plural forms

Here the infinitive was replaced by a completely different word.

These forms, of course, also occur in all compound verbs with *jít*:

přijít	-	*přišel*
najít	-	*našel*

A complete list of all irregular verbs that have occurred so far is in Supplement I.

6.b.2   When quantifiers (*několik, mnoho*, etc.) or numerals 5 and up are part of the subject of a sentence which has a past tense verb form, the ending of the verb is *-lo*, e.g.:

Kolik studentů tam studovalo?
How many students studied there?

Mnoho lidí vidělo ten film.
Many people have seen that film.

Pět lidí přišlo pozdě.
Five people came late.

6.b.3   When the polite **vy** form is used with a verb in the past tense, the verb ending corresponds to the gender of the person addressed:

Vy jste studoval v Pittsburghu?   (addressing a man)
You studied in Pittsburgh?

Vy jste studovala v Mělníku?   (addressing a woman)
You studied in Mělník?

19

6.c   **Tryout**

6.c.1   Read the following sentences, supplying the appropriate past tense.

1.   *Pan Novák a pan Brown* _____ *(zajít si) na oběd do restaurace.*

2.   _____ *(Mít) pan konsul včera dost času?*

3.   *Jejich dcera* _____ *(psát) některé dopisy anglicky.*

4.   *Psací stroje a magnetofony* _____ *(být) v jeho kanceláři.*

5.   _____ *(být) včera na koncertě mnoho lidí?*

6.   *Oni* _____ *(přinést) nějaké moučníky.*

7.   *Představení* _____ *(začít) v 8 hodin.*

8.   *Jeho rodiče už* _____ *(zemřít).*

9.   *Manželka pana Nováka na ten večírek* _____ *(nepřijít).*

10.   *Několik pracovníků velvyslanectví* _____ *(bydlet) na Smíchově.*

11.   *Pane Vlach, v kolik hodin* _____ *(přijít) do práce vy?*

12.   *Kde jste ten seznam* _____ *(najít), slečno?*

13.   *Na střední škole v červnu* _____ *(maturovat) 65 studentů.*

14.   *Nového velvyslance* _____ *(znát) jen málo lidí.*

15.   *Jeho dcery také* _____ *(žít) v Praze.*

16.   *Kdo to* _____ *(dát) do psacího stolu?*

17.   *Na konferenci* _____ *(přijet) asi deset zahraničních delegací.*

18.   *Novákovi* _____ *(jít) po večeři na procházku.*

19.   *To auto* _____ *(zahnout) doleva místo doprava.*

20.   _____ *(Netýkat se) to mnoha našich zaměstnanců.*

21.   *Jeho syn a dcera* _____ *(číst) česky docela dobře.*

22.   _____ *(Nezapomenout) na ty lístky, slečno Nová, že?*

23.   *Kdo* _____ *(proštípnout) ty lístky?*

24. Ten koncert _____ *(být)* velmi pěkný.

25. Několik pracovníků _____ *(přijít)* už v 6 hodin.

Activity 7:   **STRUCTURE AWARENESS III**

7.a   **Reverse Drill**

7.a.1   Read each sentence on the left. Your teacher will respond with the same sentence but
with a different word order. Repeat your teacher's version.

1.	*Já jsem studoval češtinu v Praze.*	*Studoval jsem češtinu v Praze.*
2.	*Vy jste si koupil nové auto, že?*	*Koupil jste si nové auto, že?*
3.	*My jsme se těšili na tu operu.*	*Těšili jsme se na tu operu.*
4.	*Ty jsi také maturoval na této škole?*	*Maturoval jsi také na této škole?*
5.	*Já jsem tam neměl žádné potíže.*	*Neměl jsem tam žádné potíže.*
6.	*Vy jste chodili na obědy do restaurace.*	*Chodili jste na obědy do restaurace.*
7.	*Já jsem už byl v Národním divadle.*	*Byl jsem už v Národním divadle.*
8.	*Vy jste se o to nezajímali?*	*Nezajímali jste se o to?*
9.	*My jsme jezdili do práce autem nebo metrem.*	*Jezdili jsme do práce autem nebo metrem.*
10.	*Já jsem ho tam neviděla.*	*Neviděla jsem ho tam.*

7.b   **GRAMMAR NOTES**

Word order

7.b.1   Two varieties of word order commonly occur in Czech sentences having a past tense
form. One begins with the past tense form itself:

Byl jsem tam včera.
I was there yesterday.

The other variety begins with a word other than the past tense verb form:

319

Já jsem tam byl včera.
Tam jsem byl včera.

There is no difference in meaning between the two varieties.

7.b.2   With reflexive verbs, the particles **se** and **si** always follow the auxiliary verb regardless of the position of the past tense form in the sentence.

Učil **jsem se** *celý večer.*
Já **jsem se** *učil celý večer.*
I studied all evening.

7.c   **Tryout**

7.c.1   Go back to 7.a.1. Omit the personal pronoun and make the necessary word order changes.

7.c.2   Change the word order by omitting the personal pronoun.

1.   *Ona se narodila v Praze.*

   _____

2.   *Ty jsi ten film už viděl.*

   _____

3.   *Ona se těšila na sobotu.*

   _____

4.   *Já jsem tam ještě nebyl.*

   _____

5.   *Vy jste si koupila nové auto, že?*

   _____

6.   *Vy jste tam neměli žádné potíže, že ne?*

   _____

7.   *My jsme se vraceli z chaty asi v šest hodin.*

   _____

8. *Ty jsi také byla včera v kině, že?*

_____

9. *Ona se podívala na svého bratra.*

_____

10. *My jsme si zašli na pivo.*

_____

11. *Já jsem se zajímala o východoevropskou kulturu.*

_____

12. *My jsme se zeptali slečny Konečné.*

_____

13. *Ty jsi maturovala v roce 1980?*

_____

14. *Vy jste už byli v Národním muzeu?*

_____

15. *Ty jsi našel tu knihu?*

_____

16. *Já jsem se na tu konferenci netěšil.*

_____

17. *Já jsem studovala na stejné střední škole.*

_____

18. *Vy jste už zkusil některé zahraniční speciality?*

_____

19. *Ty jsi se už přestěhoval do jiného bytu?*

_____

20. *Vy jste se vzali, když jste studovali na universitě?*

_____

7.c.3 Now start the following sentences with the past tense participles and adjust the word order.

1. **Každou neděli** *jsme jezdili na chatu.*

   _____

2. **Včera** *jsme byli v kině.*

   _____

3. **Vloni** *jsme si koupili nové auto.*

   _____

4. **Minulou neděli** *jsem ho viděl v Brně.*

   _____

5. **V zahraničí** *jsem ještě nebyl.*

   _____

6. **Nedávno** *jsme se viděli na ministerstvu.*

   _____

7. **Každý den** *jsme tam chodili.*

   _____

8. **Minulý měsíc** *se přestěhovali do Krnova.*

   _____

9. **Nikdy** *jsme nechodili na obědy do restaurace.*

   _____

10. **Vždycky** *jsem se chtěl dostat do Evropy.*

    _____

7.c.4   Working with the sentences below, drop or add a suitable pronoun.

1.   Učil jsem se češtinu na střední škole.

_____

2.   Viděla jsem pana Nováka na konferenci.

_____

3.   Jezdili jsme do práce autobusem.

_____

4.   Udělali jsme to včera.

_____

5.   Našel jsem ty pozvánky na stole.

_____

6.   Nezajistili jsme ještě ty vstupenky.

_____

7.   Oni se nezajímali o obrazy.

_____

8.   My jsme na vašeho přítele zapomněli.

_____

9.   Těšili jsme se na sobotu a neděli.

_____

10. Neviděli jsme tam pana Zrzavého.

_____

11. Nepotřebovali jsme ten elektrický psací stroj.

_____

12. Ona nestudovala mezinárodní právo.

_____

13. Oni nám přinesli nějaké zajímavé knihy.

_____

25

14. *Potřebovali jste také nový magnetofon, že?*

   _____

15. *Museli si koupit nové auto.*

   _____

   _____

7.c.5   Write the following sentences in Czech.

1. I couldn't come at seven. I had a lot of work.

   _____

2. At what school did her husband study?

   _____

3. Have you written all the letters, Miss Nová?

   _____

4. Were there many people at that party?

   _____

5. They didn't know that we had a new apartment.

   _____

6. Several people were waiting at the bus stop.

   _____

7. Where did you live in America? In Washington?

   _____

8. How many students had meals in the school cafeteria?

   _____

9. Have you ever been abroad?

   _____

10. Mrs. Black and her husband graduated in the same year.

   _____

11. My father died in 1985.

_____

12. Ms. Novotná and her sister returned at about seven o'clock.

_____

13. Have you been working long? When did you start?

_____

14. It concerned the employees of the American Embassy.

_____

15. My friend and I dropped by for a beer last night.

_____

16. Both of them served at the American Embassy in Sweden.

_____

17. How many operas did Dvořák compose?

_____

18. Haven't you forgotten about that?

_____

19. Our family was looking forward to that weekend.

_____

20. After we got married we moved to Cleveland, Ohio.

_____

Activity 8:   STRUCTURE AWARENESS IV

8.a   **Reverse Drill**

Listen to your teacher, who will form sentences using items in the columns below. Then try it yourself.

8.a.1   Nominative and genitive singular:

A	B	C	D
nominative sg. *Byl (-la) tam také* *Na konferenci přišel (-la)* *Přinesl (-la) to* *Vstupenky zajistil (-la)* *Slyšel (-la) to také* *Narodil (-la) se tam* *Stál (-la, -lo) tam* *Byl (-la, lo) tam také* **genitive sg.** *To je auto* *Bál (-la) se* *Zeptal (-la) se* *Týkalo se to* *Zeptáme se* *Stojí vedle*	*můj* *tvůj* *jeho* *její* *náš* *váš* *jejich*	*starší* *mladší* *nový* *starý* *nejlepší* *výborný* *vynikající* *první* *německý* *anglický*	*bratr* *sestra* *profesor* *tajemník* *přítel* *ředitel* *velvyslanec* *matka* *manželka* *zástupkyně* *sekretářka* *koncert* *fotografie* *škola* *auto* *rádio* *kino* *magnetofon* *divadlo* *nápad* *problém*

8.a.2   Accusative and locative singular:

A	B	C	D
accusative sg.			bratr
Znali jsme			sestra
Podívali jsme se na			profesor
Těšila se na			tajemník
Uviděli tam		starší	přítel
Zapomněla na	můj	mladší	ředitel
Potřebujeme	tvůj	nový	velvyslanec
Mají tam	jeho	starý	matka
	její	nejlepší	manželka
	náš	výborný	zástupkyně
	váš	vynikající	sekretářka
	jejich	první	
		německý	koncert
		anglický	fotografie
			škola
locative sg.			auto
			rádio
Psali o			slovník
Povídali si o			kino
Mluvil (-la) o			magnetofon
Bylo to v			divadlo
Záleží to na			nápad
			problém

8.a.3   Nominative, genitive, and accusative plural:

A	B	C
nominative pl.		
Byly tam také		
Přinesou to		*sekretářka*
Slyšely to		*sestra*
Narodily se tam		*studentka*
Stála tam		*slovník*
Na konferenci byly		*nápad*
To jsou		*křeslo*
		auto
	můj	
	tvůj	
	jeho	
genitive pl.	*její*	
	náš	
	váš	
	jejich	
To jsou auta		*zaměstnanec*
Bojíme se		*řidič*
Viděl jsem fotografie		*přítel*
Netýká se to		*ředitel*
Zeptají se		*sekretářka*
Stály vedle		*zaměstnankyně*
		manželka
accusative pl.		
Neznali		*studentka*
Těšíme se na		*profesorka*
Uvidíte tam		*pracovnice*
Podíváte se na		*specialita*
Zajímali se o		*auto*
Poprosíme		*manželka*
		fotografie

8.b   **GRAMMAR NOTES**

Possessive pronouns

8.b.1   The following is a complete list of all possessive pronouns in all cases covered so far.

a.   Singular.

With all masculine nouns

nom.	*můj*	*tvůj*	*náš*	*váš*	*její*	*obraz*
gen.	*mého*	*tvého*	*našeho*	*vašeho*	*jejího*	*obrazu*
acc.	*můj* *mého*	*tvůj* *tvého*	*náš* *našeho*	*váš* *vašeho*	*její* *jejího*	*obraz* *bratra*
loc.	*mém*	*tvém*	*našem*	*vašem*	*jejím*	*obrazu*

With all feminine nouns

nom.	*má* *moje*	*tvá* *tvoje*	*naše*	*vaše*	*její*	*kniha*
gen.	*mé*	*tvé*	*naší*	*vaší*	*její*	*knihy*
acc.	*mou* *moji*	*tvou* *tvoji*	*naši*	*vaši*	*její*	*knihu*
loc.	*mé*	*tvé*	*naší*	*vaši*	*její*	*knize*

With all neuter nouns

nom.	*mé* *moje*	*tvé* *tvoje*	*naše*	*vaše*	*její*	*auto*
gen.	*mého*	*tvého*	*našeho*	*vašeho*	*jejího*	*auta*
acc.	*mé* *moje*	*tvé*	*naše*	*vaše*	*její*	*auto*
loc.	*mém*	*tvém*	*našem*	*vašem*	*jejím*	*autě*

329

31

b.   Plural.

With all animate and inanimate masculine nouns (except for the combination with animate nouns in the nominative case).

nom.	*mé* *moje*	*tvé* *tvoje*	*naše*	*vaše*	*její*	*obrazy*
gen.	*mých*	*tvých*	*našich*	*vašich*	*jejích*	*obrazů*
acc.	*mé*	*tvé*	*naše*	*vaše*	*její*	*obrazy*

With all feminine nouns

nom.	*mé* *moje*	*tvé* *tvoje*	*naše*	*vaše*	*její*	*knihy*
gen.	*mých*	*tvých*	*našich*	*vašich*	*jejích*	*knih*
acc.	*mé*	*tvé*	*naše*	*vaše*	*její*	*knihy*

With all neuter nouns

nom.	*má* *moje*	*tvá* *tvoje*	*naše*	*vaše*	*její*	*auta*
gen.	*mých*	*tvých*	*našich*	*vašich*	*jejích*	*aut*
acc.	*má* *moje*	*tvá* *tvoje*	*naše*	*vaše*	*její*	*auta*

8.b.2   The pronouns **můj** and **tvůj** have expanded forms as shown. These forms are used to emphasize possession and occur only in the nominative and accusative case, e.g.:

Ta kniha je **moje**.
The book is mine.

8.b.2   The pronouns *jeho* (his, its) and *jejich* (their) have only these forms.

8.b.3   Czech does not generally use possessive pronouns if the possession is obvious:

> *Otec bydlel v Praze.*
> (My) father lived in Prague.
>
> *Manželka nestudovala na vysoké škole.*
> (My) wife did not study at the university.

8.c   **Tryout**

8.c.1   Fill in the correct forms of possessives in parentheses.

1. *To není_____ (můj) auto, to je auto _____ (náš) konsula.*

2. *_____(Její) bratr pracuje také ve _____ (váš) podniku?*

3. *Kde studují_____ (váš) děti?*

4. *Je odtud daleko do_____ (váš) kanceláře?*

5. *Žije_____ (tvůj) přítelkyně také na Moravě?*

6. *Mluvíme o_____ (její) sestře a _____ (její) bratrovi.*

7. *Jaké je číslo_____ (váš) pasu a pasu _____ (váš) manželky?*

8. *_____ (Můj) manželka to také slyšela.*

9. *Týkalo se to jen _____ (náš) zaměstnanců.*

10. *_____ (Tvůj) sekretářka stojí vedle _____ (náš) velvyslance.*

11. *Viděli jsme tam několik _____ (váš) přátel.*

12. *Zeptáme se_____ (její) manžela.*

13. *Znáte_____ (můj) mladšího bratra?*

14. *_____ (Váš) návrhy jsou opravdu dobré.*

15. *Psali o_____ (náš) velvyslanectví.*

16. *Bude to v_____ (náš) nebo _____ (váš) oddělení?*

17. *Záleží to na_____ (tvůj) vedoucím.*

18. *Narodily se tam _____ (můj) sestry.*

19. Kde stálo _____ (váš) auto?

20. _____ (Můj) přítele pana Hradského ještě neznáte, že?

21. Týká se to _____ (váš) a _____ (náš) zaměstnanců.

22. Proč nechcete pozvat _____ (můj) sekretářku?

23. Bohužel, _____ (váš) sestry neznám.

24. V _____ (náš) kanceláři máme jen obyčejné psací stroje.

25. A co _____ (její) manžel, pracuje také na ministerstvu?

26. _____ (Jejich) problémy nás nezajímají.

27. Viděli jsme tam také _____ (váš) profesora.

28. Na stole byly fotografie _____ (její) děti.

29. _____ (Její) otce a _____ (její) matku jsem poznal v Olomouci.

30. To jsou fotografie _____ (můj) sester.

31. V _____ (náš) ulici tramvaje nejezdí.

32. Kolik členů bude ve _____ (váš) delegaci?

33. _____ (Jejich) syn a dcera studují na vysoké škole.

34. Jak se vaří ve _____ (váš) závodní jídelně?

35. _____ (Tvůj) manželka také přijde na večírek?

36. Kde jsou adresy _____ (náš) zaměstnanců?

37. Z _____ (náš) ulice už to není daleko.

38. Píše o tom hodně _____ (náš) novinářů.

39. Vidím, že je tady také spousta _____ (můj) známých.

40. Kolik lidí pracuje ve _____ (váš) oddělení?

8.c.2   Try to fill in as many possessive forms as you can in the following sentences.

A: *Tak vidím, že jste přestěhovali _____ (náš) kanceláře, pane Brabeček.*

B: *Ano, pane konsule, včera jsme přestěhovali _____ (váš) věci.*

A: *To je v pořádku, ale některé věci nejsou _____ (můj). Například, zde na _____ (můj) stole jsou knihy pana Johnsona a tam napravo vidím také _____ (jeho) magnetofon. Nevíte, kde jsou _____ (můj) slovníky?*

B: *Myslím, že jsem viděl _____ (váš) slovníky v kanceláři pana Browna.*

A: *Vidím tady stůl slečny Veselé, ale nevidím tady _____ (její) židle a _____ (její) psací stroj.*

B: *Hned se podívám, pane konsule. Chcete také do _____ (váš) kanceláře nový konferenční stolek? Kam ho chcete dát?*

A: *Dejte ho vedle knihovny slečny Veselé a _____ (její) stolu.*

8.c.3   Write the following sentences in Czech.

1. Is this book yours or his?

   _____

2. I saw our consul and her husband there too.

   _____

3. And how about his wife? Where is she employed?

   _____

4. We don't have any information about your son.

   _____

5. Do you know my friend, Mr. Ženíšek?

   _____

6. Your mother died in 1980, didn't she?

   _____

35

7.   We didn't speak about our boss.

_____

8.   That concerned only my friends, not his.

_____

9.   His suggestions were quite good.

_____

10. We don't have any electric typewriters in our office.

_____

11. The party will take place in our consul's house.

_____

12. We are not interested in their relatives.

_____

13. The photographs of her children are very nice.

_____

14. There is no metro station on our street.

_____

15. Why don't you like my secretary?

_____

Activity 9: **LEXICAL DRILL**

Form correct sentences from the following and write them down. Your teacher will provide you with the sentences orally.

Kde se narodil (- la, - li, - ly)	*váš bratr*
	tvoje sestra
Kdy zemřel (- la, - li, - ly)	*její syn*
	jeho babička
	vaši rodiče
	váš přítel
	jejich děti

Kde jste chodil (- la, - li)	*do*	*střední škola*
	na	*základní škola*
		technická škola
		universita
		vysoká škola
		jazykový kurs

Kdy jste se odstěhoval (- la, - li)	*do*	*nový byt*
		Ostrava
	z	*Žilina*
Kdy jste se přestěhoval (- la, - li)		*Brno*
		tato čtvrť

Studoval (- la) jsem	*mezinárodní právo*
	evropská historie
	historie Ameriky
	technický obor
	světová historie
	východoevropská kultura

Začal (- la) pracovat	*na*	*universita*
	v	*vysoká škola*
		Mototechna
		právní oddělení
		tento podnik
		ministerstvo zahraničí

Activity 10: CONVERSATIONAL DRILL

10.a Ask the other students where they and their spouses, children, or siblings were born, e.g.:

(past tense and nom. sg. and plural)

Kde se narodil (-la, -ly) váš manžel (manželka, syn, dcera, děti, bratr)?

10.b Ask about their education.

(past tense, gen., acc. and locative)

Do jaké školy jste chodil (-la)? Co jste studoval (-la)? Kde jste studoval (-la)? Jak dlouho?

10.c Ask the other students about their employment histories.

(past tense, loc. and nominative)

Kdy a kde jste začal (-la) pracovat? Ve kterých státech jste sloužil (-la)? Jakou funkci jste tam měl (-la)? Jak dlouho jste tam sloužil (-la)?

Activity 11: SPEAKING ACTIVITY

11.a Your teacher will ask you about what transpired in previous dialogues, starting with lesson 7, e.g.:

Co musel pan Brown a slečna Veselá připravit pro konferenci?

Kolik členů měla delegace?

Kdo byl vedoucím delegace?

etc.

In the same way answer questions about the dialogues for Lessons 8 and 9.

11.a.1 Think back on what occurred in the dialogues in Lessons 7 - 9. If necesssary, glance back at them to refresh your memory. Now quiz your teacher on his/her recollection of the facts mentioned in the dialogues. (You will of course be using past tense verb constructions in this.) Make a note of the answers you get. Your teacher's memory may not always be perfect. Check his /her responses against the dialogue texts and provide corrections.

11.b Questionnaire

11.b.1 The following is a composite questionnaire. It contains terms which you may run into when dealing with Czech applications.

Příjmení: _____

Křestní jméno: _____

Za svobodna (ženy):

Místo narození -   stát: _____

                okres: _____

                město: _____

Datum narození:

Rodinný stav -   ženatý (vdaná): _____

                svobodný (svobodná): _____

                rozvedený (rozvedená): _____

                vdovec (vdova): _____

Povolání: _____

Datum sňatku: _____

Adresa (trvalé bydliště): _____

Dřívější bydliště (od kdy – do kdy): _____

Národnost: _____

Státní příslušnost: _____

Vzdělání - základní: _____

       středoškolské: _____

       vysokoškolské: _____

Jméno manžela (manželky): _____

Jméno otce: _____

Jméno matky: _____

Děti (jméno a rok narození): _____

Jména příbuzných v zahraničí: _____

Číslo pasu: _____

Go through the questionnaire and single out those items which you do not understand. Find out their meaning from your teacher or in the dictionary.

11.b.2 Fill out the questionnaire.

11b.3 Your teacher will ask you the following questions. Answer them as briefly as possible and then in whole sentences, for example:

> *Jaké je křestní jméno vašeho syna?*
> *Karel.*
> *Křestní jméno mého syna je Karel.*

1. *Jaké je vaše křestní jméno?*
   _____
   _____

2. *Vaše příjmení, prosím?*
   _____
   _____

337

3. *Jste ženatý nebo svobodný?*

_____

4. *Datum vašeho sňatku?*

_____

5. *Jak se jmenovala vaše manželka za svobodna?*

_____

6. *Její křestní jméno?*

_____

7. *Kde se narodila vaše manželka?*

_____

8. *Ve kterém státě?*

_____

9. *Jaké je vaše trvalé bydliště?*

_____

10. *Kde jste bydlel dříve?*

_____

11. *Od kdy?*

_____

12. *Jaká je vaše státní příslušnost?*

_____

13. *Vaše vzdělání?*

_____

14. *Jméno vašeho otce a matky?*

_____   _____

15. *Kde žijí vaši rodiče?*

_____

16. **Kolik máte dětí?**

_____

_____

17. **Jaká jsou křestní jména vašich dětí?**

_____

_____

18. **Máte nějaké příbuzné v zahraničí?**

_____

_____

19. **Jaký máte pas?**

_____

_____

20. **Číslo vašeho pasu, prosím?**

_____

_____

Activity 12: OVERHEARD CONVERSATION

12.a   Read the following sentences and fill in the correct endings. Then listen to the dialogue and compare the endings you have supplied with those on the tape.

1.   To víno je z _____ (moje rodiště).

2.   Chodili jste do _____ (stejná škola)?

3.   Ve_____ (který rok) jste maturoval vy?

4.   Potom jsem studoval na _____ (vysoká škola) v _____ (Praha).

5.   Po_____ (studium) na _____ (střední škola) jsem začala pracovat na_____ (poliklinika).

6.   Ze_____ (která část)_____ (Spojené státy) jste vy?

7.   Na_____ (vysoká škola) jsem studoval _____ (filozofie) a _____ (evropská historie).

8.   Potom jsem sloužil dva_____ (rok) v _____ (armáda).

9.   _____ (Manželka) jsem poznal v _____ (Japonsko).

10. Na _____ (*Americké velvyslanectví*) *jsem
    přišel nedávno.*

12.b   Listen to the dialogue once again and try to complete the following unfinished sentences:

1. *Tak vy jste tedy z Mělníka,* _____ ?

2. *A vy, paní Pokorná,* _____ ?

3. *Manželka chodila* _____ .

4. *Po studiu na střední škole* _____ .

5. *A co vy, pane Johnson,* _____ ?

6. *Tam jsem také studoval na střední škole* _____

    _____ .

7. *Na vysoké škole jsem studoval* _____ .

8. *Nejdříve jsem sloužil* _____ .

9. *Pracovala tam jako sekretářka* _____ .

10. *Odstěhovala se také do Washingtonu,* _____ .

12.c   Answer the following questions on the dialogue.

1. *Jak se jmenuje víno, které pijí?*

    _____

2. *Odkud je pan Pokorný?*

    _____

3. *Do jaké školy tam chodil?*

    _____

4. *Kde se narodila jeho manželka?*

    _____

5. *Chodili pan Pokorný a jeho manželka do stejné školy?*

    _____

6. Ve kterém roce maturoval pan Pokorný?

_____

7. Na jaké škole studoval potom?

_____

8. Kde začala paní Pokorná pracovat po skončení střední školy?

_____

9. Kde pracoval její manžel?

_____

10. Ze které části Spojených států je pan Johnson?

_____

11. Kde se narodil?

_____

12. Kde studoval?

_____

13. Jaký obor studoval pan Johnson?

_____

14. Kolik let a kde sloužil v armádě?

_____

15. Kde poznal svou manželku?

_____

16. Kdy přišel pan Johnson na Americké velvyslanectví v Praze?

_____

17. Kdy zemřel otec pana Johnsona?

_____

18. Kde a u koho žije jeho matka?

_____

43

19. *Kolik sourozenců má pan Johnson?*

_____

20. *Kolik dětí má jeho sestra?*

_____

_____

12.d   Answer the following questions, basing your answers on what you can infer from what was said in the overheard conversation.

1. Do you think a lot of grapes are grown in Bohemia?

_____

2. How did Mr. Johnson guess that Mr. Pokorný was born in Mělnik?

_____

3. Which part of Pennsylvania does Mr. Johnson come from?

_____

4. Is there any evidence that Mrs. Johnson is Japanese?

_____

5. How far from each other are the birthplaces of Mr. Pokorný and his wife?

_____

6. Do you think that Czech secondary education is quite specialized? Why?

_____

7. What other types of special secondary schools do you think there are in the U.S. similar in purpose to the nurses' training school?

_____

8. Is Prague Mr. Johnson's first assignment?

_____

9. Is Mr. Johnson older or younger than Mr. Pokorný?

_____

10. Do all three speakers have a university education?

_____

READING

I. Match the English words below with the corresponding Czech words in the text. Give as many details as you can of what the item contains.

Výbuch před odbočkou velvyslanectví USA v Bejrútu

Obětí exploze 23 lidí ● Zraněni i velvyslanci Spojených států a Británie

Bejrút 20.září (Zpravodaj ČTK) - Nálož nejméně 150 kg trhavin v dodávkovém autě explodovala ve čtvrtek krátce před polednem před odbočkou velvyslanectví USA v Avkaru v severovýchodním předměstí Bejrútu.

Podle libanonského rozhlasu přišlo 23 lidí o život a 60 bylo zraněno. Mezi mrtvými jsou dva Američané, mezi raněnými i velvyslanci Spojených států a Velké Británie R. Bartholomew a D. Myers.

according to
branch
annex
charge
dead
explosion
explosive
lost their lives
noon
northeast
no less
pickup truck
radio broadcast
victims
wounded

II. Do the same with this continuation of the text.

K atentátu se přihlásila Organizace islámské svaté války. Charakter tohoto hnutí není přesně znám kromě toho, že vystupuje jako protiamerické a protimuslimské seskupení a hlásí se k íránské islámské revoluci. Jeho mluvčí prohlásil, že čtvrtečním útokem plní hnutí svůj nedávný slib "vyhnat všechny Američany z Libanonu."

(it) acts as	holy
all	known
attack	movement
Thursday attack	(it) claimed
(he) declared	drive out
promise, vow	recent
sympathizes with	exactly
(it) fulfills	spokesperson
group	

III. Do the same with the conclusion of the text.

Podle bejrútského rozhlasu dodávkový vůz naložený výbušninou překonal strážní stanoviště nedaleko objektu a pokusil se vjet dovnitř, několik metrů od budovy však explodoval.

(it) attempted	guard post
car	however
drive in	in (side)
(it) got through	

IV.   When you encounter a new word, identify the stem and see if it corresponds to the stem of a word you already know. In this way you can become familiar with the central meaning of stems. This along with the context can often (though not always) give you an idea of what a new word might mean. It is a good habit to get into.

Here are sets of words having the same stem. Find them in the preceding text, and write them below.

1. _____   charge (noun)   _____   charged (loaded)

2. _____   (are) wounded   _____   wounded (people)

3. _____   radio (broadcast)   _____   (it) claimed

4. _____   (it) declared   _____   (it) speaks out for

5. _____   Thursday (noun)   _____   Thursday (adj.)

6. _____   explosion   _____   explosive

V.   Write in the Czech words, in the nominative, that correspond to the following:

_____   pickup truck

_____   radio broadcast

_____   United States

_____   Great Britain

_____   Islamic Holy War

_____   guard post

VOCABULARY LIST

armáda f.	-	army
bratr m.	-	brother
březen m.	-	March
budování n.	-	building up, creating
bydliště n.	-	residence
děti f. (pl.)	-	children
dílo n.	-	work, piece of art
dramatik m.	-	playwright
dříve	-	sooner, before, previously
hudební	-	musical (adj.)
jazyk m.	-	language, tongue
jiný	-	other, different
jméno za svobodna	-	maiden name
krátce potom	-	shortly after
křestní jméno n.	-	first name, Christian name
lékař m.	-	physician
maturovat (II - imp.)	-	to graduate (from high school)
metodologie f.	-	methodology
mezinárodní	-	international
mlok m.	-	salamander
mužský	-	male (adj.)
mýlit se (III - imp.)	-	to be mistaken
národ m.	-	nation
narodit se (III - perf.)	-	to be born
národnost f.	-	nationality
nebezpečí n.	-	danger, peril
nedávno	-	not long ago
nemoc f.	-	sickness
nikdy	-	never
nyní	-	now
od kdy - do kdy	-	from when - to when
odborník m.	-	specialist
odstěhovat se (II - perf.)	-	to move
osvoboditel m.	-	liberator (creator)
otec m.	-	father
pas m.	-	passport
pedagog m.	-	pedagogue
pít (II - imp.)	-	to drink
podmínka f.	-	condition
pohlaví n.	-	sex
politik m.	-	statesman, politician
povolání n.	-	profession, occupation
právo n.	-	law, right
pravděpodobně	-	probably
překládat (I - imp.)	-	to translate
přestěhovat se (II - perf.)	-	to move to
příbuzný m. (adj.)	-	relative
prosinec m.	-	December
republika f.	-	republic
rodiče m. (pl.)	-	parents
rodina f.	-	family
rodinný	-	family (adj.), marital

rodiště n.	-	birthplace
rok m.	-	year
román m.	-	novel
rostoucí	-	increasing
rozvedený	-	divorced
samostatnost f.	-	independence
samostatný	-	independent
skladatel m.	-	composer
slavit (III - imp.)	-	to celebrate, commemorate
sloužit (III - imp.)	-	to serve, to be stationed
slovanský	-	Slavonic
složit (III - perf.)	-	to compose
smlouva f.	-	treaty
sňatek m.	-	marriage, wedding
stát m.	-	state
státní	-	state (adj.)
státní příslušnost f.	-	citizenship
stav m.	-	status
střední	-	middle
studium n.	-	study
studovat (II - imp.)	-	to study
světový	-	world (adj.)
svobodný	-	single
symfonie f.	-	symphony
systém m.	-	system
takže	-	so that, well
tanec m.	-	dance
teolog m.	-	theologian
totalitní	-	totalitarian
třída f.	-	class, classroom
trvalý	-	permanent
válka f.	-	war
vloni	-	last year
vrátit se (III - perf.)	-	to return, come back
východoevropský	-	East European
vyučování n.	-	teaching
vytvoření n.	-	creating, origin
význam m.	-	importance, meaning
vzít se (II - perf.)	-	to get married
zahraničí n.	-	foreign countries
zahraniční	-	foreign
základní	-	elementary
září n.	-	September
zemřít (II - perf.)	-	to die
ženský	-	female
znalost f.	-	knowledge

SUPPLEMENT I

A list of irregular verbs covered so far:

mít	*měl*
psát	*psal*
znát	*znal*
žít	*žil*
být	*byl*
dát	*dal*
přinést	*přinesl*
znít	*zněl*
moci	*mohl*
zemřít	*zemřel*
začit	*začal*
číst	*četl*
jít	*šel*
najít	*našel*
přijít	*přišel*
zajít si	*zašel* si
uhnout	*uhnul* (*uhl*)
zahnout	*zahnul* (*zahl*)
proštípnout	*proštípnul* (*proštípl*)
zapomenout	*zapomněl* (*zapomenul*)
jíst	*jedl*

SUPPLEMENT II

Příbuzenské vztahy	-	FAMILY RELATIONS
dědeček	-	grandfather
babička	-	grandmother
otec	-	father
matka	-	mother
syn	-	son
dcera	-	daughter
nevlastní syn	-	stepson
nevlastní dcera	-	stepdaughter
nevlastní otec	-	stepfather
nevlastní matka	-	stepmother
bratranec	-	cousin (he)
sestřenice	-	cousin (she)
švagr	-	brother-in-law
švagrová	-	sister-in-law
tchán	-	father-in-law
tchyně	-	mother-in-law
vnuk	-	grandson
vnučka	-	granddaughter

strýc (strýček)	-	uncle
teta	-	aunt
neteř	-	niece
synovec	-	nephew
zeť	-	son-in-law
snacha	-	daughter-in-law
svobodný	-	single
ženatý, vdaná	-	married
rozvedený	-	divorced
rozloučený	-	separated
vdovec	-	widower
vdova	-	widow

SUPPLEMENT III

Základní povolání - BASIC PROFESSIONS

masculine	feminine	
číšník	*číšnice*	waiter
dělník	*dělnice*	worker
doktor	*doktorka*	doctor
herec	*herečka*	actor, actress
horník		miner
hudebník	*(hudebnice)*	musician
inženýr	*inženýrka*	engineer
lékař	*lékařka*	physician
novinář	*novinářka*	newspaper reporter
opravář	*opravářka*	repairperson
právník	*právnička*	lawyer
prodavač	*prodavačka*	salesperson
profesor	*profesorka*	professor (high school or university)
redaktor	*redaktorka*	editor
řidič	*řidička*	driver
sekretář	*sekretářka*	secretary
soustružník	*soustružnice*	lathe operator
stavbař	*stavbařka*	construction worker
student	*studentka*	student
tajemník	*tajemnice*	confidential secretary
technik	*technička*	technician
tesař	*(tesařka)*	carpenter
tlumočník	*tlumočnice*	interpreter
učitel	*učitelka*	teacher
údržbář	*údržbářka*	maintenance person
úředník	*úřednice*	office worker
vedoucí	*vedoucí*	the head (of)
voják		soldier
zahradník	*zahradnice*	garderner
zámečník	*zámečnice*	locksmith
zedník		bricklayer
zemědělec		farmworker

Lekce 11 *Zajišťujeme lístky*

COMMUNICATION GOALS:	1.	To be able to reserve tickets for cultural events.
	2.	To be able to get information about musical and theater performances.
GRAMMAR GOALS:	1.	Nominative and accusative plural of animate masculine nouns.
	2.	Nominative plural of adjectives and possessives.
	3.	Telling the time on the half- and quarter-hour.
ADDITIONAL MATERIAL:	1.	Tape with unrestricted Czech.
	2.	Overheard conversation.
	3.	Guides to cultural events.

Activity 1: LISTENING TO UNRESTRICTED CZECH

1. What is the conversation all about?

2. Can we tell what those people do for living?

3. Who is Bělohlávek?

4. What two features of the conversation indicate that the speakers are close friends?

5. List any words you picked up but do not know the meaning of.

6. Find the following phrases on the tape:

> *Tebe už jsem dlouho neviděla.*
> *Mám velikou starost.*
> *Ty jsi vždycky všecko sehnal.*
> *Ireno, pro tebe všecko.*
> *Já potřebuju aspoň dva lístky.*
> *Oni jsou tady v pátek a v sobotu.*
> *Já bych prostě šla večer kdykoli.*
> *Já si to poznamenám.*
> *Já jsem věděla, že ty budeš mít známý.*
> *Víš, jaká tam je fronta?*
> *Já jsem slyšela, že to je vynikající.*
> *Měj se moc pěkně, Irenko.*

Guess what they mean from the context.

Activity 2: TASK CONSIDERATION

A number of cultural events take place in Prague - theater, concerts and a variety of other events that you might be interested in attending. Think of what questions you might ask to arrange for tickets for yourself or your family to a particular theater for a certain performance. You might also elicit some general information about theaters: types of seating, usual times of performances, etc.

Activity 3:   SAMPLE DIALOGUE   (1)

Mr. Brown wants to see an opera festival and asks Mrs. Křížková to reserve tickets for the entire festival.

Brown: *Paní Křížková, velmi nerad vás obtěžuji, ale musím vás o něco poprosit.*

Křížková: *Co pro vás mohu udělat, pane Brown?*

Brown: *Včera jsem se díval na programy pražských divadel a zjistil jsem, že v listopadu a v prosinci bude v Národním divadle probíhat operní festival.*

Křížková: *To jsem nevěděla, pane Brown, že vy máte rád opery.*

Brown: *Abych pravdu řekl, já příliš ne. Ale moje manželka je velmi dobrá pianistka a zajímá se o evropskou klasickou hudbu. Chtěli bychom tedy jít na všechny opery, ale zajistit lístky je pro mně stále ještě složité.*

Křížková: *Nebojte se, pane Brown. Lístky vám ráda zajistím. Kolik lístků chcete?*

Brown: *Jen dva lístky, ale na celý festival, celkem sedm představení.*

Křížková: *Jaká místa, pane Brown? V přízemí, na balkóně nebo v lóži?*

Brown: *Pokud možno, raději v přízemí. Třetí nebo čtvrtou řadu. Myslíte, že to bude možné?*

Křížková: *Určitě. Můj známý pracuje jako vedoucí oddělení Pragokoncertu na Malé Straně. Ten má vždycky pro své známé nějaké dobré lístky.*

Brown: *Ještě jednu věc, paní Křížková. Můžete zjistit, jestli všechna představení začínají ve tři čtvrtě na osm?*

Křížková: *Samozřejmě, pane Brown, mileráda.*

* * * * * * * * * * * * * * * * *

Brown: I HATE TO BOTHER YOU, MRS. KŘÍŽKOVÁ, BUT I NEED TO ASK YOU TO DO ME A FAVOR.

Křížková: WHAT CAN I DO FOR YOU, MR. BROWN?

Brown: YESTERDAY I WAS LOOKING AT PROGRAMS FOR PRAGUE THEATERS AND I FOUND OUT THAT IN NOVEMBER AND DECEMBER AN OPERA FESTIVAL WILL TAKE PLACE AT THE NATIONAL THEATER.

Křížková: I DIDN'T KNOW THAT YOU LIKED OPERA, MR. BROWN.

Brown:	TO TELL THE TRUTH, I DON'T MUCH. BUT MY WIFE IS A GOOD PIANIST AND SHE IS INTERESTED IN EUROPEAN CLASSICAL MUSIC. SO WE WOULD LIKE TO GO TO ALL THE OPERAS, BUT MAKING TICKET RESERVATIONS IS STILL COMPLICATED FOR ME.
Křížková:	DON'T WORRY, MR. BROWN. I'LL BE GLAD TO RESERVE THE TICKETS FOR YOU. HOW MANY TICKETS DO YOU WANT?
Brown:	ONLY TWO TICKETS, BUT FOR THE ENTIRE FESTIVAL, SEVEN PERFORMANCES IN ALL.
Křížková:	WHAT KIND OF SEATS, MR. BROWN? ORCHESTRA, BALCONY, OR BOX?
Brown:	I'D PREFER ORCHESTRA SEATS. IN THE THIRD OR FOURTH ROW. DO YOU THINK THAT WILL BE POSSIBLE?
Křížková:	CERTAINLY. MY ACQUAINTANCE WORKS AS MANAGER OF A DEPARTMENT OF PRAGOKONCERT IN MALÁ STRANA. HE ALWAYS HAS SOME GOOD TICKETS FOR HIS ACQUAINTANCES.
Brown:	ONE THING MORE, MRS. KŘÍŽKOVÁ, CAN YOU FIND OUT WHETHER ALL PERFORMANCES START AT A QUARTER TO EIGHT?
Křížková:	OF COURSE, MR. BROWN, WITH PLEASURE.

3.a What Did They Say?

3.a.1 Your teacher will ask you these questions. Try to answer them from memory. If you can't remember, check back to the dialogue.

1. *O co chce pan Brown poprosit paní Křížkovou?*
2. *Na co se včera díval pan Brown?*
3. *Kdy bude probíhat operní festival?*
4. *Má pan Brown rád opery?*
5. *O co se zajímá jeho manželka?*
6. *Na které opery chtějí Brownovi jít?*
7. *Kolik lístků potřebuje pan Brown?*
8. *Může paní Křížková ty vstupenky zajistit?*
9. *Kdo má vždycky nějaké dobré lístky pro své známé?*
10. *Kdy začínají ta operní představení?*

3.b Work with the Dialogue

3.b.1 Try filling in the missing stems from memory. If you have difficulty, listen to the tape again. Refer to the transcript only as a last resort.

B: Paní Křížková, velmi nerad vás _ _ _ _ _ _uji, ale _ _ _ _ím vás o něco_ _ _ _ _ _it.

K: Co pro vás _ _ _ _u udělat, pane Brown?

B: Včera jsem se _ _ _ _ _l na _ _ _ _ _ _ _y pražských divadel a _ _ _ _ _ _l jsem, že v _ _ _ _ _ _ _ _ _u a v _ _ _ _ _ _ _i bude v _ _ _ _ _ _im _ _ _ _ _ _e probíhat _ _ _ _ _i festival.

K: To jsem _ _ _ _ _ _la, pane Brown, že vy _áte rád _ _ _ _y.

B: Abych _ _ _ _ _ _u řekl, já příliš ne. Ale moje _ _ _ _ _ _ _a je velmi dobrá _ _ _ _ _ _ _ _a a _ _ _ _ _ _á se o evropskou _ _ _ _ _ _ _ _ou _ _ _ _u. _ _ _ _li bychom tedy jít na všechny _ _ _ _y, ale _ _ _ _ _ _it _ _ _ _ _y je pro mne stále ještě _ _ _ _ _ _é.

K: Nebojte se, pane Brown. _ _ _ _ _ _y vám ráda _ _ _ _ _ _im. Kolik _ _ _ _ _ _ů _ _ete?

B: Jen dva _ _ _ _ _ _y, ale na _ _ _ý festival, celkem sedm _ _ _ _ _ _ _ _ _ _i.

K: _ _ _á _ _ _ _ _a, pane Brown? V přízemí, na _ _ _ _ _ _ _ě nebo v _ _ _i?

B: Pokud možno, raději v _ _ _ _ _ _ _i. _ _.…i nebo _ _ _ _ _ _ou řadu. _ _ _ _íte, že to bude _ _ _ _ _é?

K: Určitě. Můj známý _ _ _ _ _uje jako vedoucí _ _ _ _ _ _ _i _ _ _ _ _ _ _ _ _ _ _ _ _ _u na Malé Straně. Ten má vždycky pro své _ _ _ _é nějaké _ _ _ _é _ _ _ _ _y.

B: Ještě jednu věc, paní Křížková. _ _ _ _ete zjistit, jestli _ _ _ _ _ _ _a _ _ _ _ _ _ _ _ _i začínají ve tři čtvrtě na osm?

K: Samozřejmě, pane Brown, _ _ _ _ _ _ _a.

3.b.2 Following the same procedure as in 3.b.1, try to fill in the missing endings.

B: Paní Křížková, velmi nerad vás obtěž_ _ _ _, ale mus_ _ vás o něco poprosit.

K: Co pro vás moh_ udělat, pan_ Brown?

B: *Včera jsem se díval na program_ pražsk_ _ _ divadel a zjistil jsem, že v listopad_ a v prosinc_ bude v Národn_ _ divadl_ probíhat operní festival.*

K: *To jsem nevěděl_, pane Brown, že vy m_ _ _ rád oper_.*

B: *Abych pravd_ řekl, já příliš ne. Ale moj_ manželka je velmi dobr_ pianistka a zajím_ se o evropsk_ _ klasick_ _ hudb_. Chtěl _ bychom tedy jít na všechny oper_, ale zajistit lístk_ je pro mne stále ještě složit_.*

K: *Nebojte se, pan_ Brown. Lístk_ vám rád_ zajist_ _. Kolik lístk_ chc_ _ _?*

B: *Jen dv_ lístk_, ale na cel_ festival, celkem sedm představen_.*

K: *Jak_ místa, pan_ Brown? V přízem_, na balkón_ nebo v lóž_?*

B: *Pokud možno, raději v přízem _. Třet_ nebo čtvrt_ _ řadu. Mysl_ _ _, že to bude možn _?*

K: *Určitě. Můj známý prac_ _ _ jako vedoucí oddělen_ Pragokoncert_ na Mal_ Stran_. Ten má vždycky pro své známé nějak_ dobr_ lístky.*

B. *Ještě jedn_ věc, paní Křížková. Můž_ _ _ zjistit, jestli všechna představení začín_ _ _ ve tři čtvrtě na osm?*

K: *Samozřejmě, pan_ Brown, mileráda.*

Activity 4: **SAMPLE DIALOGUE (2)**

Křížková: **Jak se vám líbilo včerejší představení?**

Brown: **Viděli jsme "Prodanou nevěstu" poprvé v originále a byl to pro nás opravdu zážitek. Místa, která jste zajistila, byla výborná, akustika v divadle je perfektní a zpěváci byli vynikající. Manželka vám také vyřizuje poděkování.**

Křížková: **Není zač. Rádo se stalo.**

Brown: **Nebude vám vadit, paní Křížková, když vás znova poprosím o zajištění vstupenek, tentokrát na koncert?**

Křížková: **Na jaký, pane Brown?**

Brown: **Na koncert Pražské filharmonie, který se bude konat v Domě umělců. První koncert začíná odpoledne v půl čtvrté a večerní představení je ve čtvrt na osm. Slyšel jsem, že tam budou známí pražští hudebnici jako pan Páleníček a jiní.**

Křížková: **Na které představení chcete ty lístky?**

Brown: **Na večer na čtvrt na osm. Mohu vás tentokrát poprosit o čtyři lístky? Naši přátelé chtějí jít také.**

Křížková: *Můj známý z Pragokoncertu vám zajistí lístky, kdykoliv budete potřebovat. Tady je jeho navštívenka a telefonní číslo. Já mu hned zavolám.*

Brown: *Děkuji vám. To je od vás velmi pěkné, paní Křížková. Doufám, že mi někdy pana vedoucího představíte. Musím mu osobně poděkovat.*

Křížková: *S radostí, pane Brown. Doufám, že během mezinárodního hudebního festivalu "Pražské jaro" bude k tomu vhodná příležitost.*

Brown: *Rád se s ním seznámím.*

* * * * * * * * * * * * * * * * *

Křížková: HOW DID YOU ENJOY YESTERDAY'S PERFORMANCE?

Brown: WE SAW THE "BARTERED BRIDE" FOR THE FIRST TIME IN THE ORIGINAL AND IT REALLY WAS AN EXPERIENCE FOR US. THE SEATS YOU RESERVED WERE EXCELLENT, THE ACCOUSTICS IN THE THEATER ARE PERFECT AND THE SINGERS WERE OUTSTANDING. MY WIFE EXPRESSES HER THANKS TO YOU, TOO.

Křížková: DON'T MENTION IT. THE PLEASURE IS MINE.

Brown: DO YOU MIND, MRS. KŘÍŽKOVÁ, IF I ASK YOU FOR TICKET RESERVATIONS ONCE AGAIN, THIS TIME FOR A CONCERT?

Křížková: FOR WHICH ONE, MR. BROWN?

Brown: FOR THE PRAGUE SYMPHONY ORCHESTRA CONCERT WHICH WILL TAKE PLACE IN THE HOUSE OF ARTISTS. THE FIRST CONCERT STARTS AT HALF PAST THREE IN THE AFTERNOON AND THE EVENING PERFORMANCE IS AT A QUARTER PAST SEVEN. I HEARD THAT FAMOUS PRAGUE MUSICIANS WILL BE THERE, LIKE MR. PÁLENÍČEK AND OTHERS.

Křížková: FOR WHICH PERFORMANCE DO YOU WANT THE TICKETS?

Brown: IN THE EVENING , AT A QUARTER PAST SEVEN. MAY I ASK YOU FOR FOUR TICKETS THIS TIME? OUR FRIENDS WANT TO GO, TOO.

Křížková: MY FRIEND FROM PRAGOKONCERT WILL MAKE RESERVATIONS FOR TICKETS WHENEVER YOU NEED THEM. HERE IS HIS BUSINESS CARD AND HIS TELEPHONE NUMBER. I'LL CALL HIM RIGHT AWAY.

Brown: THANK YOU. IT'S VERY NICE OF YOU, MRS. KŘÍŽKOVÁ. I HOPE YOU'LL INTRODUCE ME TO THE MANAGER SOME TIME. I MUST THANK HIM PERSONALLY.

Křížková: WITH PLEASURE, MR. BROWN. I HOPE THAT DURING THE INTERNATIONAL MUSIC FESTIVAL "PRAGUE SPRING" THERE WILL BE A SUITABLE CHANCE FOR THAT.

Brown: I'LL BE PLEASED TO MEET HIM.

4.a   What Did They Say?

4.a.1   Your teacher will ask you these questions.   Try to answer them from memory.   If you can't remember, check back to the dialogue.

1.   *Kterou operu viděli Brownovi poprvé v originále?*

2.   *Jaká byla akustika v Národním divadle?*

3.   *Jací byli zpěváci?*

4.   *Na které představení chce pan Brown lístky?*

5.   *Kde se bude konat koncert Pražské filharmonie?*

6.   *Kolik lístků chce pan Brown na tento koncert?*

7.   *Kdo může zajistit lístky na koncerty nebo do divadla kdykoliv?*

8.   *Koho chce pan Brown poznat osobně?*

9.   *Proč ho chce poznat?*

4.b   Work with the Dialogue

4.b.1   Try filling in the missing stems from memory.   If you have difficulty, listen to the tape again. Refer to the transcript only as a last resort.

K: *Jak se vám _ _ _ _ lo _ _ _ _ _ _ _ i představení?*

B: *_ _ _ _ li jsme "Prodanou nevěstu" poprvé v _ _ _ _ _ _ _ e a byl to pro nás opravdu zážitek. _ _ _ _ _ a, která jste _ _ _ _ _ _ _ la, byla _ _ _ _ _ _ á, akustika v _ _ _ _ _ _ e je _ _ _ _ _ _ _ i a zpěváci byli _ _ _ _ _ _ _ _ _ i. Manželka vám také vyřizuje _ _ _ _ _ _ _ _ _ i.*

K: *Není zač. Rád_ se stal_.*

B: *Nebude vám _ _ _ it, paní Křížková, když vás znova _ _ _ _ _ _ ím o _ _ _ _ _ _ _ _ i vstupenek, tentokrát na koncert?*

K: *Na _ _ _ ý, pane Brown?*

B: *Na koncert _ _ _ _ _ _ é _ _ _ _ _ _ _ _ _ e, který se bude konat v Domě umělců. _ _ _ _ i koncert _ _ _ _ _ á odpoledne v půl čtvrté a _ _ _ _ _ _ i _ _ _ _ _ _ _ _ i je ve čtvrt na osm. Slyšel jsem, že tam budou známí _ _ _ _ _ i _ _ _ _ _ _ _ i jako pan Páleníček a _ _ _ i.*

K: Na _ _ _ _ _é _ _ _ _ _ _ _ _ _ _í chcete ty lístky?

B: Na večer ve čtvrt na osm. _ _ _ _u vás tentokrát _ _ _ _ _ _it o čtyři _ _ _ _ _y ?
_ _ _í _ _ _ _ _ _é chtějí jít také.

K: Můj _ _ _ _ _ý z _ _ _ _ _ _ _ _ _ _ _ _u vám _ _ _ _ _ _í lístky, kdykoliv
_ _ _ete potřebovat. Tady je jeho _ _ _ _ _ _ _ _ _ _a a _ _ _ _ _ _ _ _í číslo.
Já mu hned _ _ _ _ _ám.

B: _ _ _uji vám. To je od vás velmi _ _ _ _é, paní Křížková. _ _ _ _ ám, že mi někdy
_ _ _a _ _ _ _ _ _iho představíte. Musím mu osobně poděkovat.

K: S radostí, pane Brown. Doufám, že během _ _ _ _ _ _ _ _ _ _iho _ _ _ _ _ _iho
_ _ _ _ _ _ _u "Pražské jaro" bude k tomu _ _ _ _ _á příležitost.

B: Rád se s ním _ _ _ _ _ _im.

_____

4.b.2   Following the same procedure as in 4.b.1, try to fill in the missing endings.

K: Jak se vám líbil_ včerejší představení?

B: Viděl_ jsme "Prodan_ _ nevěst_" poprvé v originál_ a byl to pro nás opravdu
zážitek. Míst_, kter_ jste zajistil_ byl_ výborn_, akustik_ v divadl_ je perfektn_ a
zpěvác_ byl_ vynikajíc_. Manželk_ vám také vyřiz_ _ _ poděkován_.

K: Není zač. Rád_ se stal_.

B: Nebud_ vám vadit, pan_ Křížková, když vás znova popros_ _ o zajištěn_ vstupenek,
tentokrát na koncert?

K: Na jak_, pan_ Brown?

B: Na koncert Pražsk_ filharmoni_, kter_ se bud_ konat v Dom_ umělc_. Prvn_
koncert začín_ odpoledne v půl čtvrt_ a večern_ představen_ je ve čtvrt na osm.
Slyšel jsem, že tam bud_ _ znám_ pražští hudebníc_ jako pan Páleníček a jin_.

K: Na kter_ představení chc_ _ _ _ t_ lístk_?

B: Na večer ve čtvrt na osm. Moh_ vás tentokrát poprosit o čtyři lístk_? Naš_ přátel_
chtěj_ jít také.

K: Můj znám_ z Pragokoncert_ vám zajist_ lístk_, kdykoliv bud_ _ _ potřebovat.
Tady je jeho navštívenk_ a telefonn_ čísl_. Já mu hned zavol_ _.

B: Děk_ _ _ vám. To je od vás velmi pěkn_, pan_ Křížková. Douf_ _, že mi někdy pan_
vedouc_ _ _ představ_ _ _. Mus_ _ mu osobně poděkovat.

K: S radost_, pan_ Brown. Douf_ _, že během mezinárodn_ _ _ hudebn_ _ _ festival_ "Pražsk_ jar_ " bud_ k tomu vhodn_ příležitost.

B: Rád se s ním seznám_ _.

4.c   **NARRATIVE**

Pražské jaro

"Pražské jaro" je mezinárodni hudebni festival, který se koná v Praze každý rok. Začíná 12. května a trvá asi tři týdny. Datum zahájeni neni náhodné. Toho dne zemřel jeden z nejvýznamnějších představitelů české klasické hudby Bedřich Smetana.

"Pražské jaro" začíná cyklem symfonických básni B. Smetany "Má vlast" a uzavírá je Beethovenova "Devátá symfonie". "Pražské jaro" je skutečně mezinárodní událost, které se účastní nejen čeští, ale také zahraniční umělci, hudebníci, zpěváci, dirigenti a celé orchestry a soubory. Představení tohoto festivalu se konají v řadě známých divadel a koncertních síní v Praze. Mezi nejznámější patří Národní divadlo, Smetanovo divadlo, Tylovo divadlo a Dům umělců.

Na "Pražské jaro" se těší nejenom Pražané, ale i milovníci klasické hudby z celé Evropy. Do Prahy přijíždějí Rakušané, Němci, Poláci, Rusové, Maďaři a mnozí jiní.

Výraz "Pražské jaro" má také jiný význam, politický. V roce 1968 se Češi a Slováci pokusili o demokratizaci politického systému. Sovětský svaz a jeho tak zvaní "spojenci" tento pokus vojensky potlačili.

4.d   **Work with the Narrative**

4.d.1   Listen to the narrative and then answer the following questions.

1. Co je "Pražské jaro"?

2. Kde se tento festival koná?

3. Kdy začíná?

4. Jak dlouho trvá "Pražské jaro"?

5. *Kterého dne zemřel Bedřich Smetana?*

6. *Která symfonie uzavírá tento festival?*

7. *Kdo se účastní toho festivalu?*

8. *Která pražská divadla patří mezi nejznámější?*

9. *Kteří cizinci přijíždějí na tento festival?*

10. *Jaký význam ještě má výraz "Pražské jaro"?*

11. *O co se pokusili Češi a Slováci v roce 1968?*

12. *Kdo tento pokus potlačil?*

NOTES

Abych pravdu řekl, já příliš ne.	-	To tell the truth, not too much myself.
Chtěli bychom jít na všechny opery.	-	We would like to go to all the operas.
Pokud možno, raději v přízemí.	-	If possible I would prefer the orchestra.
Jak se vám líbilo představení?	-	Did you like the performance?
Vyřizuje vám poděkování.	-	She expresses her thanks to you.
Rádo se stalo.	-	The pleasure is mine.
Není zač.	-	Don't mention it.
To je od vás velmi pěkné.	-	It's very nice of you.
Bude k tomu vhodná příležitost.	-	There will be a suitable opportunity for it.
S radostí.	-	With pleasure.
Rád se s ním seznámím.	-	I'll be glad to meet him.
Začíná cyklem symfonických básní.	-	It begins with a cycle of symphonic poems.
Mezi nejznámější patří ...	-	One of the best-known is ...
Nejen čeští, ale také zahraniční umělci.	-	Not only Czech but foreign artists as well.

77

Activity 5:   STRUCTURE AWARENESS I

5.a   **Reverse Drill**

5.a.1   Listen to your teacher, who will form sentences using items in the columns below. Then
            try it yourself.

A	B	C	
Je (teď právě)	*půl*	*jedné*	
		druhé	
		třetí	
Koncert začíná		*čtvrté*	
Přijdu		*páté*	*ráno*
Pojedou tam		*šesté*	*večer*
Vlak přijede	*v půl*	*sedmé*	*dopoledne*
Můžete přijít		*osmé*	*odpoledne*
Nemohu přijít		*deváté*	
Do práce chodí		*desáté*	
Autobus jede		*jedenácté*	
Musíte tam být		*dvanácté*	
Je právě	*čtvrt na*	*jednu*	
Jsou právě	*tři čtvrtě na*	*dvě*	
		tři	
Koncert začíná		*čtyři*	
Přijdu		*pět*	
Pojedou tam		*šest*	
Vlak přijede	*ve čtvrt na*	*sedm*	
Můžete přijít	*ve tři čtvrtě na*	*osm*	
Nemohu přijít		*devět*	
Do práce chodí		*deset*	
Autobus jede		*jedenáct*	
Musíte tam být		*dvanáct*	

5.b   **GRAMMAR NOTES**

           Telling time - Quarter hours

5.b.1   *Kolik je hodin?*   What time is it?
                   Je čtvrt na šest.   It's a quarter past five.
                   Je půl šesté.   It's half past five.
                   Je tři čtvrtě na šest.   It's a quarter to six.

5.b.2   To indicate a quarter after the hour, **čtvrt na** "a quarter towards" is used.   For a quarter before the hour, **tři čtvrtě na šest** "three quarters toward:" is used.

These are used in reference to the next following full hour, i.e.:

čtvrt na šest	5:15	("a quarter toward six")
tři čtvrtě na šest	5:45	("three quarters toward six")

The numbers indicating the full hours are in the accusative singular, and for 1 and 2 (which have adjectival forms) accusative feminine singular:

čtvrt na jednu	12:15	
tři čtvrtě na jednu	12:45	
čtvrt na dvě	1:15	
tři čtvrtě na dvě	1:45	

5.b.3   To indicate half past the hour, ordinals are used: "second (hour)", "third (hour)", "fourth (hour)" etc. These adjectival forms occur with genitive feminine singular endings, and are preceded by the word for "half", **půl**. For example:

půl druhé	1:30	("half of the second hour")
půl třetí	2:30	("half of the third hour")
půl čtvrté	3:30	("half of the fourth hour")

The exception to this is the way of indicating the 12:30 hour. Here the ordinal is not used, and the genitive feminine singular form **jedné** occurs:

půl jedné	12:30	("half of one hour")

5.b.4   Asking "at what time" and answering:

V kolik hodin?	At what time?
Ve čtvrt na šest.	At a quarter past five.
V půl šesté.	At half past five.
Ve tři čtvrtě na šest.	At ? quarter to six.

5.b.5   Here is the complete list of forms:

čtvrt na ...
tři čtvrtě na ...   **půl ...**

jednu	*sedm*	*jedné*	*sedmé*
dvě	*osm*	*druhé*	*osmé*
tři	*devět*	*třetí*	*deváté*
čtyři	*deset*	*čtvrté*	*desáte*
pět	*jedenáct*	*páté*	*jedenácté*
šest	*dvanáct*	*šesté*	*dvanácté*

5.c   **Tryout**

5.c.1   Convert military time information into conventional.

1. *Můžete tam být ve* _____ (10,45).

2. *Děti chodí do školy ve* _____ (07,15).

3. *Teď je přesně* _____ (11,30).

4. *Večer přijdu v* _____ (17,30).

5. *Musíte tam být už ve* _____ (12,45).

6. *Představení začíná v* _____ (15,30).

7. *Přijdu také ve* _____ (10,45).

8. *Budu tam ve* _____ (08,15).

9. *Sejdeme se tedy ve* _____ (06,45).

10. *Ten film se hraje v* _____ (14,30).

5.c.2   Write in numerals in the so-called "military style" in the space provided, e.g.:

Je přesně	7, 26	*sedm - dvacet šest*
	16, 45	*šestnáct - čtyřicet pět*

Teď je přesně	13, 10	_____
	15, 25	_____
	12, 05	_____
	23, 50	_____

18, 35	_____
16, 12	_____
05, 30	_____
00, 40	_____
08, 29	_____
17, 55	_____

5.c.3   Form questions using the material in 5.a.1 to verify information, e.g.:

> *Koncert začíná* **v půl osmé**, *že?*
>
> *Začíná to* **ve čtvrt na osm** *nebo* **ve tři čtvrtě na osm**?
>
> **V půl páté**? *Ráno nebo večer?*   etc.

Activity 6:   STRUCTURE AWARENESS II

6.a   **Reverse Drill**

6.a.1   Your teacher will read the following sets of sentences containing singular and plural nominative forms. Listen and try to recognize the difference between singular and plural constructions.

Then your teacher will read the individual sentences at random. Indicate whether the sentence is in singular or plural.

1.	*Tento důstojník sloužil v Německu.*	*Tito důstojníci sloužili v Německu.*
2.	*Pracoval tam Čech a Američan.*	*Pracovali tam Češi a Američané.*
3.	*Přišel také profesor z vysoké školy.*	*Přišli také profesoři z vysoké školy.*
4.	*Tento zpěvák je z Ameriky.*	*Tito zpěváci jsou z Ameriky.*
5.	*Ten dirigent přijel z Washingtonu.*	*Ti dirigenti přijeli z Washingtonu.*
6.	*Konference se zúčastnil Rus, Ital a Němec.*	*Konference se zúčastnili Rusové, Italové a Němci.*

7.	*Ten přítel je učitel.*	*Ti přátelé jsou učitelé.*
8.	*Tento umělec pracuje pro televizi.*	*Tito umělci pracují pro televizi.*
9.	*Tento diplomat také přijel na konferenci.*	*Tito diplomaté také přijeli na konferenci.*
10.	*Tento host bude také bydlet v hotelu Evropa.*	*Tito hosté budou také bydlet v hotelu Evropa.*
11.	*Ten Rakušan mluví dobře česky.*	*Ti Rakušané mluví dobře česky.*
12.	*Byl tam odborník pro východoevropské státy.*	*Byli tam odborníci pro východoevropské státy.*
13.	*Na konferenci bude i představitel tisku.*	*Na konferenci budou i představitelé tisku.*
14.	*Je tam zaměstnán ten právník a ten asistent.*	*Jsou tam zaměstnáni ti právníci a ti asistenti.*
15.	*Říkal to ten pán z ministerstva.*	*Říkali to ti pánové z ministerstva.*
16.	*Ten konzul se tam bude cítit dobře.*	*Ti konzulové se tam budou cítit dobře.*
17.	*Tento zaměstnanec pracuje velmi dobře.*	*Tito zaměstnanci pracují velmi dobře.*
18.	*Ten člověk tam bude také.*	*Ti lidé tam budou také.*
19.	*Byl tam také ten ředitel.*	*Byli tam také ti ředitelé.*
20.	*Ten pracovník tam nepřijde.*	*Ti pracovníci tam nepřijdou.*

6.b   **GRAMMAR NOTES**

Nominative plural endings - masculine animate nouns

6.b.1   *Budou tam známí soudruzi.*
Well-known comrades will be here.

Festivalu se zúčastní Češi.
Czechs will take part in the festival.

Zpěváci byli vynikající.
The singers were excellent.

Na konferenci přijeli profesoři ze zahraničí.
Professors from abroad came to the conference.

The most frequent nominative plural ending of masculine animate nouns is - *i*. In some words there is a consonant change in the stem before this ending.

nom. singular	nom. plural	
soudruh	*soudruzi*	h - z
Čech	*Češi*	ch - š
zpěvák	*zpěváci*	k - c
profesor	*profesoři*	r - ř

(These are the same changes as mentioned in Lesson 6, regarding the locative of feminine hard nouns.)

Nouns ending in *-t, -d, -n* in the nominative singular have their soft counterparts before the plural ending.

nom. singular	nom. plural
dirigent	*dirigenti*
kamarád	*kamarádi*
Rumun	*Rumuni*

6.b.2   A number of masculine animate nouns have the nominative plural ending **-ové**. They are mostly one and two-syllable names denoting nationalities, official positions or titles.

nom. singular	nom. plural	
Rus	*Rus***ové**	Russians
Řek	*Řek***ové**	Greeks
Ital	*Ital***ové**	Italians
Arab	*Arab***ové**	Arabs
generál	*generál***ové**	generals
konsul	*konsul***ové**	consuls

All names of nationalities ending in the nominative singular in **-an** and a few others have the ending *-é* in the nominative plural. (The *-i* ending is considered colloquial.)

Američan	*Američané*	(*-i*)	Americans
Angličan	*Angličané*	(*-i*)	Englishmen
Kanaďan	*Kanaďané*	(*-i*)	Canadians
host	*hosté*	(*-i*)	guests
diplomat	*diplomaté*	(*-i*)	diplomats

All soft animate nouns ending in **-tel** in the nominative singular have the **-é** ending in the nominative plural.

ředitel	*ředitelé*	managers
učitel	*učitelé*	teachers
přitel	*přátelé*	friends

There is sometimes more than one nominative plural ending, each with a different meaning.

pán	*pán**ové***	gentlemen
	páni	masters, lords

6.b.3 The demonstratives **ten** and **tento** have the following forms in the nominative plural with masculine animate nouns.

singular	plural	
ten *člověk*	**ti** *lidé*	the people
tento *pán*	**tito** *pánové*	these gentlemen

6.c **Tryout**

6.c.1 The teacher will have a set of cards with animate masculine nouns on them. The nouns will be in the nominative singular. Using the numbers **1**, or **2, 3, 4,** or expressions like **několik**, your teacher will ask you to choose suitable cases: nominative singular - nominative plural - genitive plural.

6.c.2 Try to remember what the correct nominative plural forms of the following are and write them down.

Američan	_____
Angličan	_____
asistent	_____
bratr	_____
cizinec	_____
Čech	_____
člověk	_____
diplomat	_____
dirigent	_____
důstojník	_____
doktor	_____
grafik	_____
host	_____
hudebník	_____
inženýr	_____

366

konzul _____
Maďar _____
malíř _____
ministr _____
náměstek _____
Němec _____
novinář _____
odborník _____
opravář _____
otec _____
Polák _____
pracovník _____
představitel _____
přítel _____
redaktor _____
ředitel _____
Rus _____
Slovák _____
soudruh _____
student _____
tajemník _____
údržbář _____
umělec _____
zástupce _____
zpěvák _____

6.c.3   Read the following sentences, supplying the appropriate nominative plural forms of masculine animate nouns and demonstratives.

A	B	C
Lístky zajistili *Byli tam také* *Konference se zúčastnili* *Přijdou také* *Pracovali tam i* *Tam budou bydlet* *Viděli to* *Budou o tom mluvit*	*ten* *tento*	*kamarád* *dirigent* *soudruh* *Čech* *zpěvák* *profesor* *Rus* *Ital* *generál* *Američan* *Kanaďan* *ředitel* *učitel* *pán* *člověk* *odborník* *diplomat* *cizinec* *malíř* *novinář* *představitel* *řidič* *velvyslanec* *zástupce* *grafik* *hudebník* *ministr* *náměstek* *student*

6.c.4   Your teacher will read individual sentences at random. Indicate whether the sentences contain singular or plural forms of demonstratives with animate masculine nouns.

1. *Byl (-li) tam*   *(ten ředitel).*

2. *Mluvil (-li) o tom*   *(ten právník).*

3. *Doporučil (-li) to*   *(ten tajemník).*

4. *Smí tam přijít jen*   *(tento redaktor).*

5. *Doporučí to*   *(ten Kanaďan).*

20

6.	*Jezdí tam*	*(ten řidič).*
7.	*Psal (-li) o tom*	*(ten spisovatel).*
8.	*Myslí si to*	*(tento pán).*
9.	*Bude (-ou) tam i*	*(ten historik).*
10.	*Pracuje (-jí) tam*	*(tento úředník).*
11.	*Zajistí to*	*(ten generál).*
12.	*Sloužil (-li) tam nejen*	*(tento voják).*
13.	*Pracoval (-li) tady*	*(ten stavbař).*
14.	*Zařídí to*	*(ten tlumočník).*
15.	*Zkusí to udělat*	*(ten inženýr).*
16.	*Potřeboval (-li) to*	*(ten novinář).*
17.	*Píše (-í) o tom*	*(ten pracovník).*
18.	*Říkal (-li) to i*	*(tento zaměstnanec).*
19.	*Znal (-li) ho*	*(ten ministr).*
20.	*Platí to*	*(tento host).*

6.c.5   Write in the blanks the correct forms of the demonstratives and animate nouns in the nominative plural.

1. _____ *(Ten zpěvák) byli opravdu vynikající.*

2. *Přijdou také* _____ *(ten malíř, výtvarník)*
   a _____ *(grafik).*

3. *Z východoevropských států se zúčastnili jenom* _____
   _____ *(Němec, Maďar, Polák) a* _____ *(Rus).*

4. *Z pražských universit přijdou* _____ *(profesor,*
   učitel) a _____ *(student).*

5. *"Pražského jara" se zúčastní* _____
   _____ *(umělec, hudebník, zpěvák) a* _____
   (dirigent) z celého světa.

6. *(Tento pán)* _____ *jsou z ministerstva kultury.*

7. *Na konferenci byli nejen _____ (Čech) a _____ (Slovák),*
   ale také mnozí _____ (cizinec).

8. *Přijdou také _____ (představitel) tisku a _____*
   (pracovník) televize.

9. *(Tento přítel) _____ jsou z Moravy.*

10. *Stravovali se tam nejen _____ (Pražan), ale také _____*
    (host) ze zahraničí.

11. *_____ (Ten generál) a _____*
    (ten důstojník) sloužili několih let v Japonsku.

12. *Zajímali se o to zahraniční _____ (diplomat) a _____*
    (velvyslanec).

13. *_____ (Tento člen) delegace budou bydlet v jiném hotelu.*

14. *Na konferenci nebudou jen _____ (Číňan) a _____*
    (Japonec).

15. *Psali o tom _____ (tento novinář) a _____*
    (redaktor).

Activity 7: STRUCTURE AWARENESS III

7.a   **Reverse Drill**

7.a.1   Your teacher will read the following sentences in singular and plural. Listen and try to
           distinguish the differences between the singular and plural endings.

1. *Na té universitě učil*   *Na té universitě učili*
   dobrý profesor.   *dobří profesoři.*

2. *Na konferenci přijel*   *Na konferenci přijeli*
   vysoký důstojník.   *vysocí důstojníci.*

3. *Chudý člověk si to*   *Chudí lidé si to nemohou*
   nemůže koupit.   *koupit.*

4. *Na té škole učil jiný učitel.* *Na té škole učili jiní učitelé.*

5. *Na festival přijel*   *Na festival přijeli*
   mnohý umělec.   *mnozí umělci.*

6. *Ten malý chlapec*   *Ti malí chlapci*
   tam nechodí.   *tam nechodí.*

7. *V té opeře hrál*
    známý zpěvák.

    V té opeře hráli
    známí zpěváci.

8. *Byl tam ruský a*
    český diplomat.

    Byli tam rušti a
    čeští diplomaté.

9. *Může tam studovat i*
    americký student.

    Mohou tam studovat i
    američtí studenti.

10. *Některý pracovník*
    to musí překládat.

    Někteří pracovníci
    to musí překládat.

11. *Ten tichý pán je cizinec.*

    Ti tiší pánové jsou cizinci.

12. *Ten moderní malíř*
    je z Prahy.

    Ti moderní malíři
    jsou z Prahy.

13. *Některý hoch se*
    nezajímá o hokej.

    Někteří hoši se
    nezajímají o hokej.

14. *Můj přítel je z Moravy.*

    Mí přátelé jsou z Moravy.

15. *Náš host se zajímá*
    o politické problémy.

    Naši hosté se zajímají
    o politické problémy.

16. *Tvůj přítel je také*
    z Bratislavy?

    Tví přátelé jsou také
    z Bratislavy?

17. *Chodí váš kamarád*
    často na pivo?

    Chodí vaši kamarádi
    často na pivo?

18. *Mluvil jako*
    typický Angličan.

    Mluvili jako
    typičtí Angličané.

19. *Pro vás tam přijede*
    jiný řidič.

    Pro vás tam přijedou
    jiní řidiči.

20. *Jeho mladší bratr se*
    narodil na Slovensku.

    Jeho mladší bratři se
    narodili na Slovensku.

7.b   GRAMMAR NOTES

Nominative plural endings - adjectives with masculine animate nouns.

7.b.1   Both hard and soft adjectives agreeing with masculine animate nouns take the ending *-í* in the nominative plural. This leads to the following changes in hard consonants: **r - ř**, **k - c**, **h - z** and **ch - š**. Suffixes **-cký** and **-ský** become **-čtí** and **-ští**.

singular	plural
nový ředitel	*noví ředitelé*
	new managers
dobrý zaměstnanec	*dobří zaměstnanci*
	good employees
generální tajemník	*generální tajemníci*
	secretaries general
americký president	*američtí prezidenti*
	American presidents
ruský diplomat	*ruští diplomaté*
	Russian diplomats

7.b.2 Possessives

Possessive pronouns take the following ending in the nominative plural with masculine animate nouns.

singular	plural
můj *přítel*	**mí** *(moji) přátelé*
	my friends
tvůj *bratr*	**tví** *(tvoji) bratři*
	your brothers
náš *ředitel*	**naší** *ředitelé*
	our managers
váš *zaměstnanec*	**vaší** *zaměstnanci*
	your employees

The possessives **jeho** (his), **její** (her) and **jejich** (their) do not change.

7.c **Tryout**

7.c.1 Fill in the correct nominative plural forms of adjectives in column B.

A	B
Na festival přijedou *Konference se zúčastní* *Budou tam také i* *Zajímali se o to také* *Vstupenky zajistili* *Psali o tom* *Říkali to* *Myslí si to* *Sejdou se tam* *Byli tam jenom*	*zahraniční umělec* *známý zpěvák* *nový právník* *jiný cizinec* *kulturní pracovník* *mladý diplomat* *některý přítel* *chudý člověk* *mladší student* *zahraniční host* *americký důstojník* *kanadský diplomat* *státní úředník* *národní umělec* *generální tajemník* *český hudebník* *typický Rus* *zajímavý člověk* *vysoký diplomat* *dřívější ředitel* *nejlepší odborník* *mnohý cizinec* *nějaký velvyslanec* *různý novinář* *politický pracovník*

7.c.2 Try to fill in as many nominative plural forms as you can from the adjectives and possessives in parentheses.

1. *Na festivalu byli* _____ *(oblíbený) umělci a* _____ *(populární) zpěváci.*

2. _____ _____ *(Ten americký) důstojníci slouží v Německu.*

3. *Pan Novák a pan Pelíšek jsou velmi* _____ *(dobrý) pracovníci.*

4. _____ *(Obyčejný) lidé se o kulturu příliš nezajímají.*

5. *Budou tam také* _____ *(některý můj) zaměstnanci.*

6. Novákovi jsou velmi _____ (příjemný) lidé.

7. _____ (Český) a _____ (slovenský) zástupci tam budou také.

8. Jsou ti dva pánové _____ (svobodný) nebo _____ (ženatý)?

9. Jsou to _____ (jeho nejlepší) přátelé.

10. Konference se zúčastnili _____ (generální) tajemníci některých politických stran.

11. Na večírku budou nejen _____ (některý náš) a _____ (tvůj) přátelé, ale také _____ (některý jiný) hosté.

12. _____ (Jeho) a _____ (můj) synové chodí do stejné školy.

13. Kde bydlí _____ (tvůj) bratři?

14. _____ (Váš) rodiče ještě žijí, že?

15. Víte, co dělají _____ (jejich) manželé?

16. Budou tam pracovat _____ (některý náš nejlepší) úředníci.

17. _____ (Její) rodiče se přestěhovali na Moravu.

18. Jsou oni _____ (její) nebo _____ (jeho) příbuzní?

19. Mohou tam studovat nejen _____ (bohatý) studenti, ale i _____ (chudý).

20. Rusové a _____ (některý jejich) spojenci pokus o demokratizaci potlačili.

7.c.3   Fill in the blanks as before in 7.c.2.

A: Hudební festival "Pražské jaro" začíná už příští týden, že? Slyšel jsem, že už přijeli _____ (první host).

B: Ano, už jsou tady _____ (český) a _____ (slovenský umělec) a také _____ (některý východoevropský hudebník).

A: A kdy přijedou _____ (ostatní představitel) hudebního života?

B: *Každý den přijíždějí do Prahy* _____
(mnohý zahraniční umělec) a v rádiu můžete slyšet,   kdy přijedou
_____ *(další hudebník),* _____
_____ *(známý dirigent) a* _____ *(zpěvák).*

A: *Přijíždějí na festival ze zahraničí také* _____ *(milovník)*
hudby a nebo jen _____ *(hudební umělec)?*

B: *Samozřejmě, kromě umělců přijíždějí na festival i* _____
(dobrý přítel) hudby z různých zemí. Jsou to _____ *(Němec),*
_____ *(Polák),* _____ *(Maďar),* _____
(Rakušan) a _____ *(jiný). A nesmíme zapomenout, že na festivalu*
budou také _____ *(mnohý Pražan),* _____
(student) a _____ *(profesor) hudebních škol,* _____
_____ *(významný představitel) kulturního a politického*
života a _____ *(pracovník) televize a* _____ *(novinář).*

7.c.4   Choose the appropriate possessive.

1. *Na večírku budou*   moji / moje / má   *a někteří*   váš / vaše / vaši   *přátelé.*

2. *Říkali to*   naši / náš / naše   *pracovnici.*

3. *Festivalu se zúčastní*   naše / našeho / naši   *umělci.*

4. *Do jaké školy chodí*   tví / tvé / tvá   *synové?*

5. Mé / Moje / Mí   *bratři se učí česky.*

6. Vaši / Vaše / Vašeho   *zaměstnanci začínají pracovat v 8 hodin.*

7. *Do jaké školy chodí*   tvé / tví / tvá   *bratranci?*

8. *Mé*
    Moje   *kamarádi to říkaji také.*
    Mí

9. *A co*   *tvá*
             tvoje   *učitelé, jsou dobří?*
             tvoji

10. *Někteří*   *naši*
                naše   *studenti studují v zahraničí.*
                našeho

7.c.5   Write the following sentences in Czech.

1. The new diplomats and their families will come to Prague next week.

    _____

2. Not only Czech and Slovak artists will take part in that festival, but foreign conductors
    and orchestras as well.   _____

    _____

3. These teachers and professors are from Prague high-schools and universities.

    _____

4. In Czechoslovakia there are Czechs and Slovaks and some minorities too, e.g., Germans,
    Poles and Hungarians.   _____

    _____

5. Those gentlemen talking to Mr. Novák are foreigners.

    _____

6. I think that my friends will also be there.

    _____

7. Both his sons are studying at a highschool in Washington.

    _____

8. Secretaries General of East European Communist Parties met at a conference in Berlin.

    _____

9. Both young and old people like classical music.

    _____

10. In what part of America do your relatives live?

_____ _____

11. His parents still live in the village where he was born.

_____

12. Some blue-collar workers in Czechoslovakia start working at six o'clock; office workers and other employees start at seven or eight. _____

_____

13. We think that our foreign guests will be interested in Laterna Magica too.

_____

14. Some high-ranking officers and generals must have good information about the Soviet Army. _____

_____

15. Which American writers and playwrights do you think are the most famous?

_____

16. Only two or three newspaper reporters from overseas wrote about that conference.

_____

17. My younger brothers served in the army for two years.

_____

18. And how about your new pals? Are they nice?

_____

19. Our political officers read and speak Czech very well.

_____

20. Four of the best students from our school will study at the university in Paris next year.

_____

Activity 8: STRUCTURE AWARENESS IV

8.a Reverse Drill

8.a.1 Listen to your teacher, who will form sentences using items in the columns below. Then try it yourself.

A	B	C
		zahraniční umělci
		známí zpěváci
		noví právníci
		jiní cizinci
		kulturní pracovníci
Znají také		*mladí diplomaté*
		někteří přátelé
Viděli jsme tam		*chudí lidé*
	ten	*mladší studenti*
Poznáte i		*zahraniční hosté*
	můj	*američtí důstojníci*
Zajímali se o		*kanadští diplomaté*
	tvůj	*státní úředníci*
Pozveme také		*národní umělci*
	jeho	*čeští hudebníci*
Můžete poprosit		*typičtí Rusové*
	její	*zajímaví lidé*
Obrátíme se na		*vysocí diplomaté*
	náš	*dřívější ředitelé*
Těšili se na		*nejlepší odborníci*
	váš	*mnozí cizinci*
Nechceme obtěžovat		*nějací velvyslanci*
	jejich	*různí novináři*
Vzpomínali na		*političtí pracovníci*
		otcové
		synové
		bratři
		bratranci
		strýcové

8.b GRAMMAR NOTES

Accusative plural of animate masculine nouns, adjectives, demonstrative and possessive pronouns.

8.b.1   *Zajímáme se o dobré studenty.*
     We are interested in good students.

Uvidíte tam populární zpěváky.
You'll see popular singers there.

All hard animate masculine nouns take the **-y** ending in accusative plural. There are no changes in the stem.

Note: *člověk* - **lidi**

On zná zajímavé **lidi.**
He knows interesting people.

8.b.2   *Měli jsme tam dobré učitel e.*
We had good teachers there.

Nemám rád moderní umělc e.
I don't like modern artists.

All soft masculine nouns take the **-e** ending in the accusative plural.

8.b.3   As you have noticed in the examples above, all hard adjectives take the **-é** ending while the soft adjectives take the ending **-í**.

8.b.4   The pronouns have the following forms in the accusative plural:

nom. sg.	acc. pl.
ten	**ty**
můj	**mé** (moje)
tvůj	**tvé** (tvoje)
náš	**naše**
váš	**vaše**

The pronouns **jeho**, **její**, and **jejich** don't change.

8.c   **Tryout**

8.c.1   Read the following sentences, choosing the appropriate accusative plural form.

1.   *Zajímáte se také o*   *ty zahraniční studenty*
ti zahraniční studenti   ?
toho zahraničního studenta

2.	Potkali jsme tam	vynikající odborníci vynikající odborníky vynikajícího odborníka	.
3.	Neznali	žádné vysoké důstojníky žádní vysocí důstojníci žádného vysokého důstojníka	.
4.	Poznali jsme	váš dobrý přítel vaše dobré přátele vašich dobrých přátel	.
5.	Vzpomínáme často na	mnohých cizinců mnozí cizinci mnohé cizince	.
6.	Už jste pozvali	zahraniční hosty zahraničních hostů zahraniční hosté	?
7.	Těšíte se také na	ten známý zpěvák ti známí zpěváci ty známé zpěváky	?
8.	Poprosili o to	jejich nové řidiče jejich noví řidiči jejich novému řidiči	.
9.	Viděli jste tam také	ti američtí diplomaté ty americké diplomaty tím americkým diplomatem	?
10.	Poznáte tam	různých lidí různí lidé různé lidi	.
11.	Máte v Praze	nějaký příbuzný nějaké příbuzné nějací příbuzní	?
12.	Poznal jsem	vaši noví kamarádi váš nový kamarád vaše nové kamarády	.
13.	Nezajímal se o	žádné cizince žádní cizinci žádných cizinců	.
14.	Myslím, že znám	nějací typičtí Rusové nějaký typický Rus nějaké typické Rusy	.

15.   *Těšila se na*   *některé národní umělce*
                             některý národní umělec   .
                             někteří národní umělci

8.c.2   Write the following sentences in Czech.

1.   Do you know any members of the Soviet delegation coming to Prague tomorrow?

      _____

2.   We'll have to invite three or four representatives of Czechoslovak TV and radio to the
      party too. _____

      _____

3.   What allies did Nazi Germany have in World War II ?

      _____

4.   In our department we have excellent lawyers who can help you with the problem.

      _____

5.   I know a couple of Czech writers but I don't know any Slovak writers yet.

      _____

6.   We think that you'll see the best Czech singers and other artists at the festival of popular
      music . _____

      _____

7.   She has two younger brothers who graduated from the same university as I did.

      _____

8.   We are looking forward to seeing your acquaintances and friends from Europe.

      _____

9.   He was interested in all the famous European painters and sculptors.

      _____

10.   Next year they will need two new political officers at the American Embassy in Rome.

      _____

381

Activity 9:   LEXICAL DRILL

Form correct sentences from the following.

Festivalu se zúčastní

> *český umělec*
> *zahraniční hudebník*
> *známý dirigent*
> *student hudební školy*
> *vynikající zpěvák*
> *jiný host*
> *Němec a Rakušan*
> *známá pianistka*
> *slavná umělkyně*
> *nejlepší interpret*

Festival bude probíhat v

Narodil se v

Zemřel v

> *leden*
> *únor*
> *březen*
> *duben*
> *květen*
> *červen*
> *červenec*
> *srpen*
> *září*
> *říjen*
> *listopad*
> *prosinec*

Budou tam také

> *můj přítel*
> *jeho řidič*
> *náš zaměstnanec*
> *tvůj host*
> *ostatní pracovník*
> *váš dobrý kamarád*
> *některá sekretářka*
> *jiná pracovnice*

Potřebuji ještě jeden

> *lístek do divadla*
> *vstupenka na koncert*

Potřebuji jen 2, 3, 4

> *jízdenka na tramvaj*
> *lístek na autobus*

Potřebuji také pár

> *letenka*
> *místenka na vlak*
> *vstupenka na hokej*

Activity 10: CONVERSATIONAL DRILL

10.a Ask your fellow students about their daily program.   (time expressions, conjugation of verbs)

V kolik hodin vstáváte? Kdy chodíte spát? V kolik hodin míváte oběd? Kdy se vracíte z práce? A co oni?

10.b Students of what nationalities can study in American schools and universities?   (nom. plural of masc. animate nouns)

Studují tam jen Američané? Kteří cizinci tam mohou také studovat? Studují tam i Češi?

10.c What products are various nationalities famous for?   (nom. plural of masc. animate nouns and acc. sg. or plural)

Co dělají Američané? Myslíte, že Němci dělají dobré fotoaparáty?

10.d Discuss what members of various nationalities are considered to be famous for, e.g.:   (nominative pl. of masc. animate nouns and adj.)

Myslíte, že Němci jsou dobří vojáci? Jací vojáci jsou Češi? Jsou Američané dobří obchodníci? A co Italové?

10.e What are the occupations or positions of people usually invited to Embassy functions?   (nominative and gen. plural of masc. animate nouns, gen. singular and plural)

Účastní se oslav jen pracovníci velvyslanectví? Kteří představitelé se také účastní? Ze kterých institucí?

10.f Whom do you know?   (acc. plural and sg. of animate masc. nouns)

Znáte nějaké americké diplomaty v Praze? Které spisovatele čtete?

Activity 11: SPEAKING ACTIVITY

11.a   Role playing exercise:

Ask an employee from the administrative section to reserve a couple of tickets for:

a.   The French movie "Napoleon" for August 3rd at 8 p.m. at the Sevastopol Theater (what seats, price).

b.   The soccer game Sparta vs. Slavia on October 15, 2 o'clock p.m.

c.   The ice-hockey game ČSSR vs. Sweden at the Winter stadium, played on Sunday, November 28.

11.b   Find out the following information from your teacher :

What are the major theaters in Prague, what is their repertoire, which is more popular, plays or musicals, by whom? Are the local composers and playwrights more popular than foreign ones? How much are the tickets? How about smaller theaters?

11.c   Using the additional material, find out the following:

a.   What types of concerts are typical for Prague, where do they take place, what music do they play? Do many foreign musicians take part in musical performances?

b.   What foreign films are shown in Prague movie theaters? How about American movies? .

11.d   What kinds of concerts and theater do you like?

Activity 12: OVERHEARD CONVERSATION

12.a   Read the following sentences and fill in the words in parentheses with appropriate endings. Then listen to the dialogue and compare the sentences you have completed with those on the tape.

1.   Včera jsme se s manželkou dívali na programy _____ (koncert) v _____ (Praha).

2.   _____ (Počátek) ledna bude probíhat cyklus _____ _____ (klavírní skladba) ve Smetanově síni.

3.   My oba se zajímáme o _____ (klavírní hudba), oba jsme _____ (pianista).

4.   Chtěli bychom to na celý cyklus, bude to asi pět nebo šest _____ (večer).

5.   Já mám _____ (známý) v předprodeji vstupenek a ten se určitě o _____ (váš lístek) postará.

6.   Dávali klavírní koncert _____ (Čajkovský) a pan Páleníček u _____ (klavír) byl vynikající.

7.   V Tylově divadle dávají "Labutí jezero" v podání _____ _____ (Moskevský balet).

8.   _____ (Sovětský umělec) budou v Praze jen příští týden.

9. *Proto vás chci poprosit o pět* _____ *(lístek).*

10. *Moje známá z Tylova* _____ *(divadla) vám určitě* _____
    _____ *(ten lístek) zajistí.*

_____

12.b   Listen to the dialogue once again and try to complete the following sentences.

1. *A zajímáme se především o* _____ .

2. *Ráda vám lístky* _____ .

3. *Jaká místa chcete, pane Peterson? Máte zájem o* _____ .

4. *Ne, ne, ne, raději* _____ .

5. *Tak jaký byl* _____ ?

6. *V Tylově divadle dávají* _____ .

7. *Sovětští umělci budou v Praze* _____ .

8. *Nechceme to představení* _____ .

9. *Chtěli bychom jít* _____ .

10. *Půjdou s námi i* _____ .

_____

12.c   Answer the following questions on the dialogue:

1. *Na jaké programy se Petersonovi dívali?*

   _____

2. *Kdy bude probíhat cyklus klavírních skladeb?*

   _____

3. *O co se Petersonovi zajímají především?*

   _____

4. *Na kolik večerů potřebuje pan Peterson lístky?*

   _____

37

5.   *Jaké lístky chce pan Peterson raději?*

_____

6.   *Jaký koncert byl na programu včera?*

_____

7.   *Kde se bude hrát "Labutí jezero"?*

_____

8.   *Jak dlouho budou sovětští umělci v Praze?*

_____

9.   *Kdo kromě pana Petersona a jeho manželky půjde také na ten balet?*

_____

10. *Kdo zajistí lístky na "Labutí jezero"?*

_____

_____

12.d   Answer the following questions, basing your answers on what you can infer from what was said in the overheard conversation.

1.   Do you think that cultural life in Prague is quite extensive? Why?

_____

2.   Are Praguers keen music lovers? On what do you base your opinion?

_____

3.   What kind of acquaintances and friends is it apparently desirable to have in Prague in order to get tickets?_____

_____

4.   Why was the piano concert a success?

_____

5.   What foreign composers seem to be popular in Prague?

_____

READING

I.   Match the English words below with the corresponding Czech words in the text. Give as many details as you can of what the items contain.

Zemřel národní umělec Jiří Dohnal

Praha 10. září (ČTK) - Ministerstvo kultury ČSR, Svaz českých dramatických umělců a Národní divadlo v Praze oznamují, že v neděli 9. září 1984 zemřel ve věku 79 let národní umělec Jiří Dohnal, nositel Řádu Vítězného února a Řádu práce. Odchodem Jiřího Dohnala ztrácí česká kultura jednu z nejvýraznějších osobností našeho divadelního života a čelného představitele socialistického umění.

age	(it) loses
announce	most outstanding
artist	order
departure	personality
(he) died	leading
holder	representative
life	victorious

II.   Do the same with this item.

Koncerty pro Palác

Skutečně reprezentativní otevření své koncertní sezóny připravil Palác kultury koncertem České filharmonie, která přednese ve Sjezdovém sále v sobotu v 19.30 h Dvořákovy Slovanské tance za řízení národního umělce Václava Neumanna. Tento koncert zároveň zahajuje orchestrální cyklus, který Palác kultury věnuje Roku české hudby a ve kterém dále vystoupí Pražský komorní orchestr se sólistou B. Krajným a VSČKO Pardubice se sólistou z. u. L. Malým pod taktovkou z. u. L. Peška.

along with	further
(it) will appear	music
baton	opening
chamber	(it) has prepared
congress	(it) will perform
(it) commences	really
(it) dedicates	representative (of the best)
direction	

III. Do the same with the conclusion of the item.

Roku české hudby jsou také určeny ještě dva cykly: komorní ve Společenském sále - z účinkujících jmenujme alespoň Č. Pavlíka, I. Klánského, V. Kameníkovou, České komorní sólisty - a stylový cyklus S českou hudbou staletími. Sezónu doplňuji Varhanní cyklus, Cyklus nedělních varhanních matiné a již tradiční Recitály mladých umělců. Po novém roce bude zahájen Komorní cyklus k poctě J. S. Bacha a G. F. Händela.

at least	honor
(it) includes	organ
designated	social
hundreds of years	performers

IV. Write in the subject (which has a nominative ending), the verb, and, where indicated, the object (case ending) for the main clauses in each of the following sentences.

1. *Skutečně representativní otevření své koncertní sezóny připravil Palác kultury koncertem České filharmonie.*

   subject _____
   verb _____
   object _____

2. *Která přednese ve Sjezdovém sále v sobotu Dvořákovy Slovanské tance.*

   subject _____
   verb _____
   object _____

3. *Tento koncert zároveň zahajuje orchestrální cyklus.*

   subject _____
   verb _____
   object _____

4. *Roku české hudby jsou určeny ještě dva cykly.*

   subject _____
   verb _____
   object _____

5. *Sezónu doplňuje Varhanní cyklus.*

   subject _____
   verb _____
   object _____

VOCABULARY LIST

balkón m.	-	balcony
báseň f.	-	poem
celkem	-	in all, altogether
celý	-	all, whole, entire
cyklus m.	-	cycle
demokratizace f.	-	democratization
dívat se (I - imp.)	-	to look
festival m.	-	festival
filharmonie f.	-	philharmonic orchestra
hoch m.	-	boy
chudý	-	poor
jaro n.	-	spring
jestli	-	if
kamarád m.	-	pal, mate
kdykoliv	-	whenever, anytime
klasický	-	classical
koncertní	-	concert (adj.)
květen m.	-	May
listopad m.	-	November
lóže f.	-	box (in the theater)
milovník m.	-	lover
mnohý	-	many a (adj.)
možný	-	possible
náhodný	-	accidental
nejvýznamnější	-	most significant, noted
nejznámější	-	best known
obtěžovat (II - imp.)	-	to bother
odpoledne	-	in the afternoon
operní	-	opera (adj)
originál m.	-	original
patřit (III - imp.)	-	to belong
pianistka f.	-	piano player (female)
poděkovat (II - perf.)	-	to thank
pokus m.	-	attempt
pokusit se (III - perf.)	-	to try, to attempt
poprosit (III - perf.)	-	to ask (for)
potlačit (III - perf.)	-	to oppress, to suppress
pravda f.	-	truth
právě	-	just (now)
probíhat (I - imp.)	-	to be on, to take place
představit (III - perf.)	-	to introduce
představitel m.	-	representative
přesně	-	exactly
přijíždět (III - imp.)	-	to come, to arrive
příležitost f.	-	chance, opportunity
příliš	-	too (much)
přízemí n.	-	orchestra (seat), first floor
seznámit se (III - perf.)	-	to meet, to get acquainted
skutečně	-	really
složitý	-	complicated
slyšet (III - imp.)	-	to hear
soubor m.	-	group, chorus

41

soudruh m.	-	comrade
spojenec m.	-	ally
tak zvaný	-	so called
tentokrát	-	this time
účastnit se (III - imp.)	-	to take part
událost f.	-	event
uzavírat (I - imp.)	-	to close
vadit (III - imp.)	-	to mind
včerejší	-	yesterday's
večerní	-	evening (adj.)
vhodný	-	suitable
vojenský	-	militarily
výraz m.	-	expression, term
vyřizovat (II - imp.)	-	to express, to give a message
začínat (I - imp.)	-	to begin, to start
zahájení n.	-	opening
zajištění n.	-	reservation
zajišťovat (II - imp.)	-	to reserve
zážitek m.	-	experience
zemřít (I - perf.)	-	to die
zjistit (III - perf.)	-	to find out
známý m. (adj.)	-	acquaintance
znova, znovu	-	again
zúčastnit se (III -perf.)	-	to take part

Lekce 12 *Volný čas - záliby*

COMMUNICATION GOALS:	1.	To be able to arrange for the possibility of practicing one's hobby.
	2.	To be able to find out about what people do in their leisure time.
GRAMMAR GOALS:	1.	Instrumental case - nouns and demonstratives.
	2.	Instrumental case - adjectives and possessives.
	3.	Relative pronouns - *který, kdo, co.*
ADDITIONAL MATERIAL:	1.	Tape with unrestricted Czech.
	2.	Overheard conversation.
	3.	Maps of the U.S., Europe, etc.

Activity 1: **LISTENING TO UNRESTRICTED CZECH**

1. Does the conversation take place in Czechoslovakia or some other country?

2. Are any of the speakers making a request or is it just a friendly talk?

3. What topic is being discussed?

4. Which speaker is more enthusiastic?

5. List the parts of the conversation you understood.

6. List the words you picked up and do not know the meaning of.

7. Find the following phrases on the tape:

> *Díval jsi se včera na televizi?*
> *To tady ještě nebylo.*
> *Já už jsem se dívala na semifinále.*
> *To bylo největší překvapení.*
> *Tak to už byla záležitost jednostranná.*
> *Je víc Američan než Čech.*
> *To přece je nádhera.*
> *Ta může něco dokázat.*
> *To je skutečně první třída.*
> *Nakonec je museli nechat cestovat trochu víc.*
> *Pak z toho měl režim doma v Československu problémy.*
> *No, tak musíš víc hrát.*

Guess what they mean from the context.

Activity 2: **TASK CONSIDERATION**

You would like to find out if there is anywhere in Prague where you and members of your family could play tennis (swim, ride - whatever sport or hobby you like to indulge in). Realizing that possibilities may be limited for you, but wanting to have an opportunity to pursue your sport or hobby, you approach a Czech member of the Embassy staff or perhaps a Czech acquaintance and ask for advice or suggestions.

You will want to explain to him or her what you and your family are interested in doing, what times and days you have in mind, and how far time constraints will permit you to travel.

When you have the information you need, your next step will be to make the contacts suggested, preferably face-to-face. Be sure you know the best way to introduce yourself and pursue your inquiry with the person you have contacted. If you don't get an immediate answer or are unsuccessful, be prepared to arrange for a follow-up, or seek further suggestions.

Activity 3: SAMPLE DIALOGUE (1)

Mr. Brown has been settling in pretty well in Prague. He knows his way around Prague, has met a number of people professionally and socially and now he wants to get involved in various activities in his leisure time. For this reason he looks up Mr. Hladík, who is a Czech employee in the administrative section.

Brown: *Dobrý den, pane Hladík, jak se daří?*

Hladík: *Děkuji, ujde to. A co vy, pane Brown? Jaký byl váš víkend?*

Brown: *Právě kvůli tomu jsem přišel. Potřebuji radu, pane Hladík. Vy jste jediný člověk, který mi může pomoci.*

Hladík: *Prosím, pane Brown. Co si přejete? Pro vás udělám všechno.*

Brown: *Pane Hladík, mám následující problém. Jak víte, já a moje manželka jsme v Praze už tři měsíce a nyní hledáme nějaký způsob, jak aktivně využít svůj volný čas, zejména víkendy. Jaké možnosti jsou v Praze?*

Hladík: *No, to záleží na tom, co máte na mysli. Chcete se zabývat nějakým sportem nebo máte zájem o kulturu?*

Brown: *Víte, my s manželkou se v zásadě zajímáme o tři věci, tenis, plavání a jízdu na koni.*

Hladík: *No, s plaváním to nebude tak těžké.*

Brown: *Existuje tady nějaký krytý bazén, který je otevřený i v zimě?*

Hladík: *Ale ano, myslím, že v Podolí je jeden. Chodí tam hlavně studenti a vůbec mladí lidé. A potom je jeden v Motole, ale nevím, jestli je otevřený celý rok.*

Brown: *A co jízda na koni? Mám takový dojem, že se lidé tady zajímají o dostihy, ale rekreačně jezdí zřídka, že?*

Hladík: *Pokud se týká jízdy na koni, to opravdu nevím. Ale zavolejte na Správu služeb. Tam musí být někdo, kdo má příslušné informace.*

Brown: *Není na předměstí Prahy jízdárna nebo nějaký jezdecký klub, kde nás nechají jezdit?*

Hladík: *To také nevím, pane Brown, ale určitě něco najdeme. Nejsem si tím jist, ale myslím, že se dá jezdit ve Stromovce.*

Brown: *Pane Hladík, poslední dotaz. Před odjezdem do Prahy nám někdo říkal, že někde blízko velvyslanectví jsou tenisové dvorce. Já příliš tenis nehraji, ale manželka nemůže bez tenisu existovat.*

Hladík: *Říkal jste, tenisové kurty blízko velvyslanectví. Hmmm ... . Jestli se nemýlím, tak jsou velké tenisové kurty na Štvanici, ale tam budete muset zajít osobně. Podobné věci se těžko zařizují telefonicky.*

Brown: *Můžete mi zjistit jméno někoho, kdo je tam zodpovědným pracovníkem?*

Hladík: *Samozřejmě, pane Brown, můžete se na mě spolehnout, já tam zatelefonuji.*

Brown: *Děkuji vám za laskavost, pane Hladík. Hned jsem věděl, že se na vás mohu obrátit s prosbou. Jestli něco zjistíte, nechte mi vzkaz u slečny Veselé. Pár dní zde nebudu, vrátím se koncem týdne.*

* * * * * * * * * * * * * * * * *

Brown: GOOD AFTERNOON, MR. HLADÍK. HOW IS EVERYTHING?

Hladík: THANK YOU, SO-SO. AND HOW ABOUT YOU, MR. BROWN? HOW WAS YOUR WEEKEND?

Brown: THAT'S JUST WHY I'VE COME. I NEED YOUR ADVICE, MR. HLADÍK. YOU ARE THE ONLY PERSON WHO CAN HELP ME.

Hladík: YES, MR. BROWN. WHAT WOULD YOU LIKE? I'LL DO WHATEVER I CAN TO HELP YOU.

Brown: I HAVE THE FOLLOWING PROBLEM, MR. HLADÍK. AS YOU KNOW, MY WIFE AND I HAVE BEEN HERE IN PRAGUE FOR ABOUT THREE MONTHS ALREADY, AND NOW WE ARE LOOKING FOR SOME WAY TO USE OUR LEISURE TIME ACTIVELY, ESPECIALLY ON WEEKENDS. WHAT POSSIBILITIES ARE THERE IN PRAGUE?

Hladík: WELL, IT DEPENDS ON WHAT YOU HAVE IN MIND. ARE YOU INTERESTED IN SPORTS, OR IN CULTURE?

Brown: YOU KNOW, MY WIFE AND I ARE BASICALLY INTERESTED IN THREE ACTIVITIES: TENNIS, SWIMMING, AND HORSEBACK RIDING.

Hladík: WELL, AS FAR AS SWIMMING IS CONCERNED, IT WON'T BE SO DIFFICULT.

Brown: IS THERE AN INDOOR POOL HERE WHICH IS ALSO OPEN IN THE WINTER?

Hladík: WELL, YES, I THINK THERE IS ONE IN PODOLI. MAINLY STUDENTS AND YOUNG PEOPLE GO THERE. AND THEN THERE IS ANOTHER ONE IN MOTOL, BUT I DON'T KNOW WHETHER IT'S OPEN ALL YEAR ROUND.

Brown: AND HOW ABOUT HORSEBACK RIDING? I HAVE THE IMPRESSION THAT PEOPLE HERE ARE INTERESTED IN HORSE RACES, BUT THEY SELDOM RIDE FOR RECREATION, ISN'T THAT RIGHT?

Hladík: AS FAR AS HORSEBACK RIDING IS CONCERNED, I REALLY DON'T KNOW. BUT CALL DIPLOMATIC SERVICES. THERE MUST BE SOMEONE WHO HAS PERTINENT INFORMATION.

Brown: ISN'T THERE A RIDING ACADEMY IN THE PRAGUE SUBURBS OR AN EQUESTRIAN CLUB WHERE THEY'D LET US RIDE?

Hladík: I DON'T KNOW THAT EITHER, MR. BROWN. BUT WE WILL CERTAINLY FIND SOMETHING. I'M NOT POSITIVE, BUT I THINK THAT YOU CAN RIDE IN STROMOVKA.

Brown: ONE LAST QUESTION, MR. HLADÍK. BEFORE OUR DEPARTURE FOR PRAGUE, SOMEONE TOLD US THAT THERE WERE SOME TENNIS COURTS CLOSE TO THE EMBASSY. I DON'T PLAY TENNIS TOO MUCH, BUT MY WIFE CAN'T LIVE WITHOUT TENNIS.

Hladík: YOU SAID TENNIS COURTS CLOSE TO THE EMBASSY. HMM ... . IF I'M NOT MISTAKEN, THERE ARE LARGE TENNIS COURTS AT STVANICE, BUT YOU WILL HAVE TO GO THERE IN PERSON. IT IS DIFFICULT TO NEGOTIATE THINGS LIKE THAT OVER THE PHONE.

Brown: CAN YOU GET ME THE NAME OF THE PERSON WHO IS THE OFFICER IN CHARGE THERE?

Hladík: CERTAINLY, MR. BROWN. YOU CAN DEPEND ON ME. I'LL CALL THEM.

Brown: THANK YOU FOR YOUR KINDNESS, MR. HLADÍK. I KNEW RIGHT AWAY THAT I COULD TURN TO YOU WITH A REQUEST. IF YOU FIND OUT SOMETHING LEAVE ME A MESSAGE WITH MS. VESELÁ. I'M NOT GOING TO BE HERE FOR A COUPLE OF DAYS. I'LL BE BACK BEFORE THE END OF THE WEEK.

3.a   What Did They Say?

3.a.1 Your teacher will ask you these questions. Try to answer them from memory. If you can't remember, check back to the dialogue.

1. Jak dlouho jsou už pan Brown a jeho manželka v Praze?
2. O které sporty se zajímají?
3. Který krytý bazén je otevřený i v zimě?
4. Kdo tam hlavně chodí?
5. Kdo může mít nějaké informace, pokud se týká jízdy na koni?
6. Kde se asi může jezdit na koni?
7. Kde jsou velké tenisové kurty?
8. Proč musí pan Brown zajít na Štvanici osobně?
9. U koho může pan Hladík nechat vzkaz?
10. Kdy se pan Brown vrátí?

3.b   Work with the Dialogue (1)

3.b.1   Try filling in the missing stems from memory. If you have difficulty, listen to the tape again. Refer to the transcript only as a last resort.

B: _ _ _ _ý den, pane Hladík, jak se _ _ _í?

H: _ _ _ _uji, ujde to. A co vy, _ _ _e Brown? Jaký byl váš víkend?

B: Právě kvůli _ _ _ _u jsem přišel. _ _ _ _ _ _ _uji radu, _ _ _e Hladík. Vy jste jediný člověk, který mi _ _ _ _e pomoci.

H: _ _ _ _ím, _ _ _e Brown. Co si _ _ _ _ete? Pro vás _ _ _ _ám všechno.

B: _ _ _e Hladík, _ám následující problém. Jak _íte, já a moje manželka jsme v Praze už tři _ _ _ _ _ _e a nyní _ _ _ _áme nějaký způsob, jak aktivně využít svůj volný čas, zejména _ _ _ _ _ _y. Jaké _ _ _ _ _ _ _i jsou v Praze?

H: No, to _ _ _ _ _ _í na tom, co _áte na mysli. _ _ _ete se zabývat nějakým _ _ _ _ _em nebo máte zájem o _ _ _ _ _ _u?

B: _íte, my s _ _ _ _ _ _ _ou se v zásadě _ _ _ _ _áme o tři _ _ _i, tenis, plavání a _ _ _ _u na koni.

H: No, s _ _ _ _ _ _ím to nebude tak _ _ _ _é.

B: _ _ _ _ _uje tady nějaký _ _ _ _ _ý bazén, _ _ _ _ _ý je otevřený i v _ _ _ě?

H: Ale ano, _ _ _ _ _ím, že v Podolí je jeden. Chodí tam hlavně _ _ _ _ _ _ _ _i a vůbec _ _ _ _i lidé. A potom je jeden v _ _ _ _ _ _e, ale _ _ _ím, jestli je _ _ _ _ _ _ _ý celý rok.

B: A co jízda na _ _ _i? Mám _ _ _ _ _ý dojem, že se lidé tady _ _ _ _ _ _ají o dostihy, ale rekreačně _ _ _ _í zřídka, že?

H: Pokud se týká _ _ _ _ _y na _ _ _i, to opravdu _ _ _ím. Ale zavolejte na _ _ _ _ _ _u služeb. Tam _ _ _í být někdo, kdo má _ _ _ _ _ _ _ _é informace.

B: Není na předměstí _ _ _ _ _y jízdárna nebo nějaký _ _ _ _ _ _ _ý klub, kde nás _ _ _ _ají jezdit?

H: To také _ _ _ím, _ _ _e Brown, ale určitě něco _ _ _ _eme. Nejsem si tím jist, ale _ _ _ _ím, že se dá jezdit ve Stromovce.

B: _ _ _e Hladík, poslední dotaz. Před _ _ _ _ _ _em do Prahy nám někdo říkal, že někde blízko velvyslanectví jsou _ _ _ _ _ _ _é dvorce. Já příliš tenis nehraji, ale manželka _ _ _ _ _ _e bez _ _ _ _ _ _u existovat.

H: Říkal jste _ _ _ _ _ _ _é kurty blízko velvyslanectví. Hmmm .... Jestli se

_ _ _ _ _ím, tak jsou _ _ _ _ _é _ _ _ _ _ _ _ _é _ _ _ _ _y na Štvanici, ale tam
_ _ _ete muset zajít osobně. _ _ _ _ _ _ _ě _ _ _ _i se těžko zařizují telefonicky.

B: _ _ _ete mi zjistit jméno někoho, kьo je tam _ _ _ _ _ _ _ _ _ým
_ _ _ _ _ _ _ _ _em?

H: Samozřejmě, _ _ _ _e Brown, _ _ _ete se na mě spolehnout, já tam
_ _ _ _ _ _ _ _ _uji.

B: _ _ _uji vám za laskavost, _ _ _ _e Hladík. Hned jsem věděl, že se na vás mohu obrátit
s _ _ _ _ _ _ou. Jestli něco _ _ _ _ _ _íte, nechte mi vzkaz u _ _ _ _ _ _y Veselé. Pár
dní zde _ _ _ _ _ _u, _ _ _ _ím se _ _ _ _ _em týdne.

3.b.2   Following the same procedure as in 3.b.1, try to fill in the missing endings.

B: Dobr_ den, pan_ Hladík, jak se dař_?

H: Děk_ _ _, ujde to. A co vy, pan_ Brown? Jak_ byl váš víkend?

B: Právě kvůli tom_ jsem přišel. Potřeb_ _ _ rad_, pan_ Hladík. Vy jste jedin_ člověk,
kter_ mi můž_ pomoci.

H: Pros_ _, pane Brown. Co si přej_ _ _? Pro vás uděl_ _ všechno.

B: Pan_ Hladík, m_ _ následující problém. Jak v_ _ _, á a moje manželka jsme v Praze
už tři měsíc_ a nyní hled_ _ _ nějak_ způsob, jak aktivně využít svůj voln_ čas,
zejména víkend_. Jak_ možnost_ jsou v Praz_?

H: No, to zálež_ na t_ _, co m_ _ _ na mysl_. Chc_ _ _ se zabývat nějak_ _ sport_ _
nebo m_ _ _ zájem o kultur_?

B: V_ _ _, my s manželk_ _ se v zásad_ zajím_ _ _ o tři věci, tenis, plavání a jízd_ na
kon_.

H: No, s plaván_ _ to nebud_ tak těžk_.

B: Exist_ _ _ tady nějak_ kryt_ bazén, kter_ je otevřen_ i v zim_?

H: Ale ano, mysl_ _, že v Podolí je jeden. Chod_ tam hlavně student_ a vůbec mlad_
lid_. A potom je jeden v Motol_, ale nev_ _, jestli je otevřen_ cel_ rok.

B: A co jízda na kon_? M_ _ takov_ dojem, že se lid_ tady zajím_ _ _ o dostihy, ale
rekreačně jezd_ zřídka, že?

H: Pokud se týká jízd_ na kon_, to opravdu nev_ _. Ale zavolejte na Správ_ služeb. Tam
mus_ být někdo, kdo m_ příslušn_ informace.

B: Není na předměst_ Prah_ jízdárna nebo nějak_ jezdeck_ klub, kde nás
nech_ _ _ jezdit?

H: To také nev_ _, pan_ Brown, ale určitě něco najd_ _ _. Nejsem si t_ _ jist, ale mysl_ _, že se dá jezdit ve Stromovc_.

B: Pan_ Hladík, posledn_ dotaz. Před odjezd_ _ do Prahy nám někdo říkal, že někde blízko velvyslanectv_ jsou tenisov_ dvorc_. Já příliš tenis nehraj_, ale manželka nemůž_ bez tenis_ existovat.

H: Říkal jste tenisov_ kurt_ blízko velvyslanectv_. Hmmm ... . Jestli se nemýl_ _, tak jsou velk_ tenisov_ kurt_ na Štvanic_, ale tam bud_ _ _ muset zajít osobně. Podobn_ věc_ se těžko zařiz_ _ _ telefonicky.

B: Můž_ _ _ mi zjistit jméno někoho, kdo je tam zodpovědn_ _ pracovník_ _?

H: Samozřejmě, pan_ Brown, můž_ _ _ se na mě spolehnout, já tam zatelefon_ _ _.

B: Děk_ _ _ vám za laskavost, pan_ Hladík. Hned jsem věděl, že se na vás moh_ obrátit s prosb_ _. Je_ _ něco zjist_ _ _, nechte mi vzkaz u slečn_ Vesel_. Pár dní zde nebud_, vrát_ se konc_ _ týdn_.

3.c   **NARRATIVE (1)**

Pane Brown,

volal pan Vašátko ze Správy služeb ohledně jízdy na koni. Podařilo se mu najít někoho, kdo je členem jezdeckého klubu v Chuchli a spolupracuje se Správou. Je to nějaký pan Kovaříček. Ten má na starosti několik koní, které půjčuje s doprovodem, ale jen v sobotu a v neděli. Jestli máte zájem, zavolejte ho, prosím, večer po šesté hodině. Jeho telefonní číslo je 334 098. Ohledně jízdárny na Kampě říkal, že všichni koně jsou jen pro členy klubu a to jen pro soutěžní jízdy.

Veselá

3.d   **Work with the Narrative**

3.d.1   When you are familiar with the narrative, your teacher will ask you these questions. Try to answer them from memory. Refer back to the transcript if you have difficulty.

1. Kde pracuje pan Vašátko?
2. Ohledně čeho volal?
3. Koho se mu podařilo najít?
4. Co má na starosti pan Kovaříček?
5. Kdy se tam může jezdit?
6. Co říkal, pokud se týká jízdárny na Kampě?

Activity 4:   SAMPLE DIALOGUE (2)

Mr. Brown visits the Štvanice tennis courts and tries to find out whether his wife can use the tennis courts, when, and under what conditions.

Brown: *Dobrý den, já jsem Brown z Amerického velvyslanectví. Tady je moje diplomatická průkazka. Hledám pana Slavíčka.*

Slavíček: *Dobrý den. Já jsem Slavíček. Co si přejete, prosím?*

Brown: *Přišel jsem ohledně tenisu. Myslím, že pan Hladik už s vámi mluvil, že ano?*

Slavíček: *Mluvil jsem s panem Hladíkem včera. Říkal mi, že vaše manželka chce u nás hrát tenis.*

Brown: *Zcela správně. Víte, Štvanice je pro nás velmi výhodná, není příliš daleko od našeho bytu a jak vidím, máte zde poměrně hodně kurtů.*

Slavíček: *No, pane Brown, ono to není tak jednoduché. Víte, my v zásadě nejsme žádný veřejný podnik.*

Brown: *Promiňte, já vám nerozumím.*

Slavíček: *No, říkám, že nejsme veřejný podnik a že ne každý, kdo sem přijde, může hrát.*

Brown: *Aha, už vám rozumím. Existují nějaká omezení, že? Můžete mi tedy říci, za jakých podmínek zde můžeme hrát?*

Slavíček: *Podívejte se, pane Brown. Štvanice je pod patronátem Dopravních podniků města Prahy. To znamená, že jen zaměstnanci tohoto podniku, kteří jsou také členy ROH, mohou používat naše dvorce.*

Brown: *Takže myslíte, že to nebude možné?*

Slavíček: *To jsem neřekl. Kromě zaměstnanců Dopravních podniků zde hrají také žáci střední školy v Praze 6.*

Brown: *Pane Slavíček, budu vám velmi zavázán, jestli nám pomůžete. Manželka hraje tenis velmi dobře a ráda se stane členkou vašeho klubu, jestli je to nutné.*

Slavíček: *Jak často sem chce chodit a ve které dny?*

Brown: *Myslím, že jednou, dvakrát týdně a také v sobotu a neděli.*

Slavíček: *Dobře, pane Brown. Uvidím, co se dá dělat. Promluvím se soudružkou Heřmánkovou, která má na starosti hrací plány a se sportovním tajemníkem Dopravních podniků.*

Brown: *Kdy mi můžete dát vědět?*

Slavíček: *Zavolejte mi začátkem příštího týdne, řekněme v úterý. Tady je moje telefonní číslo.*

Brown: *S radostí, pane Slavíček a doufám, že to vyjde.*

* * * * * * * * * * * * * * * * *

Brown: HELLO, I'M JAMES BROWN FROM THE AMERICAN EMBASSY. HERE IS MY DIPLOMATIC I.D. I'M LOOKING FOR MR. SLAVÍČEK.

Slavíček: HELLO, I'M SLAVÍČEK. WHAT CAN I DO FOR YOU?

Brown: I CAME TO ASK ABOUT TENNIS. I THINK MR. HLADÍK HAS SPOKEN TO YOU, HASN'T HE?

Slavíček: I SPOKE WITH MR. HLADÍK YESTERDAY. HE TOLD ME THAT YOUR WIFE WANTS TO PLAY TENNIS HERE.

Brown: THAT'S RIGHT. YOU SEE, ŠTVANICE IS VERY CONVENIENT FOR US. IT ISN'T FAR FROM OUR APARTMENT, AND I CAN SEE YOU HAVE A LOT OF COURTS HERE, RELATIVELY SPEAKING.

Slavíček: WELL MR. BROWN, IT ISN'T SO EASY. YOU KNOW, WE ARE NOT REALLY A PUBLIC FACILITY.

Brown: EXCUSE ME, I DON'T UNDERSTAND.

Slavíček: WELL, I'M SAYING THAT WE ARE NOT A PUBLIC FACILITY AND NOT EVERYBODY WHO JUST WALKS IN CAN PLAY HERE.

Brown: I SEE, I UNDERSTAND NOW. THERE ARE SOME RESTRICTIONS, RIGHT? CAN YOU TELL ME UNDER WHAT CONDITIONS WE CAN PLAY HERE?

Slavíček: LOOK, MR. BROWN, ŠTVANICE IS UNDER SPONSORSHIP OF THE DOPRAVNÍ PODNIKY MĚSTA PRAHY. THAT MEANS THAT ONLY THE EMPLOYEES OF THIS COMPANY, WHO ARE ALSO UNION MEMBERS, CAN USE OUR COURTS.

Brown: SO YOU THINK IT WON'T BE POSSIBLE?

Slavíček: I DIDN'T SAY THAT. ASIDE FROM THE DOPRAVNÍ PODNIKY EMPLOYEES, STUDENTS FROM A HIGH SCHOOL IN PRAGUE 6 ALSO PLAY HERE.

Brown: MR. SLAVÍČEK, I'LL BE VERY MUCH OBLIGED IF YOU COULD HELP US. MY WIFE PLAYS TENNIS VERY WELL AND WILL GLADLY BECOME A MEMBER OF YOUR CLUB IF NECESSARY.

Slavíček: HOW OFTEN DOES SHE WANT TO COME HERE AND ON WHAT DAYS?

Brown: I THINK ONCE OR TWICE A WEEK AND THEN ON SATURDAYS AND SUNDAYS, TOO.

Slavíček: ALL RIGHT, MR. BROWN. I'LL SEE WHAT CAN BE DONE. I'LL TALK TO COMRADE HEŘMÁNKOVÁ, WHO IS IN CHARGE OF PLAYING SCHEDULES AND TO THE SPORTS SECRETARY OF THE DOPRAVNÍ PODNIKY.

Brown: WHEN CAN YOU LET ME KNOW?

Slavíček: CALL ME AT THE BEGINNING OF NEXT WEEK, LET'S SAY ON TUESDAY. HERE IS MY TELEPHONE NUMBER.

Brown: WITH PLEASURE, MR. SLAVÍČEK, AND I HOPE IT'LL WORK OUT.

4.a   What Did They Say?

4.a.1   Your teacher will ask you these questions. Try to answer them from memory. If you can't remember, check back to the dialogue for the answer.

1.   *Koho hledá pan Brown na Štvanici?*

2.   *Kdo už mluvil s panem Slavíčkem?*

3.   *Ohledně čeho přišel pan Brown?*

4.   *Proč jsou kurty na Štvanici výhodné pro pana Browna a jeho manželku?*

5.   *Kdo může hrát tenis na Štvanici?*

6.   *Jak často a kdy chce paní Brownová chodit na tenis?*

7.   *S kým musí ještě pan Slavíček promluvit?*

8.   *Co má na starosti soudružka Heřmánková z Dopravních podniků?*

9.   *Kdy může pan Brown zavolat na Štvanici?*

4.b   Work with the Dialogue (2)

4.b.1   Try filling in the missing stems from memory. If you have difficulty, listen to the tape again. Refer to the transcript only as a last resort.

B: _ _ _ _ ý den, já jsem Brown z _ _ _ _ _ _ _ého velvyslanectví. Tady je moje _ _ _
     _ _ _ _ _ _ _ _á průkazka. _ _ _ _ ám _ _ _ a Slavíčka.

S: Dobrý den. Já jsem Slavíček. Co si _ _ _ _ ete, _ _ _ _ ím?

B: Přišel jsem ohledně _ _ _ _ _ _u. _ _ _ _ _ím, že pan Hla žík už s vámi mluvil, že ano?

S: Mluvil jsem s _ _ _em _ _ _ _ _ _ _em včera. Říkal mi, že _ _ _e manželka _ _ _e u nás hrát tenis.

B: Zcela správně. _íte, Štvanice je pro nás velmi _ _ _ _ _ _á, není příliš daleko od _ _ _eho _ _ _u a jak _ _ _ím, máte zde poměrně hodně _ _ _ _ů.

S: No, _ _ _e Brown, ono to není tak _ _ _ _ _ _ _ _é. _íte, my v zásadě nejsme _ _ _ _ý _ _ _ _ _ _ý podnik.

B: Promiňte, já vám _ _ _ _ _ _ _ím.

S: No, _ _ _ám že nejsme _ _ _ _ _ _ý podnik a že ne _ _ _ _ý, kdo sem _ _ _ _ _ _e, _ _ _e hrát.

B: Aha, už vám _ _ _ _ _ _ím. _ _ _ _ _ _ují _ _ _ _ _á omezení, že? _ _ _ete mi tedy říci, za jakých podmínek zde _ _ _eme hrát?

S: Podívejte se, _ _ _e Brown. Štvanice je pod _ _ _ _ _ _ _em _ _ _ _ _ _ _ích _ _ _ _ _ _ů města Prahy. To znamená, že jen zaměstnanci tohoto _ _ _ _ _ _ _u, _ _ _ _í jsou také _ _ _ _ _y ROH, mohou používat _ _ _e dvorce.

B: Takže _ _ _ _íte, že to _ _ _ _ _e _ _ _ _é?

S: To jsem neřekl. Kromě _ _ _ _ _ _ _ _ _ů _ _ _ _ _ _ích _ _ _ _ _ _ _ů zde hrají také žáci střední _ _ _ _ _y v Praze 6.

B: _ _ _e Slavíček, _ _ _u vám velmi zavázán, jestli nám _ _ _ _ _ete. Manželka _ _ _ _e tenis velmi dobře a ráda se stane _ _ _ _ _ _ou _ _ _eho _ _ _ _u, jestli je to nutné.

S: Jak často sem _ _ _ _e chodit a ve _ _ _ _ _é dny?

B: _ _ _ _ím, že _ _ _ _ _ou, dvakrát týdně a také v _ _ _ _ _ _u a v _ _ _ _ _i.

S: Dobře, _ _ _ _e Brown. _ _ _ _ím, co se dá dělat. _ _ _ _ _ _ _ _ím se _ _ _ _ _ _ _ _ _ou Heřmánkovou, _ _ _ _á má na _ _ _ _ _ _ _i hrací _ _ _ _ _y a se _ _ _ _ _ _ _ _ím _ _ _ _ _ _ _ _em Dopravních podniků.

B: Kdy mi _ _ _ _ete dát vědět?

S: Zavolejte mi _ _ _ _ _ _em _ _ _ _ _ího týdne, řekněme v úterý. Tady je moje telefonní číslo.

B: S _ _ _ _ _ _í, _ _ _e Slavíček a _ _ _ _ám, že to vyjde.

4.b.2   Following the same procedure as in 4.b.1, try to fill in the missing endings.

B: Dobr_ den, já jsem Brown z Americk_ _ _ velvyslanectv_. Tady je moje diplomatick_ průkazka. Hled_ _ pan_ Slavíček_.

S: Dobr_ den. Já jsem Slavíček. Co si přej_ _ _, pros_ _?

B: Přišel jsem ohledně tenis_. Myslím, že pan Hladík už s vámi mluvil, že ano?

S: Mluvil jsem s pan_ _ Hladík_ _ včera. Říkal mi, že vaš_ manželka chc_ u nás hrát tenis.

B: Zcela správně. V_ _ _, Štvanice je pro nás velmi výhodn_, není příliš daleko od naš_ _ _ byt_ a jak vid_ _, m_ _ _ zde poměrně hodně kurt_.

S: No, pan_ Brown, ono to není tak jednoduch_. V_ _ _, my v zásad_ nejsme žádn_ veřejn_ podnik.

B: Promiňte, já vám nerozum_ _.

S: No, řík_ _, že nejsme veřejn_ podnik a že ne každ_, kdo sem přijd_, můž_ hrát.

B: Aha, už vám rozum_ _. Exist_ _ _ nějak_ omezení, že? Můž_ _ _ mi tedy říci, za jak_ _ _ podmínek zde můž_ _ _ hrát?

S: Podívejte se, pan_ Brown. Štvanice je pod patronát_ _ Dopravn_ _ _ podnik_ města Prah_. To znamen_, že jen zaměstnanc_ t_ _ _ _ _ podnik_, kteř_ jsou také členy ROH, moh_ _ používat naš_ dvorc_.

B: Takže mysl_ _ _, že to nebud_ možn_?

S: To jsem neřekl. Kromě zaměstnanc_ Dopravn_ _ _ podnik_ zde hraj_ také žác_ středn_ škol_ v Praz_ 6.

B: Pan_ Slavíček, bud_ vám velmi zavázán, jestli nám pomůž_ _ _. Manželka hraj_ tenis velmi dobř_ a ráda_ se stan_ členk_ _ vaš_ _ _ klub_, jestli je to nutn_.

S: Jak často sem chc_ chodit a ve kter_ dn_?

B: Mysl_ _, že jedn_ _ _, dvakrát týdně a také v sobotu a v neděl_.

S: Dobře, pan_ Brown. Uvid_ _, co se dá dělat. Promluv_ _ se soudružk_ _ Heřmánkov_ _, kter_ má na starost_ hrac_ plán_ a se sportovn_ _ tajemník_ _ Dopravn_ _ _ podnik_.

B: Kdy mi můž_ _ _ dát vědět?

S: Zavolejte mi začátk_ _ příšt_ _ _ týdn_, řekněme v úter_. Tady je moje telefonní číslo.

B: S radost_, pan_ Slavíček a douf_ _, že to vyjd_.

403

13

4.c   NARRATIVE (2)

Pane Brown,

volal pan Slavíček ze Štvanice a velmi se omlouval, že Vaše paní nemůže hrát tento čtvrtek večer. Říkal něco o problému s osvětlením a že momentálně nemají nikoho, kdo to může opravit. Nejbližší volný termín je sobota 3. srpna odpoledne ve dvě hodiny. Jestli se to Vaší paní nehodí, zavolejte ho, prosím Vás, co nejdříve.

Veselá

4.d   Work with the Narrative

4.d.1   When you are familiar with the narrative, your teacher will ask you these questions. Try to answer them from memory. Refer back to the transcript if you have difficulty.

1.   *Kdo volal ze Štvanice?*

2.   *Proč se pan Slavíček omlouval?*

3.   *S čím mají problémy na Štvanici?*

4.   *Kdy je nejbližší volný termín pro paní Brownovou?*

5.   *Co musí udělat pan Brown?*

6.   *Kdy musí zavolat pana Slavíčka?*

4.c   Fill in the blanks with appropriate endings.

Pan Brown a jeho manželka se zajímají nejen o kulturn_ život v Praz_, ale také mají řad_ sportovn_ _ _ zájm_. Brownovi se chtějí ve voln_ _ čas_ zabývat tenis_ _, jízd_ _ na kon_ a plaván_ _. Pokud se týká tenis_, pan Brown musel zajít za zodpovědn_ _ pracovník_ _ pan_ _ Plach_ _, se kter_ _ si pohovořil o to_, jak_ možnost_ vůbec existují. Pan Plachý říkal, že jejich kurt_ jsou závodn_ a že tam může hrát jenom ten, kdo je zaměstnanc_ _ jejich podnik_ a nebo člen_ _ jejich sportovn_ _ _ klub_. Vedoucí kurt_ musí ale ještě promluvit s pan_ Voln_ _, kter_ je sportovn_ tajemnic_ podnik_. Pan Plachý si myslí, že existuje několik možnost_, jak tuto věc zařídit. Slíbil, že počátk_ _ příšt_ _ _ týdn_ bude o tom pan_ Brown_ informovat.

S plaván_ _ to bylo jednoduch_, protože v Praz_ je několik kryt_ _ _ bazén_, kam může chodit každ_, kdo má o plaván_ zájem. Pro rodin_ pan_ Brown_ je výhodn_ kryt_ bazén na Vinohradech, kam mohou jezdit metr_ _ nebo tramvaj_ a stanice metr_ i zastávka tramvaj_ jsou přímo před bazén_ _.

S jízd_ _ na kon_ je to velmi složit_ a možnost_ jsou dost mal_. Pražan_ se sice zajímají o dostih_, ale jezdeck_ _ sport_ _ se příliš nezabývají. S tímto problém_ _ se bude muset pan Brown obrátit na pan_ Horák_, kter_ je jedin_ _ člověk_ _, kter_ mu může v tomto případ_ pomoci.

NOTES

Kvůli tomu jsem přišel.	-	That's why I have come.
To záleží na tom ...	-	It depends on ...
Nejsem si jist.	-	I'm not positive (sure).
Můžete se na mě spolehnout.	-	You can depend on me.
Budu vám velmi zavázán.	-	I'll be very much obliged to you.
Jednou, dvakrát týdně.	-	Once or twice a week.
Uvidím, co se dá dělat.	-	I'll see what can be done.
Kdy mi můžete dát vědět?	-	When can you let me know?
Podařilo se mu ...	-	He succeeded in ...
Jestli se to vaši paní nehodí, ...	-	If it doesn't suit your wife ...
Má na starosti hrací plány.	-	He/she is in charge of playing schedules.

15

Activity 5: STRUCTURE AWARENESS I

5.a   **Reverse Drill**

5.a.1   Listen to your teacher, who will form sentences using items in the columns below. Then try it yourself.

A	B
Stal (-la) se *On (ona) je* *Byl (-la)* *Mluvil (-la) jsem už s (ten)* *(ta)*	*učitel* *učitelka* *konzul* *konzulka* *velvyslanec* *velvyslankyně* *poradce* *ministr* *právník* *lékař* *doktor* *doktorka* *novinář* *tajemnice* *úřednice* *prezident* *člen klubu* *členka klubu*
Jezdíme do práce *Budeme jezdit*	*metro* *auto* *tramvaj* *autobus* *vlak*
Stalo se to *Festival bude probíhat*	*konec týdne* *počátek měsíce*
Zabývali se	*historie* *filozofie* *literatura* *hudba* *ten případ* *ten problém* *kultura* *spousta věcí* *studium jazyků* *ta otázka*

405

5.b   **GRAMMAR NOTE**

Instrumental case

5.b.1   The instrumental case derives its name from the fact that it most commonly denotes the instrument or means by which an action is carried out, for example:

a.   Here it denotes the instrument of an action:

> *Napsal to* **tužkou.**
> He wrote it in pencil.

> *Ukázal to* **rukou.**
> He pointed at it with his hand

b.   It is also used to indicate the means of transportation (as in Lesson 6).

> *Jezdí do práce* **metrem.**
> He goes to work by metro.

> *Pojedeme tam* **autem.**
> We will go there by car.

Other uses:

c.   In certain time expressions:

> **Počátkem** *ledna.*
> At the beginning of January.

> **Koncem** *příštího týdne.*
> At the end of the next week.

These uses must always be followed by a time reference, e.g., month, year, etc.

d.   Denoting going "through" or "along" something.

> *Jeli jsme* **parkem.**
> We went through the park.

> *Pojedete Karmelitskou* **ulicí.**
> You'll go along Karmelitská ulice.

e.   After some verbs in constructions involving designation in some sense: occupation, position, status, etc.

> *Masaryk se stal prvním* **prezidentem** *Československa.*
> Masaryk became the first president of Czechoslovakia.

> *Manželka se stane* **členkou** *vašeho klubu.*
> My wife will become a member of your club.

Praha je hlavním městem ČSSR.
Prague is the capital of Czechoslovakia.

Můj otec je učitelem.
My father is a teacher.

The nominative case is being used more and more in the above examples, particularly in colloquial usage. The nominative may imply a permanent status ("he is trained for it") while the instrumental implies current occupation or profession.

Můj otec je učitel.　　　　　　　　(he is qualified as a teacher)
My father is a teacher.

Můj otec je učitelem.　　　　　　　(he is working as a teacher at present)
My father is a teacher.

f.　　　After certain verbs:

zabývat se　　　　　　－　to occupy oneself with, to deal with
šetřit　　　　　　　　－　to economize on
trpět　　　　　　　　　－　suffer from

Zabývá se literaturou.
He occupies himself with literature.

Šetřil papírem.
He economized on paper.

Trpěl bolestmi hlavy.
He suffered from headaches.

g.　　　The instrumental case also occurs after certain prepositions. Most frequent is the preposition **s (se)** - with, e.g.:

Mluvil jsem s panem Hladíkem.
I talked to Mr. Hladík.

Promluvím se sestrou pana Nováka.
I'll talk to Mr. Novák's sister.

With some prepositions it reinforces the meaning of "location" as opposed to "motion toward" (Lesson 6, Grammar Note 4).

pod　　　　　　　　*Ten koš je pod stolem.*
　　　　　　　　　　　The wastebasket is under the table.

nad　　　　　　　　*Obraz prezidenta je nad psacím stolem.*
　　　　　　　　　　　The picture of the president is above the desk.

před　　　　　　　　*Zastávka tramvaje je před kostelem.*
　　　　　　　　　　　The streecar stop is in front of the church.

za	*Parkoviště je za tou velkou budovou.* The parking lot is **behind** the big building.
mezi	*Je to mezi tím kostelem a tou budovou.* It's **between** the church and that building.

5.b.2   **Instrumental singular endings** - nouns and demonstratives

a.   All masculine nouns take the ending **-em** in the instrumental singular.

> *Mluvil jsem s panem velvyslanc**em**.*
> I talked to the Ambassador.

> *Chcete se zabývat sport**em**?*
> Do you want to go in for ("to occupy yourself with") a sport?

> *Je to nad tím kalendář**em**.*
> It's above (over) the calendar.

b.   Hard feminine nouns take the ending **-ou** while all soft feminine nouns take the ending **-í**.

> *Mohu se na vás obrátit s prosb**ou**?*
> Can I ask you for a favor?

> *Knihovna je hned za touto kancelář**í**.*
> The library is right behind this office.

> *Promluvím se svou přítelkyn**í**.*
> I'll talk to my girlfriend.

c.   Most neuter nouns take the ending **-em**. Those ending in **-í** in the nominative take the ending **-ím**.

> *Jeli jsme tam aut**em**.*
> We went there by car.

> *Kostel uvidíte za tím parkovišt**ěm**.*
> You'll see the church behind the parking lot.

> *Hosté byli spokojeni s ubytován**ím**.*
> The guests were satisfied with the accommodations.

d.   Masculine nouns ending in **-ek, -ec** always lose the **-e-** in the instrumental. Those ending in **-en** may or may not lose the **-e-**.

nom. sg.	instr. sg.
začátek	*začátkem*
konec	*koncem*
but *kořen*	*kořenem*

e.   The demonstratives have the following instrumental singular forms:

nom. sg.	instr. sg.
ten (to)	**tím** (to)
ta (to)	**tou** (to)
to (to)	**tím** (to)

5.c   **Tryout**

5.c.1   Fill in appropriate instrumental forms of the nouns and demonstratives in parentheses.

1.   *Když tady chcete hrát tenis, musíte se stát _____ (člen) klubu.*

2.   *Stalo se to _____ (počátek) týdne.*

3.   *Spěchal a proto musel šetřit _____ (čas).*

4.   *Břevnov začíná za _____ (toto náměstí).*

5.   *Před _____ (velvyslanectví) stálo několik aut.*

6.   *Co je za _____ (ta kancelář)?*

7.   *Můžete přijít _____ (konec) měsíce?*

8.   *Stala se _____ (učitelka) hudby.*

9.   *Nejdříve půjdete _____ (tento park) a potom _____ (Letenská třída).*

10. *Musíte také promluvit s _____ (náměstek) ministra.*

11. *Za _____ (toto hřiště) bude nová restaurace.*

12. *Stal se znova _____ (prezident) v roce 1984.*

13. *Musíme šetřit _____ (papír).*

14. *Nerad chodím _____ (tato ulice).*

15. *K obědu jsme měli vepřovou pečeni s _____ (knedlík) a se _____ (zelí).*

16. *Čekali jsme na pana Veselého před _____ (stanice) metra.*

17. *Ještě jsme o tom s _____ (paní velvyslankyně) nemluvili.*

18. *Nad _____ (město) stál starý hrad.*

19. Nejdříve byl _____ (učitel) a potom se stal _____ (ředitel) školy.

20. Děti si hrály s _____ (rádio) a_____ (magnetofon).

21. Co bylo pod _____ (okno), psací stůl nebo křeslo?

22. Visí to nad _____ (ten kalendář).

23. Jak jezdíte do práce, _____ (metro) nebo_____ (tramvaj)?

24. Za _____ (tato čtvrť) jsou pěkné zahrady.

25. On nebyl _____ (spisovatel), ale_____ (malíř).

26. Přišel tam se svým _____ (přítel) a jeho _____ (bratranec).

27. Sejdeme se před _____ (začátek) představení.

28. Zabýval se _____ (ten případ) už dlouho.

29. Někdy jezdil do školy _____ (vlak) a někdy_____ (autobus).

30. Co je za _____ (ta místnost)?

31. Musím se na vás obrátit s _____ (prosba).

32. Ta škola je mezi _____ (ten park) a_____ _____ (řeka Vltava).

33. Uvidíte to hned za _____ (ta věž).

34. Zabýval se _____ (historie) nebo _____ (filosofie)?

35. Proč jste to psali _____ (tužka)?

36. Koš na papíry je za _____ (to křeslo).

37. Oni se také zabývali _____ (studium) cizích jazyků.

38. _____ (Tato ulice) se tam nedostanete.

39. V divadle jsme měli místa mezi _____ (pan Nosek) a jeho _____ (přítelkyně).

40. Musíme to napsat _____ (pero).

Activity 6:   **STRUCTURE AWARENESS II**

6.a   **Reverse Drill**

6.a.1   Listen to your teacher, who will form sentences using items in the columns below. Then try it yourself.

A	B	C
On (ona) si promluví s (se) Sejdou se tam s (se) Seznámil (-la) se s (se) Přišel (-la) tam s (se)	nový starý český americký politický příjemný zajímavý známý moderní hlavní kulturní nejvýznamnější vynikající mladý zahraniční	ředitel pán slečna sekretářka pracovník pracovnice tajemník spisovatel velvyslanec velvyslankyně politik dramatik pedagog
	můj tvůj náš váš její jeho jejich	bratr sestra matka bratranec sestřenice tchán tchyně

412

6.a.2   Follow the same procedure as in 6.a.1 with the following:

A	B	C
Je to *Najdete to* *Stojí* *Vidíte to tam*	*nad* *pod* *před* *za*	*řeka* *most* *restaurace* *kostel* *park* *tato ulice* *ta budova* *křižovatka* *náměstí* *parkoviště* *ulice*
	mezi	*ta budova a ten dům* *stůl a knihovna* *ta ulice a řeka*

6.b   **GRAMMAR NOTE**

Instrumental case - adjectives and possessives in the instrumental singular

6.b.1   Adjectives

Adjectives have the following instrumental singular endings:

hard adj	masc.	*nový*	*novým*
	fem.	*nová*	*novou*
	neuter	*nové*	*novým*
soft adj.	masc.	*moderní*	*moderním*
	fem.	*moderní*	*moderní*
	neuter	*moderní*	*moderním*

411

Possessives

6.b.2   Possessives have the following endings:

nominative singular	instrumental singular
můj	**mým**
má (moje)	**mou**
mé (moje)	**mým**
tvůj	**tvým**
tvá (tvoje)	**tvou**
tvé (tvoje)	**tvým**
náš	**naším**
naše	**naší**
naše	**naším**
váš	**vaším**
vaše	**vaší**
vaše	**vaším**
její	**jejím**
její	**její**
její	**jejím**

6.c   **Tryout**

6.c.1   Fill in the blanks with the apppropriate instrumental singular endings of the nouns, adjectives and pronouns in parentheses.

1. *Už se znáte s* _____ *(náš nový konzul)?*

2. *Můžete přijít* _____ *(konec) tohoto a nebo* _____
    (počátek) příštího týdne.

3. *Zabýval se nejen* _____ *(moderní literatura),*
    ale také _____ *(divadlo).*

4. *Pod* _____ *(Václavské náměstí) jsou*
    dvě stanice metra.

5. *Musím vás seznámit s* _____
    (tento důležitý problém).

6. *Budova, kterou hledáte, je tam za* _____ *(ten*
    kostel) s _____ *(ta vysoká věž).*

7. *Musel šetřit* _____ *(volný čas), měl ho málo.*

8. *Trpěl* _____ *(nemoc), se* _____ *(která) měl často problémy.*

9. *Budova parlamentu je mezi* _____ *(Národní muzeum) a* _____ *(Hlavní nádraží.)*

10. *Stal se* _____ *(nejvýznamnější český spisovatel).*

11. *V Praze jsou často problémy s* _____ *(maso) a* _____ _____ *(čerstvá zelenina).*

12. *Jeho bratr byl* _____ *(vedoucí pracovník) ministerstva kultury.*

13. *Už jste o té věci mluvil se* _____ *(soudružka Nová)?*

14. *Mohu se na vás obrátit s* _____ *(následující žádost)?*

15. _____ *(Tento park) se tam nedostanete, musíte jet* _____ *(Soukenická ulice).*

16. *Přišel na večírek s* _____ *(její bratrcnec).*

17. *Malá Strana je pod* _____ *(Pražský hrad).*

18. *Mluvili o tom s* _____ *(váš otec) a* _____ __ _____ *(vaše matka).*

19. *Německé velvyslanectví je hned za* __ _____ *(Americké velvyslanectví).*

20. *Poznal jsem se tam s* _____ *(tvůj bratr) a s* _____ _____ *(tvá sestra).*

_____

6.c.2   Write the following sentences in Czech.

1. My son wants to become a lawyer and my daughter a teacher or a doctor.

_____

2. I was very busy at the beginning of the month. I worked ten hours every day.

_____

3.   Some people occupy themselves with language studies, others with philosophy or history.

_____

4.   You cannot write it in pencil. You'll have to type it.

_____

5.   Do you know who became the second president of Czechoslovakia?

_____

6.   Which city is the capital of Slovakia and what part of the country is it in?

_____

7.   I haven't talked to Mr. Novák yet, but I'll meet him today.

_____

8.   Go along this street and then through the park. The metro station is right behind the park.

_____

9.   What sport does your wife want to go in for? Tennis or swimming?

_____

10.   We talked about that with our manager and his assistant.

_____

11.   You can convey that request to our secretary. She will take care of it.

_____

12.   Have you ever suffered from a serious illness?

_____

13.   They opened the festival with Beethoven's Fifth Symphony.

_____

14.   You won't have any problems with accommodations there. There are several big hotels there.

_____

15. The delegation with comrade Alena Nosková, the Minister of Culture, at its head, arrived yesterday. _____

_____

16. They got acquainted with Ms. Sladká, the cultural officer from the Czechoslovak Embassy. _____

_____

17. When will we meet? Before the performance? And where? In front of the restaurant?

_____

18. No cars are allowed to park in front of this building.

_____

19. Do you want to go there by car or by train?

_____

20. What country does Slovakia border on in the South?

_____

27

Activity 7: STRUCTURE AWARENESS III

7.a Reverse Drill

7.a.1 Listen to your teacher, who will form sentences using items in the columns below. Then try it yourself.

A	B	C
Je tam někdo,		*mluví dobře česky*
To je pan Brown,		*pracuje na ministerstvu*
To je ta paní,		*čeká na pana konzula*
Pracuje tam člověk,		*je našim zaměstnancem*
To je něco,		*potřebujeme*
V kanceláři není nikdo,	*kdo*	*to může zařídit*
To je něco,		*je velmi důležité*
Nebylo tam nic,	*co*	*se nám líbilo*
To je to rádio,		*jsme koupili včera*
Říkal to někdo,		*to dobře zná*
Mluvil o tom každý,		*byl na konferenci*
Nebyl tam nikdo,	*který*	*už pracoval v zahraničí*
To je ta učitelka,		*učí našeho syna*
Určitě tam bude něco,	*která*	*je zajímavé*
Nebude to nic,		*ještě nebylo na programu*
Tu hru zná každý,	*které*	*chodí často do divadla*
Říkal to člověk,		*to viděl*
Nepřestupuje tam nikdo,		*jezdí na Žižkov*
Sháněl to někdo,		*to potřeboval*
Líbilo se mi něco,		*stálo hodně peněz*
Bydlela tam také ta slečna,		*teď mluví s konzulem*
To je to víno,		*je z Mělníka*
To je to kino,		*hraje jen zahraniční filmy*

7.a.2   Follow the same procedure as in 7.a.1.

A	B	C
Říkal to někdo, *Věděl to každý,* *Nebyl tam nikdo,*		*má dobré informace* *tam pracoval* *nestudoval na té škole*
Nebyl tam nikdo, *Byl tam někdo,* *Říkal to každý,*		*se ještě nezeptal* *se paní Nováková bála* *se zeptali*
Potkal tam někoho, *Byl tam někdo, o* *Těšil se na to každý,*	**kdo**	*ještě neznal* *se zajímáte* *zajímá moderní hudba*
Mluvili o někom, o *Říkal o někdo, o* *Psal o každém, o*		*neměli žádné informace* *teď nechci mluvit* *něco věděl*
Mluvil s někým, s *Potkal tam někoho, s* *Znal každého, s*		*sloužil v Německu* *byl na konferenci* *na ministerstvu pracoval*
Manželka koupila něco, *Potřeboval něco,* *Nebylo tam nic,*		*stojí spousty peněz* *není moc složité* *nás zajímalo*
Přinesl něco, podle *Bylo tam něco,* *Nebylo tam nic, z*		*to můžeme udělat* *se bál* *jsme to mohli udělat*
Uvidíte tam něco, *Přinesl něco,* *Nedoporučoval nic,*	**co**	*jste ještě nikdy neviděl* *každý potřeboval* *dobře neznal*
Měli jsme doma něco, o *Stalo se něco, o* *Neřeknu nic, o*		*každý mluvil* *vás musím informovat* *jste ještě neslyšeli*
Bylo to něco, s *Musel dělat něco, s* *Není tady nic, s*		*byla velmi spokojená* *měl velké problémy* *si nejsem jist*

7.b   **GRAMMAR NOTE**

Relative pronouns - *který*, *kdo*, *co*

7.b.1   In Lesson 5 we met with relative clauses introduced by the relative pronoun *který*. In this construction the relative pronoun refers to an antecedent which is a noun, e.g.:

Ten pán, který stojí na rohu ulice, je pan Novák.
The man (who is) standing on the street corner is Mr. Novák.

Ta budova, kterou tam vidíte, je muzeum.
The building (which) you see over there is a museum.

Ten diplomat, kterého jste poznal, je pan Brown.
The diplomat (whom) you met is Mr. Brown.

Paní, kterou jste tam viděl, je jeho manželka.
The lady (whom) you saw there is his wife.

   a.   However, when the antecedent is one of the following pronouns:

někdo	(someone, somebody)
nikdo	(no one, nobody)
každý	(everyone, everybody)
ten	(that)
všichni	(all)

the relative clause is introduced by **kdo** (who, that), e.g.:

Můžete zjistit jméno někoho, kdo je tam zodpovědným pracovníkem?
Can you get the name of the person (somebody) who is the officer in charge there?

Nemají tam nikoho, kdo to může opravit.
They don't have anyone there who can repair it.

Znal každého, kdo tam pracoval.
He knew everyone who worked there.

The pronouns in both clauses are in the appropriate case (subject, object of a verb, object of a preposition, etc.). The clauses are divided by a comma.

   b.   When the antecedent is one of these pronouns:

něco	(something)
nic	(nothing)

the relative clause is introduced by co (what, that), e.g.:

To je něco, co neznáte.
It is something (that) you don't know.

Není to nic, co vás může zajímat.
It's nothing (that) could interest you.

Mluvil o něčem, o čem jste ještě neslyšeli.
He talked about something (that) you have not heard of yet.

c.   Here are the forms of **kdo** and **co** in the cases introduced up to now.

nom.		**kdo**	**co**
gen.		**koho**	**čeho**
acc.		**koho**	**co**
loc.	o	**kom**	o **čem**
instr.		**kým**	**čím**

7.c   **Tryout**

7.c.1   Fill in the blanks in the following relative clauses with appropriate forms of the relative pronouns **který**, **kdo** and **co**.

1.   *Nenašel tam nikoho, s _____ si mohl promluvit.*

2.   *Čeká na vás někdo, _____ dobře znáte.*

3.   *Každý, s _____ o tom mluvil, to už věděl.*

4.   *Moderní umění bylo něco, _____ ho velmi zajímalo.*

5.   *Každý, _____ pracuje na velvyslanectví, musí studovat cizí jazyky.*

6.   *Ta nová sekretářka, se _____ jste teď mluvil, je velmi dobrá pracovnice.*

7.   *Nebylo tam nic, _____ potřeboval.*

8.   *Byl tam také pan Styles, _____ je vedoucím zahraničního oddělení.*

9.   *Hledám někoho, s _____ si mohu o tom problému promluvit.*

10. *Na večírku byla jedna herečka, _____ hrála ve hře "R.U.R."*

11. *Chci mluvit s někým, _____ to může zařídit.*

12. *Doporučoval mi něco, _____ neznáte.*

13. *Říkal to někdo, _____ ještě neznáte.*

14. *Ten diplomat, _____ je vedoucím delegace, je pracovníkem ministerstva zahraničí.*

15. *Ne každý, _____ tam chodí, se může stát členem klubu.*

16. *Na konferenci neuvidíte nikoho, _____ ještě neznáte.*

17. *Věděl o tom každý, _____ s ním pracoval.*

18. *Musím se zeptat někoho, na _____ se mohu spolehnout.*

19. *Pracuje s panem Hlavatým, _____ zná už několik let.*

20. *Stalo se něco, _____ jsme nečekali.*

21. *Pan Atkinson, _____ sloužil v Německu, je teď také v Praze.*

22. *Často kupuje něco, _____ vůbec nepotřebuje.*

23. *Nemám nic, podle _____ to mohu udělat.*

24. *Určitě tam najdete někoho, o _____ už jste slyšel.*

25. *Nemusel pracovat s nikym, s _____ nechtěl.*

7.c.2   Write the following sentences in Czech.

1. There is somebody in the office who wants to talk to you.

   _____

2. This is the gentleman who is looking for you.

   _____

3. The lady who is waiting for you is Mrs. Celecká.

   _____

4. There is something you'll be interested in.

   _____

5. The lady you see over there is our consul's wife.

   _____

6. Do you know anyone whom I can ask about that?

   _____

7. There was no one at the party whom I didn't know.

   _____

8. That was something (that) I was afraid of.

   _____

9. The performance was something he liked very much.

   _____

10. The artist (whom) you are talking about is my friend.

    _____

11. Is there anyone with whom I can speak English?

    _____

12. The streetcar stop for Smichov is right around the corner.

    _____

13. The car (that) I bought last year didn't cost much.

    _____

14. This is something (that) I can't agree with.

    _____

15. I'll tell you something (that) you don't have any information about yet.

    _____

16. Now I'll tell you something you haven't heard of.

    _____

17. Everybody whom I asked about that knew it.

    _____

18. I've brought you something you'll certainly like.

    _____

19. He recommended a restaurant to me which I had never been to before.

    _____

20. Can you tell me something about what happened there?

    _____

Activity 8: OVERHEARD CONVERSATION

8.a   Read the following sentences including the words in parentheses with appropriate endings. Then listen to the dialogue and compare the sentences you have completed with those on the tape.

1. *Pan Novák má opravdu* _____ *(krásná chata).*

2. *Jak víte, já a manželka jsme v Praze už šest* _____ *(měsíc).*

3. *No, tak víte, s* _____ *(ten stolní tenis)*
   to nebude tak těžké.

4. *Existují tady někde* _____ *(herna), kde mají* _____
   _____ *(ping-pongový stůl)?*

5. *Je tu několik* _____ *(zimní stadión).*

6. *Při* _____ *(každý kulturní dům)*
   existují _____ *(bridžový klub).*

7. *V každé čtvrti máte jeden nebo dva* _____
   (kulturní dům).

8. *Mohl byste mi zjistit, prosím vás, jméno* _____
   _____ *(nějaký zodpovědný pracovník)?*

9. *Dobrý den, já jsem Brown z* _____ *(Americké*
   velvyslanectví).

10. *Myslím, že pan Konečný už s* _____ *(vy) mluvil, že?*

11. *Existují* _____ *(nějaká podmínka), jak se stát*
    členy _____ *(váš bridžový klub)?*

12. *A tam projednat některé věci se* _____ . _____
    (soudružka Čermáková).

8.b   Listen to the dialogue once again and try to complete the following sentences.

1. *Pro vás, víte, že* _____ .

2. *Nyní hledáme nějaký způsob, jak aktivně využít* _____ .

3. *Rádi hrajeme ping-pong, rádi bruslíme,* _____ .

4. Myslím, že dokonce i na _____ .

5. Pokud se týká bruslení, _____ .

6. Já i manželka hrajeme _____ .

7. Zjistím vám telefonní číslo a zjistím _____ .

8. Tento kulturní dům na Vinohradech je pro nás výhodný, protože _____

   _____ .

9. Existují nějaké podmínky, jak se stát _____ ?

10. Není to v podstatě nic _____ .

11. To záleží na tom, _____ .

12. Ale potom je kulturní dům uzavřený, protože se zde _____ .

8.c   Answer the following questions on the dialogues.

1. Jakou chatu má pan Novák?

2. Co potřebuje pan Brown?

3. Jak dlouho už jsou pan Brown a paní Brownová v Praze?

4. Co hledají Brownovi?

5. O co se pan Brown a jeho manželka hlavně zajímají?

6. Co dělají Brownovi nejraději?

7. Kde jsou ping-pongové herny v Praze a kolik jich je?

8. Do které herny kdysi chodil pan Konečný?

9. Jak je to s rekreačním bruslením v Praze?

10. Kde teď existují bridžové kluby?

11. Co znamená slovo "kulturní dům"?

12. Kolik kulturních domů je v Praze?

13. Proč musí pan Konečný nechat vzkaz u slečny Veselé?

14. Kdy se vrátí pan Brown?

15. Koho hledá pan Brown?

35

16. *Ohledně čeho přišel pan Brown?*

17. *Kdo už mluvil s panem Roztočilem?*

18. *Kde už hráli Brownovi bridž?*

19. *Proč je kulturní dům na Vinohradech výhodný pro pana Browna a jeho manželku?*

20. *S kým se musí některé věci projednat?*

21. *Kdy je možné hrát bridž během víkendu?*

22. *Kolik členů má jejich klub?*

23. *Kde je možné najít paní Čermákovou?*

8.d   Answer the following questions, basing your answers on what you can infer from what was said in the overheard conversation.

1. Does it appear there are many sports facilities in Prague?

2. What are the most popular sports in Czechoslovakia? What is your opinion based on?

3. Do you think that playing table tennis has a long tradition in Prague?

4. What kind of leisure time activity was introduced in Czechoslovakia relatively recently?

5. Is it difficult for a foreigner to become a member of a bridge club (according to this conversation)?

6. Are there any institutions in Czechoslovakia involved in organizing leisure time?

7. How do people find out when various facilities are open to the public?

8. Do you think that the "Houses of Culture" are popular among the people?

9. What is the equivalent, if any, of the "House of Culture" in the U.S.?

Activity 9:   LEXICAL DRILL

9.a   Form correct sentences from the following and write them down.

Musíte promluvit s (se)   **generální tajemník**
Už jsem mluvil (- la) s (se)   **vedoucí oddělení**
Stal (- la) se   **politický pracovník**
On (ona) je teď'   **ministr kultury**
                                   zodpovědný pracovník
                                   divadelní herečka
                                   filmový režisér
                                   náš vedoucí
                                   významný diplomat
                                   vynikající spisovatel
                                   kulturní pracovnice

Zabýval (- li, - ly) se   **atomová energie**
                                   evropská kultura
                                   světová literatura
                                   moderní malířství
                                   politická historie
                                   studium ekonomie
                                   politická situace

Bylo to   pod   **psací stroj**
Najdete to   nad   **ta malá knihovna**
                   před   **malý stolek**
                   za   **vaše kancelář**
                           to velké okno
                           konferenční křeslo

Stanice metra je hned   před   **Václavské náměstí**
Zastávka tramvaje je   za   **Národní divadlo**
                                  budova muzea
                                  ten starý kostel
                                  zimní stadión
                                  moderní obchodní dům
                                  první křižovatka
                                  ten druhý most.

Activity 10: SPEAKING ACTIVITY

10.a   Role playing exercise

Try to arrange for the following:

1. You and a couple of your colleagues want to negotiate the use of a gymnasium in the nearby high school. Arrange for time, schedules, conditions, etc.

2. You want to sign your daughter up for ballet lessons organized by a ballet school.

3. Complain of constant bad scheduling in activities you have been involved in for some time. You have a feeling that this is done on purpose to discourage your participation.

4. Find out from your teacher how the Czechs spend their leisure time.

5. Outline to a Czech acquaintance your personal hobbies and interests.

10.b   Ask your teacher what the personalities in the list below occupied themselves with, e.g.:

Čím se zabýval X ?

Write down your teacher's answers.

Pasteur	Nobel
Schopenhauer	Chaucer
Madame Curie	Goethe
Shakespeare	Einstein
Rockefeller	Darwin
Mozart	Byron
Lindbergh	Lenin
Roentgen	Hus
Commenius	Franklin
Caruso	Columbus

Now check your list of answers by asking other students:

Kdo se zabýval chemii?

Activity 11: **CONVERSATIONAL DRILL**

11.a Go back to the calling cards in Lesson 4 and indicate the titles and positions of the people and where they work, e.g.:   (instrumental and locative singular)

Pan Novák je hlavním inženýrem podniku Mototechna.

11.b Indicate the functions of American employees at the Embassy.   (instrumental singular)

Pan Wilson je na velvyslanectví kulturním pracovníkem.

11.c Using a map of the U.S., locate individual states of the U.S. using Czech instrumental prepositions.   (instrumental after prepositions **pod**, **nad**, **mezi**, etc.)

Severní Karolína je nad Jižní Karolínou.

11.d Using a map of Europe, find out what various countries border on, e.g.:   (instrumental singular)

Československo sousedí s Polskem.

READING

I. Match the English words with the corresponding Czech words in the following items. Write the Czech words in the spaces provided, putting the nouns and adjectives in the nominative singular (and, for adjectives, masculine). Summarize the content of each item, giving as much detail as you can.

a. *Dr. JOSEF ČEŠPIVA, člen čs. volejbalového družstva, které získalo v roce 1948 titul mistrů Evropy a v padesátých letech velmi úspěšný trenér čs. družstva žen, zemřel ve věku 71 let.*

successful   _____
it won   _____

b. **Lyžaři do Čakovic**

Umělý lyžařský svah TJ Avia Čakovice již zahájil svůj provoz. Pro veřejnost je otevřen ve středu od 16 do 20 hodin, v sobotu a v neděli vždy od 9 do 12 a od 14 do 18 hodin.

artificial   _____
already   _____
operation   _____
the public   _____
ski slope   _____
it started   _____

c. *Praha neaspiruje na tituly*

Dnes vstupuje liga stolního tenisu do nového ročníku. Ligová soutěž se poprvé hrála v roce 1929 a po dlouhá léta měla favority v pražských týmech (Sparta, Vysoké školy), které však letos stejně jako loni k aspirantům na titul nepatří.

for the same time   _____
in the same way as   _____
last year   _____
it enters   _____
they are not considered as _____
competition   _____

d. ## *Liga házené*

V lize házenkářek už není neporažených, a také alespoň jednou každý z osmi účastníků vyhrál. Družstevník Topolníky vede jen lepším rozdílem branek před Interem Bratislava.

goal _____
handball _____ _____
difference _____
better _____
it leads _____
only _____
undefeated _____
it won _____

II. Write in the subject, verb, and, where indicated, the object for the main clauses of each of the following sentences.

1. *V lize házenkářek už není neporažených, a také každý z osmi účastníků vyhrál.*

   subject _____
   verb _____
   object _____

2. *Umělý lyžařský svah TJ Avia Čakovice na Proseku již zahájil svůj provoz.*

   subject _____
   verb _____
   object _____

3. *Ligová soutěž se poprvé hrála v roce 1929 a po dlouhá léta měla favority v pražských týmech.*

   subject _____
   verb _____
   object _____

4. *Družstevník Topolníky vede jen lepším rozdílem branek před Interem Bratislava.*

   subject _____
   verb _____
   object _____

VOCABULARY LIST

aktivně	-	actively
člen m.	-	member
diplomatický	-	diplomatic
dojem m.	-	impression
dopravní	-	transport (adj.)
doprovod m.	-	guidance
dostihy m. (pl.)	-	horse races
dvakrát týdně	-	twice a week
dvorce m. (pl.)	-	tennis courts
existovat (II - imp.)	-	to exist
jediný	-	the only one (masc.)
jednou	-	once
jezdecký	-	equestrian
jist	-	sure (masc.)
jízda f.	-	riding, driving
jízdárna f.	-	riding academy
konec m.	-	end
kořen m.	-	root
krytý	-	indoor, covered
kůň m.	-	horse
kurt m.	-	(tennis) court
kvůli	-	because of
laskavost f.	-	kindness
momentálně	-	momentarily
možnost f.	-	possibility
mysl f.	-	mind
následující	-	following
nechat (I - perf.)	-	to let
nutný	-	necessary
obrátit se (III - perf.)	-	to turn
ohledně	-	with regard to, concerning
omlouvat se (I - imp.)	-	to apologize
opravit (III - perf.)	-	to repair
osvětlení n.	-	lighting system
patronát m.	-	sponsorship, patronage
plán m.	-	plan
počátek m.	-	beginning
podmínka f.	-	condition
podnik m.	-	facility, company
pohovořit si (III - perf.)	-	to talk about
poměrně	-	relatively
pomoci (II - perf.)	-	to help
poslední	-	the last
používat (I - imp.)	-	to use
příslušný	-	pertinent
průkazka f.	-	I. D. card
půjčovat (II - imp.)	-	to lend, rent
rekreačně	-	for recreation
R O H = Revoluční odborové hnutí	-	trade union - Revolutionary Union Movement
rozumět (III - imp.)	-	understand
ruka f.	-	hand, arm

řekněme	-	let's say
slíbit (III - perf.)	-	to promise
služba f.	-	services
soudružka f.	-	comrade (female)
soutěžní	-	contest (adj.)
spolehnout se (II - perf.)	-	to rely on, to depend on
spolupracovat (II - imp.)	-	to cooperate
sport m.	-	sport
sportovní	-	sports (adj.)
správa f.	-	management
správně	-	correctly
šetřit (III - imp.)	-	to economize
telefonicky	-	over the phone (adv.)
tenis m.	-	tennis
trpět (III - imp.)	-	to suffer
v zásadě	-	basically
vědět (III - imp.)	-	to know
veřejný	-	public
volný	-	free, leisure (adj.)
vůbec	-	in general, at all
výhodný	-	convenient, suitable
vyjít (II - perf)	-	to work out, to come out
vzkaz m.	-	message
zabývat se (I - imp.)	-	to occupy oneself
zájem m.	-	interest
záležet (III - imp.)	-	to depend
záliba f.	-	hobby, liking
zatelefonovat (II - perf.)	-	to make a phone call
zavázán	-	obliged (masc.)
zcela	-	quite
zejména	-	especially, namely
zjistit (III - perf.)	-	to find out
zodpovědný	-	in charge of, responsible
způsob m.	-	way, manner
zřídka	-	seldom

Made in the USA
Monee, IL
22 December 2021

86861000R00236